本项目为北京市博士后科研经费资助项目，协议编号为（2018-ZZ-085）

Interpretation of Private Banking:

From the Perspective of Commercial Banks

私人银行
本 土 化

——基于商业银行视角

周 琰 / 著

中国财经出版传媒集团

经济科学出版社

Economic Science Press

序

宏观经济学两部门模型认为，居民部门是资金的盈余者，企业部门是资金的赤字者，居民部门将资金提供给企业部门，形成了国民经济实体部门的财富创造和价值创造。一方面，由于居民部门人数众多且彼此分散，同时，由知识水平和职业特点所决定，他们中的绝大多数人并不具有充分的金融知识和金融操作能力，因此，由专业人士和专业机构为居民展开财富管理（或称"资产管理"）就成为金融体系中不可或缺的组成部分。这种财富管理的运作取向、内在机制、管理水平和服务质量等，不仅直接影响到居民部门盈余资金流向企业部门的流量和流速，从而直接影响到社会总储蓄转化为总投资的速度、结构和质量，而且将深入影响到居民收入在消费和储蓄之间的分配比例，从而影响到国民收入中消费与积累的比例。另一方面，从生命周期理论出发，人们在青年时期就业后，随着收入的增加，未雨绸缪，需要将一部分当期收入转为储蓄，以备教育、医疗、购房和养老之用，但受每个人在金融知识、运作能力、处置信息和时间上的有限性制约，这些消费剩余的储蓄资金大多交由专业化机构代为运作，鉴于此，在西方发达国家，私人银行业务是一个从 19 世纪中叶就已展开的传统业务。但在中国，改革开放之前 30 年的计划经济时期，居民在低收入条件下形成的消费剩余资金主要用于满足家庭生活的不时之需。改革开放以后，随着经济快速增长，国民收入分配中居民个人所占比重明显提高，尤其是 1995 年以后，城乡居民消费剩余所形成的储蓄成为国民经济中投资的主要来源，这决定了财富管理逐步成为中国总储蓄转化为总投资的一个重要机制，成为居民家庭理财的一个重要方式。

中华人民共和国成立后，工业化就成为国民经济发展的重心所在，与此对应，中国着力发展了满足工业化建设需要的金融体系。这个金融体系的突出特点是，以银行信用为主，主要服务于实体企业（尤其是工商企业）和以贷款为主。这个特点的运作机制是，通过银行体系以吸收存款为基本点集中全国闲

散资金，然后将这些资金集中投放于国民经济发展的重点产业部门（尤其是
工商业）和重点投资项目。建立社会主义市场经济新体制是中国改革开放的
一个目标性取向。1995 年，我曾在《经济研究》上发表文章强调，在市场经
济条件下每个人都应集劳动者、消费者和投资者三重身份为一体。如果仅有劳
动者和消费者身份，就意味着一旦失去了劳动者身份也就失去了消费者身份，
这不论对个人（家庭）还是对社会来说，都是一个严重的问题。受此制约，
要打破"大锅饭""铁饭碗"有着种种困难。发挥投资者身份的功能，仅靠个
人独自的操作远为不足，这就需要有专业机构（包括金融机构）予以服务。
在城镇化发展过程中，金融运作的一个拓展重心在于，服务于个人（家庭）
的投资运作，由此，有了城镇化金融发展与工业化金融发展的差别，即金融运
作对象从工商企业拓展到个人（家庭），金融运作载体从贷款拓展到财富管
理，金融信用特点从银行信用拓展到市场信用。20 世纪 90 年代中期以后，中
国商业银行推出的私人银行业务正是从实践层面把握了这一趋势。毫无疑问，
在中国，财富管理刚刚起步，方兴未艾。面对 2018 年底城乡居民储蓄存款高
达 69.7 万亿元，且有着继续增加的趋势，财富管理还有很大的潜力。

　　2019 年 2 月 22 日下午，习近平在主持中央政治局第十三次集体学习时
强调，要深化金融供给侧结构性改革，平衡好稳增长和防风险的关系，精准有
效处置重点领域风险，增强金融服务实体经济能力，坚决打好防范化解包括金
融风险在内的重大风险攻坚战，推动我国金融业健康发展。中国金融体系的一
个突出特点是以间接金融为主，与此对应，资本市场体系发展很不充分，杠杆
率居高不下，居民个人和实体企业介入金融体系的程度较低，由债务链条所形
成的系统性金融风险较为严重。要调整这种格局，深化金融改革开放，必须以
金融体系结构调整优化为重点，通过优化融资结构和金融机构体系、市场体
系、产品体系，提高金融为实体经济发展服务的质量和效率，由此，加快加大
财富管理发展就成为不可缺少的内容。

　　周琰博士撰写的《私人银行本土化——基于商业银行视角》一书，比较
系统地梳理了私人银行业务的历史由来和现实成因，系统地研讨了私人银行业
务的运作模式和主要功能，研究了私人银行业务的运营体系和发展重心，剖析
了私人银行业务的典型案例和内在机制，对于商业银行将私人银行业务作为提
升服务实体经济的重要抓手和方向，在深化金融改革、推进业务转型中强化

"以客户为中心""以市场为导向""科技转型发展"等实践操作具有一定的
参考价值,故特向读者推荐。

王国刚

2019 年 3 月

前　言

本书以商业银行为业务主体，以私人银行业务为服务载体，以高净值客户服务体系为研究主体，通过构建高净值客户服务体系，研究在科技创新视角下商业银行获客、活客和黏客的手段和工具，为商业银行业务转型、结构调整、流程优化提供理论基础和案例详解，以促进商业银行高质量发展。

随着中国经济的快速发展，高净值客户快速成长起来，但是与之相适应的金融资源却相对不足，高净值客户日益增长的金融需求与金融机构有效的金融供给之间不能有效匹配，造成高净值客户服务满意度降低，缩小了金融机构的盈利空间。自中国银行同苏格兰皇家银行开展私人银行业务以来，私人银行业务已经从模糊营销、模糊经营向精准营销、精准经营、精准服务转型发展。而随着中国市场的逐步开放，外资银行不断进入，其优质的服务体系和完善的业务链条给中国金融机构带来了危机和挑战。面对日趋激烈的竞争环境、日益严格的监管政策、日益减弱的盈利能力，如何维护好现存客户、发展新客户、拓展品牌，成为商业银行战略转型、结构调整的重点任务。而私人银行业务自身集聚了"大资管、大投行、大财富"的业务多重性，发展好、服务好、维护好高净值客户成为其业务发展的重点，而构建高净值客户服务体系则是实现业务发展的关键之举。

本书以科技转型为支撑，构建私人银行业务高净值客户服务体系，通过"获客、活客、黏客"三条主线，采用文献研究法、实践调研法、案例分析法和对比分析法，分析新服务模式下商业银行私人银行业务运营体系，以提升高净值客户满意度、舒适度和品牌忠诚度，有效匹配商业银行的金融供给和高净值客户的金融需求，促进商业银行高质量发展。

本书主要内容共分为五章。

第一章，私人银行业务政策理论基础。本章主要解决的问题是私人银行业务是什么？私人银行业务运营的政治、经济、法律、监管环境是什么？私人银行业务运营的重点、关键点和难点是什么？为后面进行私人银行业务分析奠定理论和政策基础。

第二章，私人银行业务实践基础。本章主要分析目前国际、国内私人银行业务的进展情况以及运营重点。通过比较国外和国内私人银行业务运行情况，分析私人银行业务在国内发展的优势、劣势、机会和威胁，为我国金融机构特别是商业银行开展私人银行业务提供对策和建议。

第三章，私人银行服务模式构建。本章是本书的关键和重点内容。私人银行服务模式的构建是商业银行提升客户服务能力的一个重要途径。商业银行一直强调"以客户为中心"，以获客、活客和黏客为三个层次，强调客户特别是用户金融旅程的全流程、全周期管理是商业银行科技转型视角下的重中之重。本章主要对私人银行服务模式的主体架构、业务基础和指标体系进行分析，希望为商业银行服务模式的转型调整提供有效的对策和建议。

第四章，私人银行运营体系构建。本章构建了新服务模式下商业银行私人银行业务运营体系，通过组织架构、客户分层、产品配置、品牌构建、科技转型、营销模式、考核体系以及风险控制八个部分，给出科技转型视角下私人银行业务运营的对策和建议，以提升高净值客户服务满意度、舒适度和品牌忠诚度。

第五章，私人银行业务案例。本章重点分析目前私人银行业务运行比较好的家族办公室和家族信托，希望为金融机构特别是商业银行聚焦私人银行业务、有效整合资源提供可行的案例实践，提升私人银行业务运行的实操性。

目 录
Content

第一章

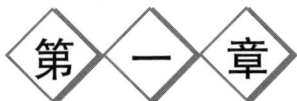

私人银行业务政策理论基础

一、导论

本书以商业银行为业务主体，以私人银行业务为主要业务，主要通过研究高净值客户的金融和非金融需求，通过"以市场为导向""以客户为中心""以科技为支撑"三个方面有效匹配商业银行自身资源供给和高净值客户需求，为私人银行本土化发展提供对策和建议。

（一）开展私人银行业务势在必行

从 2007 年中国第一家私人银行诞生至今，中国私人银行实现了品牌从无到有、客户管理从粗放到精细、产品从简单到丰富、服务从单一到多元的快速发展。私人银行业务在服务对象、范围、质量和从业人员等方面都比传统财富管理业务具有更高要求，是集银行业务、投资业务、投行业务、财富规划以及各类增值服务为一体，服务高净值客户、家庭以及其背后企业的综合金融、非金融服务。

截至 2016 年底，共有 22 家商业银行机构开展了私人银行业务。[①] 信托机构和券商也将财富管理业务列为新发展重点，甚至成立单独的高端客户私人银行部，专门服务高净值客户。商业银行凭借广大的零售客户基础、可靠的品牌形象、广泛的线下网点以及部分集团层面的牌照业务资源，在高净值客户财富管理上具有明显优势。而信托、保险、券商由于追求更高的收益、提供更丰富的产品和服务，也越来越受到客户的欢迎。

---

① 《2017 中国私人银行报告》，搜狐网，2017 年 5 月 2 日。

中国私人银行业务起步较晚。根据私人银行业务统计数据，2015 年招商银行、中国工商银行以及中国银行才开始在国际上崭露头角，进入全球私人银行排名前 25 名；2017 年招商银行私人银行规模超过了瑞士百达银行、汇丰银行以及德意志银行等欧洲老牌私人银行，在全世界排名第 13 位。中国工商银行以全品类业务领跑，招商银行发源于雄厚的零售基础，而平安银行则依托集团资源整合优势成为追赶者。中国私人银行通过战略整合、人力培养、品牌构建，实现了规模经济，形成了有效的"护城河"。

（二）私人银行产品创新、服务咨询和渠道拓展不足

中国个人财富随着整个社会的经济发展和个人年龄的增长不断攀升，是一个增量市场。由于中国宏观环境以及高净值客户的共性，中资私人银行主要采取零售升级和产品驱动方式进行私人银行业务，因此中国私人银行客户和准私人银行客户仍然沉淀在零售体系内。其中，零售升级是指私人银行机构借助原有的零售体系，为客户提供更加优质的零售银行服务、更多的服务网点、更高的收益以及更丰富的产品；产品驱动主要是指私人银行主要依靠理财与投资产品销售（即隐形刚性兑付的固定收益类产品）拉动业务，专业投资顾问与大类资产配置服务缺乏或者流于形式。

私人银行主要具有以下特点：从盈利目标看，高净值客户数量以及资产规模都保持较快增速；从职业角度看，高净值客户从以企业家为主向多样化发展；从地域角度看，高净值客户主要分布在粤、沪、京、江、浙五个省（市），但是近年来区域集中度逐渐降低；从客户选择标准看，高净值客户非常关注品牌以及团队专业性。

我国私人银行在产品生产、金融服务咨询和产品营销渠道建设三个方面能力不足，原因如下：

一是作为零售业务升级版，忽略了私人银行的专业性和专属性要求，导致私人银行、零售、贵宾理财界限模糊，差异化服务难以满足，不能保证优质客户体验。

二是私人银行建设投入不足，缺乏人、财、事等方面配套机制，造成私人银行专属产品和服务体系不完善，高素质私人银行人才培养和留存困难。

三是私人银行产品种类较少。一方面，产品类别少，主要包括货币市场类、固定收益类、权益类投资的资管产品，而私募股权投资、金融衍生品、海外投资品等类别的资管产品较为短缺；另一方面，由于金融分业经营限制，商业银行主要扮演代销角色，产品定制化程度低。

四是主要侧重于资产管理，服务多元化程度较低。

因此，私人银行业务应以客户为中心，实现客户价值最大化，建立和完善开放体系，内部提高投资产品研发推广能力，外部加强产品采购和销售，加强客户经理团队培养，提高咨询服务能力，为客户提供全方位和一站式的综合化金融服务。

（三）私人银行前景广阔

私人银行业务对银行具有三大助力：一是充足的私人银行客户储备将使银行在资管变局之下特别是在私募竞争方面处于有利地位；二是私人银行业务因其规模经济、高端品牌具有"护城河"效应，有利于构筑银行经营壁垒；三是私人银行业务抗周期性强，利润贡献度高，资本占用小，资产优质，有利于改善基本面。

私人银行服务体系包括业务战略、运营战略以及后台支撑三个方面。未来私人银行业务要快速发展，需集中在以下四个方面。

一是客户分层精细化和客户定位精准化。高净值客户内部仍然存在众多细分客群，不同群体的特征与金融需求存在较大差异，需要在区分不同高净值细分客群并掌握其行为特征基础上，结合自身资源禀赋，确定优先发展群体。

二是打通内外部资源，构建开放式产品服务平台。私人银行应该以更为开放的心态去精选头部机构，与具有核心资产管理能力和市场竞争力的资产管理机构加强合作，通过定制专属产品和服务满足客户资产配置需求。私人银行占据资金上游，具有引导客户资产配置的角色职责，可以结合自身的投研判断，为私人银行客户提供全市场的投资机遇，为高净值产品组合提供各类资产，覆盖各层级市场。

三是重视互联网与新兴技术。移动互联网、大数据分析、智能投顾等新兴技术被更多的应用于私人银行业务。智能投顾可以兼顾服务便捷性，实现个性化、定制化建议，作为销售辅助工具帮助客户经理更好地生成资产配置以及投资建议。通过引入更为先进的科技金融手段以及与强有力的科技团队合作，有助于商业银行加强精准营销、提升客户体验、降低中间成本、提高综合效益。

四是加强团队建设。私人银行团队应加强资源整合能力①、产品遴选能

---

① 整合各方资源，为客户提供综合化金融服务。

力①、风险管理能力②、专业投资管理能力③、日常服务能力④各项能力。

　　未来私人银行将以客户关系为主导，以专业资产管理为基础，以全面高效的资源整合能力和领先业务创新能力为核心竞争力。服务本质上，帮助客户实现全生命周期管理，实现安全财富、增值财富、和谐财富和久远财富四大目标；服务内容上，客户资产配置将从中国境内延伸到全球，客户服务半径从个人延伸到家族和企业，客户服务周期从当期转向长期的规划传承；服务方式上，私人银行将不再局限于零售业务，而是成为连接投资银行、资产管理、直接投资等多元服务领域的结合点，通过资源整合，真正满足私人银行考核、企业及其家族服务需求；组织机构上，私人银行的独立性将逐步增强，向大型银行事业部、独立的公司形式转型，并逐步与海外成熟私人银行模式接轨。

二、私人银行业务研究综述

（一）私人银行起源

　　关于私人银行起源有两种说法。一种说法认为私人银行起源于 16 世纪的瑞士日内瓦，当时法国境内经商贵族由于信仰原因被驱逐出境，为瑞士皇室贵族提供私密金融理财服务，成为瑞士第一代银行家。另一种说法认为私人银行起源于欧洲东征军时代，由于贵族随军外出打仗，家中庞大的财产由驻守家园的成员代为管理，这些管理者便成为第一代银行家。

　　随着技术发展和工业繁荣，涌现出大量富豪，私人银行从欧洲崛起，繁荣于美国，随后发展到亚太地区，成为金融机构业务转型的重点。欧洲私人银行最成熟也最完善，其主要以财产继承人为主要群体，拥有较大的市场份额和良好的品牌声誉，其经营模式以全权型管理资产为主。20 世纪 70 年代，随着经济发展和亚太地区居民社会财富的增加，亚太地区成为全球第三大私人银行市场，中国香港和新加坡积聚了全球主要的私人银行亚太总部，成为亚太地区开展私人银行业务最好的地区。

---

① 建立开放式产品遴选平台，丰富产品货架。
② 大资管时代，随着刚性兑付被打破，要实现私人银行客户财富保值、增值和传承，做好风控是关键。
③ 建立高素质专业人才队伍。
④ 梳理客户结构，调研客户需求，设计产品结构，提高服务质量。

（二）私人银行概念及业务

分析私人银行概念，明确其服务对象——高净值人群的具体内涵和外延，通过对高净值客户群体的产品、服务、渠道、流程以及风险设计，完善私人银行的内涵和外延。

1. 高净值客户定义

如表 1-1 所示，通过比较国际和国内高净值人群定义，可以看出，高净值人群是指拥有一定比例（超过 1000 万元人民币或者 100 万美元）的可投资金融资产，其金融资产组合具有不同种类（股票、基金、债券、保险、银行理财产品、离岸资金）。通过金融中介机构，高净值客户不仅可以满足其原有财富保值增值需求，同时也可以满足其不同周期需求（生命周期、工作周期、成长周期、婚姻周期）。

表 1-1   高净值人群定义比较

区域	定义
国外	（1）美林凯捷：金融资产超过 100 万美元的个人。其金融资产包括私募股份、所有上市的股份、债券、基金和现金储蓄，不包括收藏品和自用的主要不动产
	（2）波士顿：从代管资产进行定义，根据 10 万到 100 万美元、100 万到 500 万美元、500 万美元以上的代管资产分为大众富裕投资人、新兴富翁投资人、稳定富翁投资人三种类型。其资本类型包括上市证券、现金存款、人寿保险和养老金
国内	可投资资产超过 1000 万元人民币的个人，其可投资资产包括个人金融资产和投资性房产，其中金融资产是指现金、存款、股票（指上市公司流动股和非流通股）、债券、基金、保险、银行理财产品、离岸资金和其他投资产品（商品期货和黄金），不包括自主房、非上市公司股权和耐用消费品等资产

资料来源：作者根据相关资料收集整理。

2. 私人银行定义

许多学者、研究机构和官方机构都对私人银行进行过定义。本书主要从业务研究视角、业务发展视角和法律视角对私人银行定义进行研究分析。

（1）私人银行业务视角。利比克（Lyn Bicker）认为私人银行为高净值客户提供财富管理、维护服务，并提供投资服务与商品满足个人需求（范明菲，2007）。狄米娣·N. 乔纳斯（Dimities N. Chorafas，2005）认为私人银行业务是一种集合资产并加以管理的金融业务。唐新宇（1989）认为私人银行是为富有阶层个人提供的资金管理和投资服务，其业务范围包括存贷款、信托、投资管理、财务顾问、基金管理、证券买卖。连建辉、孙焕民（2006）认为私人银行是向富裕人士提供的高品质的金融服务，以家庭办公室为主要形式，并将私人银行业务作为现代商业银行的战略核心业务。才凤玲（2009）对于私人银行业务的界定，不仅涵盖客户的生命周期，同时也涵盖客户的事业周期。从客户继承遗产开始到接受教育，然后协助接管企业、运营企业，一直顾问到客户年老体衰。其服务涵盖资产管理、投资、信托、税务以及遗产安排、收藏、拍卖等广泛领域，由专职财富管理顾问提供一对一以及个性化的理财产品组合。叶菲（2009）认为私人银行业务不仅包括金融服务，同时还包括非金融服务，如移民、子女教育和医疗等。2005年中国银行业监督管理委员会发布的《商业银行个人理财业务管理暂行办法》中指出"商业银行代理客户进行有关投资和资产管理操作的委托投资服务"，其对于私人银行服务具有非常重要的指导意义。

（2）基于业务发展视角。费伦苏（2008）研究认为，由于熟悉本土市场、培育了大量优质客户，通过机构布局与网点资源会降低私人银行获得顶级客户的成本。辛俊杰（2008）研究认为，投资品种单一、人才匮乏、外汇管制以及营销体系阻碍了私人银行发展。陶勇（2009）研究认为，随着央行控制信贷规模投放以及市场竞争的加剧，中国银行业很多传统业务发展趋缓，甚至出现了下降趋势，迫切需要新的利润增长点。薛和生、杨佩丽（2007）认为，外资银行对中资银行构成的威胁、公众服务观念缺乏、分业监管的限制以及"洗黑钱"都对私人银行的业务发展产生重要的影响。2005年5月中国银监会发布的《商业银行个人理财业务管理暂行办法（征求意见稿）》认为，私人银行是商业银行与特定客户在充分沟通协商的基础上，签订有关投资和资产管理合同，客户全权委托商业银行按照合同约定的投资计划、投资范围和投资方式，代理客户进行有关投资和资产管理操作的综合委托投资服务。普华永道根据客户财富规模、在岸或者离岸或者地理区域对私人银行进行划分；同时，还通过行业的从业机构来进行划分。摩根士丹利认为，私人银行是服务于拥有高资产净值的个人、家庭以及控制巨额可投资资产的信托资金，为其提供设计精密、度身定制的财富解决方案，并让他们也能享受到只提供给大公司、金融机构和政府的公司资源。

（3）基于法律风险视角。美国众议院的有关法律规定，私人银行就是向拥有高净值资产的私人客户个别提供的金融产品和金融服务，包括接受存款、贷款、个人信托、遗嘱处理、资金转移、开立转付账户、在外国银行开立账户以及其他不向一般普通公众提供的金融服务。石军（2006）结合我国当前法律制度和私人银行业务本身流程，从财富供给、经营运作、金融监管三个方面提出了优化法律环境的相关建议。吴思强（2008）提出将私人银行业务纳入商业银行整体风险管理体系来统筹规划。甘功仁、王雪曼（2008）分析认为，现行的反洗钱制度、金融监管制度、市场准入制度等是对私人银行发展的障碍。吴文静（2009）指出，和相对单一的商业银行服务相比，私人银行由于涉及货币、证券、基金、外汇、保险和实物市场，因此，其风险包括声誉风险、信用风险、市场风险、操作风险、流动性风险、法律风险等。

私人银行提供对公业务、零售业务、境内业务和海外业务等，凡是高净值客户有资金需求的领域，私人银行都可以提供服务。因此，结合国内外研究成果，私人银行可以定义为：金融机构为高净值客户提供一系列金融综合服务，其中包括财富增值、保值和传承等；客户群体包括高净值客户个人、家庭以及合作伙伴；市场涵盖国内市场、国际市场；业务范围涵盖金融综合服务所有相关市场。

3. 私人银行的特点

一是私密性。私人银行非常强调私密性，有非常严谨的保密制度。例如，瑞士私人银行的良好声誉与瑞士独特的保密法制环境密不可分。

二是定制化。私人银行由于客户资金体量大、服务模式专业化、产品定制化，需要专业团队结合客户的生命周期和产品周期定制专业化的产品服务，以形成有效的服务生产模式，促进金融快速发展。

三是客群特定性。私人银行客户群体包括客户个人、家庭以及合作伙伴，需要满足高净值客户财富保值、增值和传承需求。私人银行通过定制化产品为客户个人、家庭以及合作伙伴提供全方位、"一站式"服务，并通过相应的律师团队、咨询服务团队为客户提供投资银行服务、法律和财务咨询等服务。

四是服务全面性。服务全面性包括两个方面：其一，服务群体全面性，包括高净值客户个人、家庭以及合作伙伴；其二，服务内容全面性，包括全周期管理（家庭周期、生命周期、成长周期、工作周期、教育周期、养老周期和兴趣周期）、金融服务全面性（财富保值、财富增值、财富传承）和业务范围全面性（大投行、大资管、大财富）。

4. 私人银行的业务

根据对于财富的不同需求可以将私人银行业务划分为财富保值、财富增值和财富传承三类，具体如表 1 - 2 所示。

表 1 - 2 　　　　　　　　　　　　　财富的不同类别

指标	内容
财富保值	保证客户财产安全，保证客户财产增值。一方面，保障客户财产免于国内通货膨胀压力，防止客户财产长期购买力下降；另一方面，保障客户财产不受外部风险的影响，为客户量身定制财产保险，在财产受到损失的时候，抵销风险带来的损失
财富增值	金融机构要有清晰的增值战略，结合客户身份、财产、家庭情况，分析研究形成综合性的资产配置方案，其中包括股票、黄金、地产、对冲基金、红酒基金、艺术品基金项目；并根据综合性资产配置方案的各项资产表现，及时对投资组合进行调整，以期完成既定收益目标，实现客户增值目标
财富传承	财富传承是指高净值客户自由按照自己的意愿在适当的时间和地点将一定的财富进行转移。一方面，需要深入了解客户意愿，如客户的财富水平、生活品质、家庭结构等；另一方面，需要匹配相应的金融工具进行资金匹配，如法律、信托、资产管理计划等。同时，可以通过与第三方机构合作提供完整的资产传承产品计划

资料来源：作者根据相关资料收集整理。

根据具体的业务实践内容，私人银行业务可以划分为以下几类，具体如表 1 - 3 所示。

表 1 - 3 　　　　　　　　　　　　　私人银行业务体系

指标	内容
典型银行业务	储蓄、保管、个人信贷等业务，根据高净值客户自身的需求偏好，在产品组合方式以及利率配比上具有相对比较优势
投资管理服务	全权委托、咨询委托和交易委托。全权委托是指私人银行业务在与客户达成投资计划之后，完全按照合同约定的内容选择交易的种类、时间和范围。咨询委托和交易委托则是指通过客户自己管理资产

续表

指标	内容
保险规划服务	通过了解客户财产状况、家庭状况、投资偏好，通过量身定做，为客户抵消风险，达到财富保值以及财富增值目的
税务筹划服务	金融投资机构应该在充分了解国家税收法律法规的基础上，根据客户的资产状况向客户提供合法节税、避税建议，并通过相应的工具辅助客户实现
信托服务	信托是委托人和受托人签订的，委托人将财产所有权转移给受托人，受托人在信托合同的约束下为受益人管理资产的法律关系。信托具有财富隔离功能和独特的财产安排、保密功能。在我国，信托基金普遍用来安排后代的财富传承，方便客户转移资产和安排继承人收益分配，减少财产税
全球资产配置服务	提供私人银行业务的金融机构利用其全球资产配置能力，为客户在海外免税国家或地区成立离岸公司，实现税收优惠、法律监督、资本流通方面的最优化，为客户节省收益、利息以及遗产的相关税收支出，避免客户的财产受到法律审核以及客户所在国发生严重政治风险时财产所面临的风险
家庭传承服务	私人银行业务提供机构利用自身的业务优势，利用法律、金融、税收等一揽子服务，并结合信托和保险为客户提供一揽子家庭传承服务，为客户的家庭传承有效资源
收藏及艺术品投资服务	艺术品、奢侈品已经成为近几年中国高收入阶层非常热衷的投资方向。艺术品投资市场日趋活跃，艺术品收藏已经成为继房地产、股票之后的投资项目。私人银行业务机构可以通过安排文物鉴定专家为客户推荐有投资价值的艺术品，或者帮助他们做艺术品的鉴定、评估和拍卖
其他服务	其他服务不仅有利于提升客户黏性，同时也有利于加强客户同机构之间的联系。私人银行业务为客户提供移民与海外教育服务、子女财富管理教育、私人医生以及健康顾问咨询服务。如健康管家，其为客户提供强大的医疗专家后援、定制详细的人生保护方案，提供定制的全面体检、旅游计划、全国最权威的医生、管家服务、医院就诊的贵宾通道服务等

资料来源：作者根据相关资料收集整理。

（三）私人银行概念辨析

1. 高净值客户、合格投资者和私人银行客户

高净值客户、合格投资者和私人银行客户的比较分析如表1-4所示。

表 1 - 4　　　　　　高净值客户、合格投资者和私人银行客户比较分析

类型	特征
高净值客户	从认购理财产品数量、个人或家庭金融净资产数量、个人家庭收入总量三个角度来认定。高净值客户主要是指满足下列条件之一的商业银行客户：单笔认购理财产品不少于 100 万元人民币的自然人；认购理财产品时，个人或家庭金融净资产总计超过 100 万人民币，且能提供相关证明的自然人；个人收入在最近三年内每年超过 20 万元人民币或者家庭合计收入在最近三年内超过 30 万元人民币，且能提供相关证明的自然人
合格投资者	合格投资者是出现在资管新规以及理财新规中的概念，是指具备相应的风险识别和风险承受能力，投资于单只资产管理产品不低于一定金额且符合以下条件的自然人、法人或者其他组织：一是具有两年以上的投资经验，且满足以下条件之一，即家庭金融净资产不低于 300 万元，家庭金融资产不低于 500 万元，或者近三年本人年均收入不低于 40 万元；二是最近一年末净资产不低于 1000 万元的法人单位；三是金融管理部门视为合格投资者的其他情形。合格投资者更加趋向于私人银行服务的客户种类，不仅包括客户个人也包括客户企业
私人银行客户	私人银行客户群体的划分主要有日均金融资产余额为 600 万元、800 万元和 1000 万元三个类别。从业务角度来说，高净值客户和合格投资者都可以归属于私人银行客户，其中高净值客户是商业银行口径，而合格投资者则主要指私募基金口径。从实际业务层面来说，无论是高净值客户还是合格投资者，其投资范围和数量都与私人银行客户群体的种类和范围相同

资料来源：作者根据相关资料收集整理。

2. 私人银行业务与个人理财业务

《商业银行个人理财业务管理暂行办法》中规定，个人理财业务是指商业银行为个人客户提供的财务分析、财务规划、投资顾问、资产管理等专业化服务。陈琼（2011）认为，个人理财业务是指按照客户人生阶段、财产状况、风险偏好、承受能力，为客户提供综合化差异性理财产品和服务，实现个人资产收益最大化。

个人理财业务同私人银行业务的不同之处主要包括以下五点。

一是客户定位不同。私人银行客户定位一般是金融资产在 600 万 ~ 1000 万元（国内标准）的客户；个人理财业务主要是金融资产在 20 万 ~ 50 万元的客户。

二是服务场所不同。私人银行客户注重私密性,一般隐藏其业务办理场所,可能通过电话方式直接专人上门服务;个人理财业务主要是在金融机构综合服务场所办理。

三是服务个性化程度不同。私人银行客户资金量大、市场广、产品要求高、风险偏好激进,因此其所提供的产品具有不可复制性,具有专有性;个人理财业务通常是在已有的金融产品和理财服务中进行选择,且其财富管理方案具有可复制性。

四是业务人员不同。私人银行客户经理一般要求具有丰富的从业经历、丰富的产品知识以及广阔的研究视野;个人理财业务通常是由一般理财经理办理,仅提供已有理财产品的销售。

五是资产规划时间不同。私人银行业务具有较长的服务周期;个人理财业务服务周期较短,可能随着理财产品的结束而结束。

3. 资产管理与财富管理

从总体来说,资产管理业务更像产品部,处于投资端,其业务范围不仅仅局限于零售业务,所有投资业务都可以作为资产管理业务范畴,作为一种产品服务模式。而财富管理不仅包含其产品投向,而且包括产品配置服务,主要是基于了解客户保值增值需求的基础进行保值增值服务。

对于资产管理服务,根据 2018 年发布的《关于规范金融机构资产管理业务的指导意见》(简称"资管新规")的定义,资产管理业务是指银行、信托、证券、基金、期货、保险资产管理机构,以及金融资产投资公司等金融机构接受投资者委托,对受托的投资者财产进行投资和管理的金融服务。

财富管理业务主要是针对个人、家庭以及企业主等高净值人群,通过深入了解客户,以保值增值为目的,更加强调资产配置、组合的思路,不仅包括资产管理业务,同时也包括税务筹划、法律咨询、个人风险管理、退休计划、保险计划、遗产安排、不动产管理、境外资产配置等方面。

4. 财富管理与私人财富管理

从表 1-5 可以看出,财富管理与私人财富管理既有相同点也有不同点。

表1-5　　　　　　　　　　财富管理与私人财富管理的比较

类型	定义	案例
财富管理	郭妍婷（2011）认为，财富管理指金融机构为客户提供投资咨询、人生理财规划、资产保值增值的策略和计划以便实现全方位的财务目标，现在已经和信贷业务、投资银行业务一起成为全球银行业三大任务。维基百科把财富管理定义为为富裕人士或家庭提供含财务规划或财务服务的高端咨询服务，其中包括资产管理、法律税务、税收筹划以及投资规划等	花旗集团、美林证券、加拿大皇家银行和韩国韩亚银行采取财富管理业务代替私人银行业务
私人财富管理	私人财富管理是指为高净值客户所提供的顶级专业化的一揽子金融产品和广泛的金融服务（鲁轶，2007）。摩根士丹利把私人财富管理定义为服务于高资产净值的个人、家庭以及控制巨额可投资资产的信托基金，为其提供设计精密、度身定制的财务解决方案，并让他们也能享受到只提供给大公司、金融机构和政府的公司资源。维基百科把私人财富管理定义为为高端富裕客户量身定制的投资计划、财务规划、企业传承规划以及期权计划，这类服务包括信托工具、遗产管理工具、对冲衍生工具以及其他资产管理工具应用	高盛、美国银行、加拿大帝国商业银行和美国大西洋信托采取私人财富管理代替私人银行业务

资料来源：作者根据相关资料收集整理。

　　私人银行业务同财富管理业务之间的区别和联系主要体现在服务理念、服务内容和服务范围三个方面。私人银行业务重在根据客户个性化需求为其量身定制产品和服务，达到财富保值、增值和传承目的；财富管理业务主要是通过丰富的理财产品满足客户财富增值的需求。私人银行业务不仅包括理财业务，还包括家族信托、全权委托等创新业务；而财富管理业务主要集中在传统商业银行的传统产品领域。私人银行业务不仅包括个人财富的保值增值服务，同时也包括家庭和家族企业的法律、税务、企业管理咨询以及全球置业专业服务。私人银行业务更加强调业务的安全性、私密性和长期性，不仅是当期的私人银行业务，同时也可能是家族后代的私人银行业务。

三、私人银行业务发展原因——基于宏观视角

（一）全球金融危机后的中国经济增长

1. 全球金融环境剧烈变动

　　经济环境包括经济发展规模、经济主体的增长率、经济周期、居民可支配

收入变化和影响，对商业银行私人银行业务的开展和运营都会造成一定影响。2018 年以来，外部环境发生了非常巨大的变化，有三个特征值得关注：一是贸易争端和摩擦增多，全球产业链发生了松裂，对今后国际贸易和产业供应链产生重大影响。二是全球融资环境开始收紧，国际金融体系脆弱性增加。美欧等主要经济体货币政策开始转向，造成全球流动性收紧，对新兴发展国家带来巨大冲击，造成资本外流和货币贬值问题。三是全球经济治理体系开始出现重构，以世界贸易组织（WTO）为代表的多边机制正在受到单边主义、保护主义的威胁。西方国家在经济、投资甚至其他领域对中国不断施压，国际经济贸易规模面临重大挑战。

受益于美国次贷危机后全球金融产能的扩张，特别是 2014 年美国宣布退出量化宽松政策并在次年开启加息进程之后，全球货币政策开始回归正常化，金融扩张步入平稳期。财富形态呈现出金融化、虚拟化，财富管理市场发展势头呈现加快趋势，并且受金融周期的影响越来越大。但是，由于政策扰动，金融周期和经济周期并不同步，金融产能扩张下经济依然低迷。2008 年全球金融危机的爆发也在一定程度上展现了经济金融严重失衡以及货币政策、金融监管的严重滞后和失效，对中国金融市场的健康发展也造成了一定影响。

受制于金融市场的高频化波动，避险需求越来越大。近年来全球金融市场波动较大，先是新兴国家的外汇市场发生剧烈下跌，有些新兴国际货币的汇率几乎"腰斩"甚至跌去七成。2019 年以来，美国等发达国家的股票市场也步入大幅下跌的行列，很多研究机构认为美国接近十年的牛市已经终结。2019年，中国的金融市场在内外部压力冲击下也发生了巨大波动，股票市场和信用债市场下跌剧烈，给财富管理带来了巨大风险。因此，财富管理风格也开始从过去相对激进的风格向谨慎保守的保值模式转变，重点从资产端向资金端转换。为了更好地管理流动性风险，流动性高的避险资产成为优先配置的对象。

2. 中国经济快速发展

1978 年改革开放以来，随着体制机制的逐步创新以及社会主义经济制度的确立，伴随着收入分配制度深化改革和产权保护制度的深入完善，中国经济总量和个人财富都实现了快速增长。根据《中国私人银行 2019》显示，截至2018 年底，国内居民可投资金融资产总额达到 147 万亿元人民币，相比 2017增长 8%，预计未来五年，克服经济周期波动之后，2023 年个人可投资金融资产有望达到 243 万亿元人民币。

经济是金融的基础，金融业和经济社会协调发展，二者共生共荣。改革开放 40 多年来，随着工业化、信息化的发展，服务业规模不断壮大，银行业也因势而变，相应地调整和优化信贷资金行业投向，为产业结构调整提供有力的金融支持。银行业坚持实施开放、打破垄断，并在双向开放中取得了丰硕成果。

（1）对内开放方面，遵循市场化原则，在推动国有银行股份制改造的同时，积极引导民间资本通过发起设立、认购新股、转让股权、并购重组等方式进入银行业金融机构。根据统计资料，2017 年末，民间资本在股份制银行总股本中的占比超过 40%，在城市商业银行总股本中的占比超过 50%，在农村合作金融机构中的占比超过 80%。民营银行从无到有，进入常态化发展阶段，全国已批准开业 17 家民营银行。[①]

（2）对外开放方面，银行业"引进来"与"走出去"并重，党的十八大特别是 2018 年以来，银行业开放力度进一步加大，形成了全面开放新格局。外资金融机构投资中资银行业金融机构股权比例的限制取消，部分重要业务开办的便利化程度明显提升。2017 年末，外资银行在中国的营业性机构总数为 1013 家，总资产为 3.24 万亿元人民币，较 2001 年中国加入世界贸易组织时增长 10 倍多。同时，中资银行紧抓人民币国际化和"一带一路"建设等契机，在全球范围的布局逐步扩大。2017 年末，共有 10 家中资银行在 26 个"一带一路"国家设立了 68 家一级机构。[②]

3. 居民财富快速增长

改革开放 40 余年来，中国居民财富呈现爆炸式增长。根据波士顿研究报告，2017 年中国财富管理市场规模接近 6.2 万亿美元，仅次于美国的 9.3 万亿美元。根据《胡润百富榜》统计，排名前 100 位的中国富豪平均年龄已经高于 54 岁，其中 50 岁以上超过 80%，未来 10～20 年，中国将迎来财富传承的窗口期。

私人财富市场增长动力强劲，新财富将持续涌入。一是由于新一轮互联网技术革命的轻资产和智能化特征，无法提供足够的优质资产满足财富管理保值增值需求；二是随着财富分化的加剧（根据瑞信财富管理报告，当前最富裕的 1% 的人口占有接近一半的财富），超高净值客户的财富占比越来越高，财富管理基本要求也越来越高，长期回报更高，风险结构更加合理，个性化特征更加显著。

---

①② 王兆星，曹宇. 全面推进新时代银行业高质量发展［J］. 中国金融，2019，896（2）：16－19.

对于中国市场来说，中国私人财富也继续保持两位数的高速增长。随着政府"创新驱动战略"的深入实施以及"大众创业、万众创新"的持续推进，实体经济传统产业结构升级、去库存、国企改革等政府重点经济举措效果逐步显现，创新创业浪潮和传统行业转型升级成为私人银行增长的重要引擎。例如，首次公开募股（IPO）审核速度调节有度、兼并收购交易增加等，市场资本化脚步的加快将持续催生"新钱、新财富"。

（二）新经济时代下的金融体系改革

从宏观层面看，金融体系改革打破了金融垄断格局，形成了更加具有竞争力和活力的金融机构体系和金融市场体系。市场在金融资源配置中发挥了决定性作用，显著增强了金融有效供给，提高了资本使用效率和经济效率，为社会主义市场经济的发展提供了重要支撑，更好地满足了城乡居民对金融服务的需求。从微观层面来看，银行业金融机构通过自身的改革和转型发展，不断完善与新发展理念相适应的公司治理机制和严格的风险控制体系，实现从外延式扩张向内质优先发展转变，为银行业的健康发展夯实基础。

1. 中国金融体系矛盾突出，寻求改革突破

2018 年正值中国改革开放 40 周年，中国银行业总资产达到 260 万亿元，位居世界第一；保险业保费收入达到 3.66 万亿元，位居全球第二；拥有世界上第三大债券市场，并拥有金融稳定理事会所列出的 29 家全球系统性重要银行中的 4 家。[①] 经过 40 余年的改革发展，我国金融体系已经初步形成与社会主义市场经济发展相适应的金融体制框架，基本确立了现代金融基础，在金融机构、金融市场、金融产品、融资结构多样化，以及金融宏观调控体系和金融监管体制专业化方面取得重要进展。

截至 2017 年末，我国银行业机构种类已经达到 20 余种，法人机构 4532 家，境内机构网点 22.9 万个，银行业金融机构总资产从 1978 年的不足 2000 亿元扩大到超过 250 万亿元。[②] 中国银行业在国际金融体系中的重要性逐渐提升，已有 5 家金融机构成为全球系统重要性金融机构。2018 年英国《银行家》杂志按一级资本进行排名的全球前 1000 家大银行中，中资银行有 135 家，其中中国工商银行、中国建设银行、中国银行、中国农业银行分别居前四位。

---

①② 王兆星，曹宇. 全面推进新时代银行业高质量发展 [J]. 中国金融，2019，896（2）：16-19.

新时代金融体系改革之路具有以下两个特点。

一是构建协同高效的宏观政策体系。注重各类政策的整体协同和逆周期调节，注重宏观微观管理相结合，实现货币政策、财政政策、监管政策、产业政策统筹协调，长期政策和短期政策有机统一，需求政策和供给政策合理搭配，避免出现政策"缺位"造成经济失调，避免政策"错位"导致经济的扭曲，也要避免政策叠加造成市场共振。

二是构建功能完备、开放高效的现代金融体系。大力发展多层次资本市场，扩大直接融资比重，优化金融结构；全面推动股票、债券、货币、信贷、外汇、黄金、大宗商品和衍生品市场建设，不断丰富融资、投资、风险管理、资管等这样一个金融产品体系，增加有效的金融供给；不断完善利率、汇率和收益率曲线等金融市场价格形成机制，提高价格对各类市场信息的反映和市场调节，更有效地实现资源优化配置；有序推进金融体系开放，促进国内外金融市场深度融合，要充分利用国内和国际两个市场，为我国经济转型调整提供更多资金支持，也为我国资本走向国际创造条件。

2. 财富市场快速发展，财富需求多元化

随着中国的迅速崛起，中间财富阶层的财富管理需求同金融机构财富管理能力不充分、不平衡之间的矛盾日益凸显。对于供给来说，一方面，随着经济增速减缓，能够提供长期、稳定、较高回报的投资机会明显减少。而存量资产中，部分高杠杆、产能过剩行业企业稳步退出，不良资产累积增多，风险忧患意识升高。另一方面，需求不断增长。整个市场的财富水平仍在不断积累，大量财富渴求高回报投资机会，优质资产和投资机会供不应求成为新常态。

宏观环境的变化正在改变财富端投资者的预期和偏好。中国市场过去的高成长性使投资者对于投资收益率有很高的要求。在新常态下，不断走低的投资回报率和不断增多的风险事件促使投资者对风险收益有了更深刻的认识。高净值客户一方面开始认可专业金融机构提供的大类资产配置建议的意义和价值，另一方面对投资回报率有更加理性的预期，这都将促使中国的财富市场从"高速增长期"向"稳健积累期"发展。

高端财富管理行业展现"中国特色"。相对于快速持续增长的国民生产总值、居民可支配收入和迅速积累的个人财富，金融机构管理水平的提升相对滞后，财富管理和金融服务能力并不能充分满足高净值客户对产品和服务的需求，这个滞后主要体现在以商业银行为主的金融服务体系难以提供真正承载财

富管理需求的产品和服务。在资产组合配置方面，主要集中在长期投资房地产以及短期投资理财产品和各类货币基金两个大类上，导致财富结构不合理，呈现出"两头大、中间小"的配置状态，中间财富管理产品比较稀缺，这种配置也导致了房地产泡沫膨胀和储蓄向投资转换的阻梗等问题。

3. 私人银行业务寻求规范化发展

（1）私人银行业务准入不完善。自 2007 年第一家中资私人银行成立以来，中国私人银行业务始终缺少一部明确、专属的监管法规。2009 年《关于进一步规范商业银行个人理财业务投资管理有关问题的通知》首度提到私人银行，而事实上依旧受普通零售银行业务监管的制约和限制，在投资方向、风险管理与资产准入等领域并未体现私人银行特性。虽然 2010 年、2011 年上海银监局和工商管理机构先后向工商银行、农业银行、交通银行发放了私人银行专营机构牌照，然而，对申请牌照的标准和背后的业务内涵却没有明确的规定。

迄今为止，国家相关机构尚未针对私人银行业务出台相应的业务监管条例或业务监管指引，仅在《商业银行个人理财业务管理暂行办法》的"综合理财服务"框架下提及私人银行业务定义以及客户对象，但至今仍旧没有形成正式文件，因而造成私人银行业务同财富管理业务、贵宾业务相互混淆的局面。国内私人银行业务存在"监管真空"和"限制过严"的矛盾，一方面，由于没有出台相应的业务监管条例和业务监管指引，私人银行业务开展过程中在产品配置、服务规范、投资方向、风险管理领域没有体现出私人银行业务自身的优势和特点；另一方面，私人银行专营牌照的申请过程中，申请方式和准入方式还有待进一步明确。

由于业务牌照不完善，国内私人银行业务缺乏系统性服务提供能力，国内财富管理行业牌照的完整性远低于海外同业。在国外，金融机构可以开展混业经营，如瑞士银行、美银美林都可以拿到全业务牌照，同时开展商业银行、投资银行、资产管理业务。国内受到分业经营、分业监管的限制，基金公司、第三方理财只能开展资产管理业务，银行系牌照私人银行在业务牌照上占优，但是各业务之间的合作有限，缺乏系统性服务的提供能力。

若私人银行专营机构和业务管理框架得以完善，适度放宽经营限制，将有助于私人银行打破"零售升级"的尴尬定位，共同塑造一个全新的私人银行业务竞争格局——在专项监管专营前提下，各类机构能够切实从私人银行客户需求出发，突破大众零售金融业务的边界和限制，进行真正的业务创新而非监管套利，打造跨市场、跨机构的综合金融服务能力，在风险可控前提下提供与私人银行特性需求相匹配的产品与服务。

（2）私人银行业务运行不完善。在某种程度上，刚性兑付是过去几年中国财富管理行业规模快速扩张的主要支撑点。理财产品因其低风险以及高收益吸引了不少理财资金，成为存款替代品。长期的刚性兑付导致财富管理市场不健康发展，主要体现在以下三个方面。

一是资源错配，价格扭曲，不利于实体经济发展。资产收益难以准确反映背后的风险变化，风险收益不能有效匹配，不能反映金融经营情况的真实性，导致"柠檬效应"，次优或者劣质的资产能够得到有效融资，降低了资金市场的有效性。

二是放大了社会财富的杠杆，为社会财富管理业务聚集了大量的系统性风险，不利于金融业健康发展。刚性兑付主要集中在两个方面放大杠杆：一个方面是通过杠杆效应，将金融风险累积到部分金融机构，扩大金融风险累积度；另一个方面是通过表内和表外业务相互转移，放大了金融机构的杠杆率和经营风险，信用扩张无序。

三是不利于培养投资者理性投资。投资者理性判断需要高度的透明信息，但资金池的存在使财富管理机构无法提供每一个投资标的信息以及存续期项目的运行情况，使投资者难以做出有效判断，建立有效的投资方法和投资准则。

（三）私人银行支持经济增长和金融改革

私人银行客户资产具有资金来源多元化、资产配置差异化的特征，且仍以固定收益类资产配置为主，具有典型的避险与抗周期属性。在经济承压周期下，私人银行是银行抵御资产规模波动与资产质量扰动风险的压舱石。根据Scorpio全球基准报告数据，全球私人银行资产规模（asset under management，AUM）具有两个特点：一是全球私人银行管理资产规模增速显著优于同期GDP名义价的增速，私人银行客户的资产积累速度显著快于全球经济增长的速度，对经济周期的波动具有一定的抵御作用；二是全球私人银行管理规模增速与股市波动的敏感度较高，但在牛市中能够较强地获取资产增长收益，在熊市中收益降幅更窄，具有抵御资产价格下行风险的保值性。私人银行业务的抗周期属性有利于熨平银行经营波动，从而改善周期波动对于基本面的影响。

1. 私人银行业务支持经济增长

根据公开数据，近年来财富管理市场一直保持30%以上的增长率。曹彤、张秋林（2011）指出，中国财富增长的一个关键因素是活跃的地区经济，特别是房地产行业、银行业和外贸相关产业；中小企业的财富创造潜力巨大，是私人银行财富的重要目标客户。截至2017年底，中国财富管理市场规模已超150万亿元。中国财富管理市场大规模增长，一方面显示了私人银行业务助推零售业务转型和金融机构升级的重要地位；另一方面也显示出金融机构大力发展财富管理业务，满足快速增长的客户需求，加快转型发展的进程。

大量财富在企业上市融资以及股权资产变现中产生，国内多层次资本市场的建立为各类不同阶段、不同规模的企业融资提供了更加多元化、更匹配的证券化路径。资本市场的扩容，一方面支持实体经济扩大资金来源；另一方面也为企业家提供实现个人财富积累的变现渠道。员工股权激励计划为高净值客户特别是企业家、上市公司高管创造了财富。

2. 私人银行业务从间接融资转变为直接融资

中国社会融资体系长期以间接融资为主导，其中银行传统信贷业务是中坚力量，直接融资市场发展缓慢。完善多层次的资本市场，是中国金融体系转型发展的大势所趋。私人银行虽然发展于商业银行，但是其业务内核是财富管理和资产管理，是直接连接高净值投资者和资本市场融资需求以及产品的桥梁。私人银行客户风险承受能力和意愿相对较强，对于风险自担、风险收益匹配的理念认识较为深刻，对直接股权类和债券类产品接受度较高。对于金融市场整体来说，我国的金融市场体系尚不健全，私人银行业务涉及基金市场、证券市场、保险市场、贵金属市场和外汇市场业务，但由于我国的市场开放程度较低，市场发展不均衡，结构不合理，市场之间处于一种割裂的状态，联动性差，难以有效开展私人银行业务，阻碍私人银行业务的快速发展。

在2003年银监会成立之前，我国的财富管理市场主要以产品为主，居民的主要投资工具以证券投资基金和资金信托（2001）以及证券集合资产管理计划（2003）为主。2005年，随着《商业银行理财管理暂行办法》的发布，银行理财在以间接融资为主的中国金融市场迅速发展，对财富管理市场的发展起了重要的推动作用。证监会、保监会和银监会的相继成立，推动我国财富管理市场加快发展和完善，促进存款规模迅速增长、市场规模不断调整、结构调整不断优化。我国银行理财、证券资管、证券基金、保险产品和信托计划等以产品为导向的财富管理架构基本实现。

我国私人银行业务产品可以从原生、衍生、金融和商品四个角度进行分析。债券市场是以 1950 年折实公债为起点，股票市场是以 1984 年飞乐股票为起点。截至 2018 年 6 月底，债券市场总额为 79.05 万亿元，股票市场总市值为 50.42 万亿元。黄金市场投资从 2001 年 4 月取消"统购统销"黄金计划管理体系开始，并于 2002 年在上海成立了黄金交易所，目前可供投资的黄金产品包括纸黄金、实物黄金、黄金期货、黄金定投和黄金 ETF 等。

伴随着经济增长和居民储蓄的增加，金融产品的投资门槛从最初的 10 元提升到 1000 万元。具体来说，证券投资基金门槛从 10 元提高到 1000 元；银行理财投资门槛为 1 万元；私募基金投资门槛为 200 万元；私人银行业务门槛为 600 万元，家族信托的投资门槛为 1000 万元。

3. 私人银行业务助力银行业务结构升级

从目前中国的实际情况来看，私人银行业务属于零售银行顶层板块，具有轻资本、资产质量优，并具有一定的估值溢价。私人银行业务主要是以中间业务为主，通过管理客户资产、提供投资顾问金融服务获取服务管理收入，资本占用小，轻型银行运营属性凸显。在客户基础充足、业务模式成熟情形下具有较强的收入扩张和盈利释放空间。另外，由于私人银行业务面向较为分散而优质的客户市场，资产较为优质且风险分散度高，在经济承压下具有抗周期性，经营相对稳定，收入与资产质量扰动较小，盈利能力较强，轻资本占用较强的扩张空间，资产质量优质受经济周期扰动小。

中国资本市场深度发展丰富的可投资产品种类，为财富管理市场的发展与成熟打下了基础。2004 年第一只银行理财产品的发行，标志着中国财富管理市场的正式开启。2005～2007 年波澜壮阔的牛市，推动公募基金业的发展壮大。2009 年起以信托计划为代表的投资浪潮，开启了高净值专属投资产品的大门。2013～2016 年，个人投资私募基金的规模以超过 110% 的年化速度增长，达到 2.4 万亿元，成为高净值人士的热门选择。[①] 过去十年，中国财富管理市场的产品种类不断丰富，已经涵盖了银行理财、信托、公募基金、私募基金、直接股票投资、保险与年金等各类投资产品。

---

① 兴业银行、波士顿咨询公司：《中国私人银行 2017：十年蝶变 十年展望》，新浪网，2017 年 5 月 5 日。

四、私人银行业务发展原因——基于微观视角

(一) 金融需求增长，金融传导机制重构

1. 经济快速增长，财富需求日益凸显

随着我国产业政策的调整，经济得到快速发展，私人财富也快速增长，高净值人群规模不断扩大，财富需求日益凸显。

(1) 受益于改革开放以来的市场开拓和积累，2006～2008年，部分城市尤其是东南沿海地区的实体经济迅速发展，同时资本市场产品市值和投资性不动产净值快速增长，高净值人群规模增速领先全国。

(2) 中西部地区高净值人群快速崛起。2008～2012年，环渤海经济圈在北京、天津等中心城市的带领下快速发展。与此同时，随着《促进中部地区崛起规划》的发布，中部和西南地区逐渐承接产业转移，工业和新兴产业快速发展，该阶段高净值人群年均复合增长率超过25%的省份主要集中于中西部地区。2012～2014年，"一带一路"倡议和长江经济带战略的提出，带来了税收优惠政策的扶持，社会资源和资金投入加速流向中西部地区，新疆、陕西、广西等重点省（区）高净值人群规模迅速崛起。

(3) 社会创新推动高净值人群全面提升。2014～2016年，一线城市和东南沿海地区积极响应政府"万众创新、大众创业"号召，大力发展高新技术并推动传统产业转型升级，同时投资性不动产净值以及资本市场产品市值也在资本市场强劲复苏中迎来新一轮增长，高净值人群规模再次领涨全国。随着政策向热点区域倾斜，社会资源和资金投入将加速流向"一带一路"沿线省份、长江经济带以及京津冀地区，未来区域财富市场发展潜力巨大。

(4) 战略升级，经济全面深化。2017年3月，政府工作报告强调深入实施"一带一路"建设（推进重心将进一步从中央倡导过渡到地方落实）、长江经济带建设（沿线省份将逐步建设区域航运中心和物流中心的多式联动系统，引导产业由东向西转移）和京津冀协同发展（设立河北雄安新区）等三大"区域发展国际张力"，将在未来拉动热点区域的建设和经济发展。

2. 金融抑制下的金融脱媒和利率市场化

(1) 金融脱媒的影响。经济金融化、金融市场化进程的加快，降低了商

业银行的主要金融中介地位。而储蓄资产在社会金融资产中的占比持续下降，引发社会融资模式由间接融资为主向直接、间接融资并重转换。随着以资本市场为中心的新金融商品开发和需求创造，特别是随着资本需求的超强劲增长，证券功能凸显，而银行的媒介功能日趋萎缩。

但是，从金融脱媒的作用以及机制效果来看，金融脱媒并没有使商业银行的金融中介作用消失，反而使其媒介功能得到进一步发挥。总体来说，金融脱媒可能使银行的部分中介作用被弱化，但还不至于让银行系统崩溃，在某种程度上有利于银行进行创新，向更多中间业务以及表外业务进行拓展。

（2）利率市场化的影响。利率市场化包括利率水平的决定、利率期限结构、利率政策传导和利率政策管理，核心是商业银行等市场主体根据资金市场供求变化和资产负债结构要求自主调节存贷款利率，最终形成以央行基准利率为主导，以货币市场利率为基础，利差水平适度，期限结构合理，政策传导有效的利率体系。从世界范围来看，无论是发达经济体还是转型经济体，利率市场化改革都是完善市场经济体系的不可或缺的改革历程。利率市场化改革是金融体制改革的核心内容之一。

我国的利率市场化起步于20世纪90年代，主要采取渐进式改革。主要原因有，我国的财政能力和金融机构、金融市场的融资能力大幅提高，通过信贷配给来支持某些战略产业的需求逐步降低；银行不良贷款率逐步下降，已经不再需要通过利率管制来维护利差以获取足够的不良贷款拨备和补充资本金；民营企业不断发展壮大，解决中小企业融资难、融资贵的呼声和对市场化方式融资的需求不断上升；金融脱媒、债券市场和理财产品的快速发展也起到了倒逼贷款利率市场化的作用；银行监管和行业自律机制逐步完善，存款保险体制初步建成，为利率市场化创造了条件。

利率市场化的转型发展具有以下三个优点。

第一，加强金融资源的优化配置。利率市场化能进一步提高市场效率，促进经济良好转型。利率管制带来的金融抑制现象主要体现在金融市场被分割为两个市场：一是政府利率管制市场，其资金主要流向低效的国有企业以及政府机构；二是非官方的自由市场，其利率远高于前者，中小企业或通过内部积累或通过这一市场进行融资，成本高昂，在这种价格歧视和市场隔离的状态下，直接导致市场资金配置效率低下、市场行为扭曲，最终阻碍经济可持续发展。

第二，促进商业银行盈利模式的转换。长期严格的利率管制导致中国商业银行形成了以依靠规模增长和利差为主的盈利模式，需要通过利率市场化促使商业银行探索新的发展方式，转变传统的盈利模式，真正成为市场竞争主体。

利率市场化后，银行的竞争力将更多体现在综合化和国际化服务的提供上。例如，大企业在国际化经营时需要大型银行的支持和服务，而中小银行在社区金融和中小企业服务方面与大型银行展开竞争，在服务便利性、审批快捷性方面具有突出优势。

第三，有利于货币政策的有效传递。在市场经济条件下，国家对国民经济的宏观调控是以经济手段为主的间接调控，主要是通过财政政策和货币政策运作来实现的。而金融机构参照中央银行基准利率掌握一定的存款利率浮动权，是货币政策顺利传导的重要条件之一。

3. 资本约束和同业竞争

由于资本约束，相对于快速持续增长的国民生产总值、居民可支配收入和迅速积累的个人财富，金融机构管理水平的提升相对滞后，财富管理和金融服务能力不能充分满足高净值客户对产品和服务的需求，这个滞后主要体现在，以商业银行为主的金融服务体系难以提供真正丰富的承载财富管理需求的产品和服务。在资产组合配置方面，主要集中在两大类上，即长期投资房地产、短期投资理财产品和各类货币基金，导致财富结构不合理，呈现"两头大、中间小"的配置状态，中期财富管理产品比较稀缺，同时这种配置也带来了房地产泡沫不断膨胀和储蓄向投资转换的阻梗问题。

中国金融市场底层资产、产品结构和价格发现机制仍不够发达，限制了私人银行机构服务客户的广度和深度。中国以间接融资为主的金融机构导致了固定收益类产品供给比例远大于权益类产品，多年来股票市场的大起大落影响了客户大类资产配置与投资管理策略的有效性。分业经营与金融市场的不成熟这两个客观因素，造成了各类中资私人银行在能力上的严重偏科，整体财富管理市场呈现重固收、轻权益的特点。

过去的投资银行、资管机构和财富管理机构在价值链的资产端、产品端和资金端发挥各自的牌照和能力优势。随着新常态下优质资产日渐稀缺，面对日趋激烈的同质化产品的竞争，应加强对投资者需求的了解，向资产配置和财富端拓展，更好地实现服务客户、提升利润的目标。许多信托公司、证券公司正在着力建设高净值客户专属服务团队，公募和私募基金也在积极拓展销售渠道，并开始探索专户支持管理和大类资产配置服务。对于传统的财富管理机构，这样的跨界竞争不仅带来了分流客户的直接压力，挤压了业务发展空间，同时也将使私人银行和机构向价值链上游发力，增强自有资产获取和资管能力。

（二）高净值客户金融需求内容和方式重构

财富从来源端看是剩余劳动价值的物化凝结，这种凝结的另一端也是时间的凝结，是放弃即期的消费并形成对未来价值的贮藏。财富是未来生活的保障，它的终极目的不一定是财富本身，而是通过消费、捐赠等一系列活动，提升人们的效用值、幸福度和获得感。

1. 高净值人群不断增长

根据胡润研究院于 2018 年 11 月 20 日发布的《2018 胡润财富报告》，除港澳台外，中国拥有 600 万元资产的"富裕家庭"已经达到 387 万户，比上年增长 25 万户，增长率为 7%；拥有千万元资产的"高净值家庭"数量达到 161 万户，比上年增加 14 万户，增长率为 9%；拥有亿元资产的"超高净值家庭"数量达到 11 万户，比上年增加 1.1 万户，增长率为 11%；拥有 3000 万美金的"国际超高净值家庭"数量达到 7.4 万户，比上年增加 0.9 万户，增长率为 14%（见表 1-6）。

表 1-6 　　　　　　　　　不同资产类别家庭数量以及增长率

地区	富裕家庭 (600 万元)		高净值家庭 (千万元)		超高净值家庭 (亿元)		国际超高净值 (3000 万美金)	
	数量 (户)	增长率 (%)	数量 (户)	增长率 (%)	数量 (户)	增长率 (%)	数量 (户)	增长率 (%)
北京	696000	9.61	294000	11.79	19900	14.37	13500	19.47
广东	670000	6.69	291000	8.58	17400	10.83	11500	13.86
深圳	166000	7.1	76600	8.68	5750	10.58	3780	11.5
上海	594000	8	254000	10.43	16700	12.84	12000	16.5
浙江	509000	7.84	196000	11.36	13500	12.5	9900	12.24
杭州	122000	7.96	47500	8.94	3380	9.39	2550	9.91
江苏	286000	6.72	117000	7.34	8250	9.27	6000	12.51
南京	39300	6.22	17600	9.32	1350	11.57	900	11.11
福建	147000	6.52	57700	9.49	4000	11.11	2500	16.28
山东	144000	5.11	56100	11.09	3980	13.71	2700	16.38
四川	89800	5.65	37500	8.38	2910	9.81	1790	12.58
辽宁	82500	0	31800	0	2100	0	1300	0
天津	63500	3.25	26300	4.37	2240	4.19	1620	5.88
河南	63400	6.91	27200	8.8	2100	11.11	1200	13.21

注：数据截至 2017 年 12 月 31 日。

资料来源：《2018 胡润财富报告》。

2. 高净值人群财富管理需求变化

随着经济增长，国家财富增长的同时私人财富也不断增长。由于人生、家庭、生活观念的不同，高端富裕人士的风险偏好、收益水平、投资工具、投资对象、投资区域等各不相同，具有高度的私密性、个性化和多样化。而且随着客户需求日益多元化和个性化，在财富管理市场的日益繁荣和财富积累的双重压力下，客户通过财富管理市场不仅要享受到多元化的产品和服务，同时其财富需求也从简单的财富创造、增值、保值和传承，转向提升财富满意度和舒适度标准。

（1）亚洲市场财富管理的需求偏好。根据史蒂文·M. 巴特斯（Steven M. Butters）的分析，如表1-7所示，亚太地区大部分富人的财富管理需求没有得到充分满足，金融机构需要在打造产品、销售和维护客户关系方面付出额外的努力。亚太地区金融机构需要根据对富人偏好和风格的理解，提升对监管要求的认识，加强系列产品的设计，打造良好的发展基础和交往平台，培养人才和进行项目轮岗，通过提供的产品和服务满足亚洲地区富人对财富管理的需求和偏好，加强整体的服务效果。

表1-7 亚洲富人对财富管理的偏好和需求

经济属性	地域分布	具体偏好
发达经济体	澳大利亚	综合性的财富管理 财富倾向于留在本土 在股票、基金和选择权投资方面具有很大兴趣
	中国香港	对高收益投资具有很强的兴趣 易于接受尊贵的服务 通过高科技工具敏锐接受、关注实时信息
	日本	倾向于自我管理的投资组合 财富上高度敏感，保持低调文化 对选择性投资兴趣越来越浓厚
	新加坡	强烈的国际品牌意识 依赖于较为随意的组合管理服务 通过高科技工具敏锐关注实时信息
	韩国	安全性要求很高 偏好于投资大量安全的蓝筹股 喜欢关系经理的服务

经济属性	地域分布	具体偏好
新兴经济体	中国	对私密性和安全性的要求很高 信赖有声誉的外资金融机构 对资本增值越来越关注
	印度	尽可能制订避税计划 很细化，把钱存到国外 对私密性要求很高
	印度尼西亚	倾向于把钱存到国外 喜欢用外币（现金）作为现金的保留方式 对私密性和安全性要求很高
	马来西亚	倾向于把钱存到国外 喜欢用外币（现金）作为现金的保留方式 对私密性和安全性要求很高

资料来源：史蒂文·M. 巴特斯. 亚太地区财富管理机遇来临［J］. 财政金融，2011（3）.

（2）时代背景下客户需求偏好。私人银行客户需求越来越多地呈现出多样化和高级化的特点。早期欧洲私人银行主要依赖于财产关系转移，财富主要来自遗产赠与，产业主要是资产和财富转移，资产配置主要以股权和债券投资为主。随着经济发展，财富管理需求也发生了相应变化：一是资产管理范围发生变化，从过去主要关注可投资资产的服务转向客户的总财富（全部资产和负债）管理；二是财富目标发生变化，从保证财富保值转向为客户提供解决方案和为客户创造价值；三是提供服务方式转变，从为客户提供产品和服务转向注重投资品的业绩表现；四是服务内容发生变化，从主要注重提供产品的综合服务转向需求与有影响力的平台和定制化方案相结合；五是提供服务全面性，由提供地方市场知识和技能转为提供全方位的国际私人银行服务。

（3）高净值客户特定的需求偏好。成熟的私人银行主要是为客户提供财产保值、财富传承、法律咨询、医疗保健等方面的服务。与欧美成熟的私人银行客户相比，我国私人银行客户具有如下特点（见表1-8）：一是高净值人群年轻化趋势明显。我国的高净值人群主要集中于20世纪六七十年代出生的人群，超过半数为"文化大革命"之后的第一批大学生。二是高净值人群财富来源路径不同。由于我国是在改革开放之后经济才快速增长的，因此大部分富人是在过去10~15年时间通过"白手起家"完成财富积累全过程的，通过遗产继承等方式获取财富的人数非常少。目前我国绝大多数高净值人群属于"第一代"富人，这部分富人处于财富创造阶段，具有非常强的创富能力，且高净值人群具有更多的创造财富的目标。

表 1 – 8　　　　　　　　高净值人群占比以及资产情况

类别	千万元资产		亿万元资产	
	占比（％）	资产类别	占比（％）	资产类别
企业家	60	150万元可投资资产（现金以及有价证券），20万元的车辆以及180万元以上自住房产	80	2000万元以上可投资资产（现金以及部分有价证券），房产占比为15％
"炒房"者	10	房产投资占比85％，现金以及有价证券占比3％	15	房产投资占财富80％以上
职业股民	10	450万元以上自住房产，200万元以上投资房产以及50万元以上的车辆	5	现金以及股票占其总财富的70％，房产投资占财富的20％
"金领"	20	现金以及有价值证券占比为20％，500万元以上自住房产以及价值50万元以上的车辆	—	

注：报告是以省（自治区、直辖市）为单位，以长期居住地为参考依据，测算的数据截至2017年12月31日。总财富包括固定资产和流动资产。固定资产包括拥有上市或未上市公司股权、自住房产、投资性房产；流动资产包括股票、基金、债券、存款和保险等。

资料来源：胡润研究院。

高净值人群具有如下特点：一是高净值人群正值事业上升期，精力旺盛，更多追求事业和财富，在惯性推动下会创造更多的财富；二是他们更加注重高品质的精神生活，更加关注慈善和社会公益事业，希望以实践性的公益活动体现高品质的精神生活；三是他们对财富安全、财富传承、子女教育、个人事业发展等其他财富目标的关注度都有所提高。如表1–9所示，由于高净值人群自身的需求程度不同，根据其需求满足程度分为心理需求、金融需求和生活服务需求。高净值客户的金融需求以及非金融需求的有效满足有赖于有效分析客户的需求、收益的准确度。

表 1 – 9　　　　　　　　高净值人群需求情况

指标	内容	形式
心理需求	心理需求包括三个方面，如被尊重的需求、私密性的需求和倾诉烦恼的需求	通过有效手段和方式满足客户的心理需求，有效获取客户风险偏好、收益需求、投资目标以及投资收益，产品服务满足客户风险偏好和收益匹配性，通过提升客户同客户经理的有效互动，有效设计产品和服务，提升利润

指标	内容	形式
金融需求	财富保全	财富保全包括保护和保值。保护是为了防范各种财产损失的风险（经营风险和婚姻风险），通过法律和税收等手段保证财产的安全；保值是为了避免金融市场的波动带来的资产贬值的风险，通过合适的投资工具防范市场波动风险，增加投资品的价值
	财富增值	财富市场瞬息万变，金融衍生品丰富多样，导致高净值人群比较依赖传统投资机构给予合适的咨询意见。为客户提供专业机构增值服务意见，满足个性化投资需求
	财富保障	通过对相关税法制度的熟悉了解制订合适的投资产品计划，保障财富保值，同时适应客户自身的风险偏好特征和财产保值需求。提供合适产品和服务提升客户满意度，并满足客户退休之后生活需求
	财富传承	在财富管理机构中，海外富豪通过私人银行机构来安排财富传承的相关活动，其不仅关注当代的因素，也考虑未来的情况，是一个长期的安排。中国千万元资产高净值人群平均年龄只有 40 岁，平均年均消费占平均财富的 2.9%，财富传承已经成为其财富管理的重要组成部分
生活服务需求	子女教育、养老需求	私人银行像是一个社会资源的聚集地，提供全方位的服务，包括金融服务和非金融服务，并根据客户自身的需求定制各种服务，是综合服务的提供者。私人银行开展家庭财富增值服务有利于深化客户关系，提高客户对私人银行的依赖性、信任度以及忠诚度，并为客户带来更多的其他收入资源。但是，私人银行主要借助第三方机构订购这些服务，如果服务品质达不到客户需求，会破坏客户关系和品牌形象

资料来源：作者根据相关资料收集整理。

据《2018 胡润财富报告》显示，中国千万元资产高净值人群平均年龄 40 岁，平均年消费占平均财富的 2.9%，地产是他们主要的个人投资方向，旅游、高尔夫和跑步是其最青睐的娱乐方式。他们不但享受物质带来的愉悦，而且追求丰富的精神生活，注重提升自己的品味。高净值人群需求指标情况如表 1-10 所示。中国高净值客户具有如下特点：一是具有强大的购买力，购买欲望强。中国高净值客户主要购买服饰、香水和手表等个人用品。二是崇拜国际知名品牌，具有强烈的品牌意识。三是具有较强的圈子意识。中国高净值人群具有较强的圈子意识，朋友推荐是最好的方式，口碑营销是最为重要和最有效果的营销方式。

表 1－10   高净值人群需求指标情况

需求指标	需求要求
融资需求	70%客户有融资需求。融资目的中65%为企业扩张，27%为企业并购，8%为经营周转。其中，银行是其主要融资渠道，占77%
投资主体与目的	60%以上客户以企业名义投资，投资中有40%多是为了资产增值；25%以个人名义投资，其中80%是为了财富增值，只有20%是为了财富保值。投资渠道需求中，83%通过自有投资团队进行投资，只有15%依靠第三方投资机构
海外投资需求	超过80%的客户具有海外投资需求，而且已有半数在进行海外投资。海外投资目的以企业国际化（49%）和资产配置（46%）分散风险为主；在海外投资中，面临的最大挑战是投资风险评估（49%）和了解当地法律税收政策（47%）。银行和社交平台成为获取海外投资信息的首选渠道，二者分别占29%
艺术品投资需求	投资珠宝玉石占45%、古字画占29%，其渠道分别是藏友圈交流占55%、拍卖行占38%、专家推荐占34%。最期望获得的服务是专业鉴定
大额保单需求	30%的客户持有大额保单产品，主要是为了财富传承，其次是为了分散风险和保值增值
非金融健康医疗需求	将近60%的客户表示需要固定医生团队和国际医院就医通道
家族传承需求 GDP	近70%的客户面临家族传承问题。关注价值观和经营理念传承超过财富传承。企业平稳过渡和子女接班意愿是家族传承面临的最主要的问题
慈善需求	开展慈善活动的渠道主要是政府机构、自行自发；其次为社交圈资源
私人银行服务团队需求	主办行选择中资银行的客户占57%，选择外资银行的占37%。金融专业性是选择私人银行服务团队时最看重的方面

资料来源：《2014—2015 中国超高净值人群需求调研报告》。

3. 高净值人群服务需求发生变化

受益于中国经济持续多年的高速增长和居民财富管理意识的逐步提升，中国高端财富管理行业有巨大的发展空间，但财富管理行业在中国仍处于发展初期。中国金融市场的监管业务、高净值人群的财富管理意识和诉求均与境外同业具有较大的差异，高端财富管理在中国的发展更加具有本土文化属性。

随着经济的增长和金融机构的对外开放，高净值客户数量不断增长，其服务需求也呈现出新的变化。

一是海外投资需求旺盛，境内机构能力短板待补。面对国内高净值人群海外投资需求的日益增长，各家金融机构都在大力拓展私人银行的海外业务。从金融市场角度来看，单类别、单资产、单策略已经不能满足风险对冲和收益的需求，私人银行客户的资产配置也不仅仅局限于国内市场，跨境、跨市场、跨品种多元化产品布局需求越来越强烈。从产品遴选的角度来看，国内机构对海外市场的了解有限，私人银行需要加强投资研究能力，能够提供独立、可靠的研究分析，并加强与具有核心资产管理能力和市场竞争力的资产管理机构合作。

二是事务管理类业务的需求增加。高净值客户，尤其是超高净值客户对高端保险、家族信托①等产品的需求还将进一步增加。家族信托和高端保险可以实现资产的保值增值需求，从长期来看，私人银行通过保险和信托的组合设计可以帮助客户完成企业资产隔离、优化资产税务制度、安排代际传承等复杂任务，并可以在长期限内规划资产配置。由于利益清晰、保障效果优越等特点，高净值客户对高端保险的需求稳步增长，对家族信托业务的理解和需求也逐步增加。

三是高净值客户偏好将出现两极分化。中国的经济发展变化直接影响到客户的资产配置偏好。具体来说，传统行业企业主通常现金充沛，正逐步减少在传统行业中资产的比例。这部分资产变现之后，一部分配置到海外，主要做资产保值；另一部分通过银行产品或自身的能力投资到新兴行业优质股权项目中，分享经济增长新引擎的红利。由于中国经济结构的调整，新兴高净值客户的融资需求非常多元化，如大部分企业主的企业已经上市或者即将上市，他们希望通过增发股票、增持股票或者银行信贷、个人无抵押贷款等方式获得薪金。

四是高净值客户的融资需求越来越高。企业家背景的高净值客户的核心金融需求体现在以企业为主体的各类资本市场相关的投融资服务上，且随着企业所处的发展阶段而发生变化。不同企业具有不同的投融资需求。成长期企业的融资需求可以通过风险投资、私募股权投资、创业板上市、新三板挂牌等加以满足；成熟企业则可能更多考虑股票、定向增发、发债或者企业并购重组等；上市后的企业主要考虑市值管理、股权质押融资、增减持配套融资等。私人银行服务机构可以通过对接客户的私人银行团队来整合银行交易及投资银行业务能力，提供整体的指标市场服务方案。

（三）商业银行业务模式转变

过去，以商业银行为代表的金融机构的发展模式主要是依靠资产负债表的

---

① 家族信托不仅是一种增值保值的理财工具，还是高净值客户和超高净值客户的股权/房地产等非资金资产信托、子女教育信托、医疗养护信托、婚姻财产安全信托以及遗嘱性等委托事务需求的重要工具和载体，并将在家族信托财富管理业务中逐步增加。

规模驱动，而新常态下商业银行收入增速显著放缓，信贷业务风险升高，部分机构的利润甚至出现负增长。新常态下银行业务规模驱动的重资本发展模式承压，私人银行是金融机构自身盈利增长以及业务模式转型的重要引擎。

1. 商业银行差异化经营优势

商业银行凭借其国民定位（品牌认可度、信任感、基础银行业务）以及综合金融撮合服务能力占据了高端财富管理业务的主导地位。从未来的发展前景来看，银行系的私人银行将在资金、产品、人才、集团协同、渠道等领域形成明显优势，进一步巩固其全能服务型的业务模式。

一是战略性投资。财富管理行业本身具有投资周期长、回报慢的特点。而中国银行业本身面临转型困境，亟须寻求新的业务增长点。因此，在众多金融机构中，商业银行最有动力和资本投资实力深耕高端财富管理市场。

二是建立开放式产品平台。银行系私人银行业务越来越认识到开放式产品平台对于私人银行业务的重要性，未来将会加大提供外部特色产品的力度，并借助品牌、渠道、客群和基础银行业务等传统优势，进一步巩固开放式产品平台的建设。具有金融控股背景的银行可以通过集团内部协同获得多元的产品。具有良好资产管理基础的银行可以积极拓展私人银行产品定制化能力，为真正实现专属化的产品创设奠定基础。

三是建设专业人才梯队。同基金、券商等金融机构相比，投资咨询能力一直是银行系私人银行的软肋，因此，应持续强化专业人才队伍的培养，包括资产配置、投资咨询、产品筛选、产品创设等在内的专业人才梯队建设将是私人银行可持续发展的核心。

四是集团协同，综合服务。对于非投资类服务，私人银行可以通过投行业务和集团内子公司的合作提供投融资联动的综合服务，满足企业主类客户的多元业务需求，同时与律师事务所、会计师事务所合作，提供一揽子增值服务，进一步提升客户黏性。

五是多渠道整合，提升客户体验。在"互联网＋"时代下，我国银行愈发重视渠道的创新与整合，致力于通过电子化的手段提升客户体验，同时提升管理能力。

2. 私人银行业务服务符合机构调整趋势

由于财富管理业务轻资本、高流通的特性，私人银行业务以及财富管理业务的净资产收益率（ROE）普遍高于银行整体。私人银行业务具有连接财富端和资产端的独特优势：一方面，其掌握财富端大量高净值客户的资金；另一方面，其对接资产端各类投资标的。作为具有持续增长潜力的新兴市场，中国财富管理市场增长速度快但渗透率低，这主要是由储蓄率居高不下和金融产品供不应求之间的错配导致的。中国投资者的财富仍然处于"新钱"阶段，"富一代"财富积累占据较大比例，借助理财实现财富增值是投资者的刚性需求，这与海外成熟市场的财富传承诉求带动的财富保值和跨越整个生命周期的财富管理模式截然不同。

如图 1-1 所示，私人银行业务处于大资管、大零售、大投行的交叉口，具有轻型业务的典型特征，资本占用小、中间业务收入贡献大、抗周期能力强。我国私人银行业务作为零售业务顶级品牌，识别度高、客户黏性强，品牌外溢作用凸显，且其客户主要是企业家，他们对于投行业务、对公业务具有多样化需求，并能发挥较强的关联带动作用。

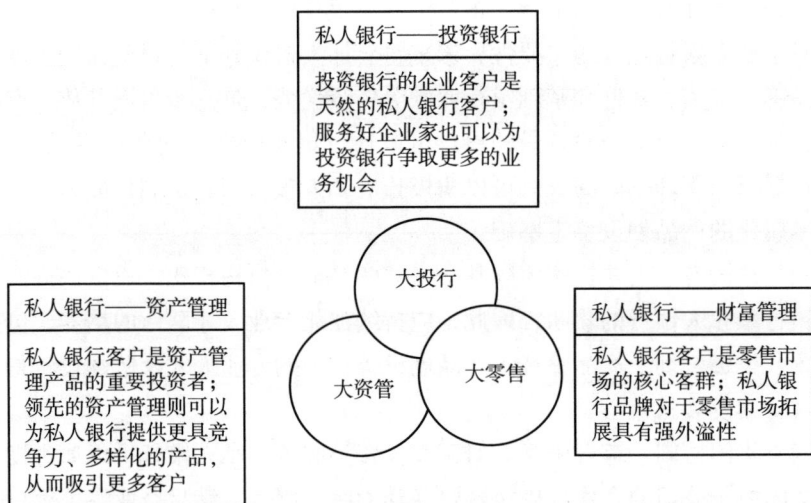

图 1-1　私人银行集聚大资管、大零售、大投行业务优势

目前我国私人银行业务呈现多元参与和竞争的格局，但我国金融体系的现状仍制约着各类中资私人银行机构的发展。一是分业经营对各类机构的展业领域形成了约束。长期以来商业银行业务范围主要限制在信贷领域，因此，银行更加习惯从固定收益视角去分析和管理资产风险，缺乏对权益类产品的投资管理经验和能力。在分业监管条件下，中资私人银行无法像欧洲和中国香港的私人银行那样为客户提供二级市场股票投资顾问服务，不能开展股票经纪业务，也不能实现真正的跨市场全功能账户。二是信贷规模和投资限制导致投资产品

有限。商业银行在开展私人银行业务的时候，内部能够自主创设的产品种类和收益水平受限，因此很多机构选择与信托、证券等其他非银行机构合作开展跨市场、跨牌照的经营活动，寻求监管套利。这不仅提高了私人银行的经营成本和操作风险，还加大了监管难度。

针对不同的客户，私人银行应具有不同的业务服务能力。一是需要第三方机构提供专业服务。第三方机构可以为中国高净值客户提供财富规划、投资产品以及投资组合管理。可投资资产在 3000 万元以下的富裕客户对卓越产品的需求更高。二是客户分层，服务分层。海外高端财富管理行业发展经验显示，富裕客户、高净值客户、超高净值客户的营业利润是递减的，可投资资产在1000 万～3000 万元的富裕客户的服务利润最高。而超高净值客户（可投资资产在 1 亿～5 亿元）具有较强的财富创造能力，更喜欢全权委托和家族办公室等服务方式。

3. 私人银行业务经营优势

私人银行业务与一般财富管理业务相比，具有更高收益、更低成本和盈利能力更优的优势。根据国外相关私人银行业务的公开统计数据，2017 年，瑞士信贷国际私人银行业务毛利率（应收/平均资产管理规模）和净利率（税前利润/平均资产管理规模）分别为 1.05% 和 0.3%，而财富管理业务毛利率和净利率分别为 0.41% 和 0.09%。由于私人银行业务包括利息收入而财富管理业务不包括利息收入，将私人银行业务利息收入剔除之后的同一口径毛利率和净利率分别为 0.63% 和 0.18%，仍然高于财富管理业务，主要原因是私人银行业务管理能力更强，能够为客户带来更多的超额收益，从而获得更好的业绩奖励收入。但是，私人银行具有较高的成本投入，根据斯科比（Scorpio）数据显示，2017 年全球排名前 25 位的私人银行的平均成本收入比为 69.27%，具有较高的成本投入，周期比其他的业务更长。

私人银行业务主要具有三个方面的特点。一是私人银行业务通过产品销售和专业咨询服务能够带来大量的中间业务收入，有助于推动金融机构轻型化发展。二是私人银行是大投行、大资管和大财富的重要结合点。私人银行业务可以协助投行更好地服务于企业客户；私人银行客户是资管产品的重要投资者，也是财富管理所服务的核心客群。三是创新需求旺盛。私人银行客户属于高净值客户，其具有较强的市场敏感度，投资经验多，风险承受能力强，因此对创新性产品和服务的接受度高。私人银行业务可以成为部分创新业务先试先行的理想沃土。

随着产品同质化加剧，私人银行业务竞争加剧，不同的机构根据其不同的资源属性形成不同的产品优势。

一是券商、信托等传统资产管理进军财富管理行业，发挥其在投行、资管方面的优势，通过拳头产品吸引客户，给传统商业银行零售升级模式带来压力。

二是拥有较强的零售基础、以服务普通私人银行客户为主、重视资产管理规模的私人银行机构，适合选择零售升级或大众私人银行的价值主张。这些私人银行主要通过保持其普通零售业务需求的优先、快捷满足，配备专属客户经理让客户得到尊贵的服务感受，并通过提供种类丰富的投资产品和相对专业的大类资产配置建议等大宗私人银行服务，引导客户采用更加多元的资产配置策略，形成与普通零售业务的区别。

三是拥有较强的资管能力和拳头产品。既有零售渠道优势较弱的私人银行通常采用专属私人银行的价值主张，将客户的理财需求和结算需求有效分离；通过为客户单独配备具有专业素养的客户经理和投资顾问提供更为私密和灵活的服务方式，并且提供对接专属投资机会、定制化产品和服务设计、大额融资等一系列产品和服务。

四是一些规模较大、综合能力较强的机构，可以在内部同时采用两种甚至更多模式，以差异化服务体系满足更广泛的客群，打造在私人银行市场的领导地位。

（四）监管政策完善市场环境

随着全球化的深入发展和金融科技的广泛应用，金融风险的跨境、跨业、跨市场传递较以往更为突出。金融监管部门将进一步加强宏观审慎监管和微观审慎监管，加强系统重要性和非系统重要性金融机构监管，加强单个机构、单个行业、单个市场的监管和跨行业、跨市场的综合监管，加强境内业务和跨境业务的监管，加强正规银行业务和影子银行的监管；建立完善与金融业发展相适应的法律法规体系，加快社会信用体系建设，健全市场退出机制，强化市场约束，加强金融人才队伍建设，加强监管政策协调。

监管机构方面，先后经历了人民银行统筹各类金融机构管理、分业经营原则下人民银行对银行业金融机构的监管、原银监会履行银行业金融机构监管职责，以及根据党的十九届三中全会部署、机构改革调整后银保监会对银行业金融机构的监管四个阶段，监管的专业性、有效性不断增强。

监管规制方面，制定、实施了一系列监管法律法规，奠定了银行业依法监管的基础，目前已经形成了涵盖各类机构、业务以及公司治理、风险管理、资本约束、市场准入等方面的审慎监管体系。

监管工具方面，深入参与国际金融监管改革，结合我国国情，推进第三版巴塞尔协议落地实施，形成了涵盖资本充足、流动性水平、信用风险、市场风险、操作风险等的监管工具箱，并与全球 70 个国家和地区的金融监管当局签署了双边监管合作谅解备忘录或合作协议。

1. 整体的监管环境影响

整体监管环境可以按照时间顺序进行梳理，具体包括以下四个方面。

一是 2008 年全球金融危机以来，全球各国金融综合监管的趋势日趋增强，传统的分业监管和机构监管模式被宏观审慎政策、微观审慎政策以及行为监管的有效执行和协同配合替代，以便更好地实现金融系统稳定、金融机构稳健和金融市场有序的监管目标。

二是 2012 年以来，我国也加快了金融自由化进程，逐步形成了多样的金融机构体系、复杂的产品结构体系和信息化的交易体系，并在发展中不断优化，向着更加开放的金融市场前进。随着金融创新的深化，金融机构混业经营成为普遍现象，这对现行的分业监管、机构监管体制提出了新的挑战。在分业监管、机构监管体制下，各监管部门之间的信息沟通不畅、缺乏协调机制，导致监管重复和监管空白并存，监管的有效性不足，给予了金融机构监管套利的空间。

三是 2017 年国务院金融稳定委员会成立，旨在扭转金融监管体制各自为政、各自为战局面，消除各种监管纷争，形成高度一致的金融监管力量，确保党中央、国务院各项金融政策正确贯彻落实到位，遏制各种金融乱象，推动金融业不断走向规范、健康发展道路。

四是 2018 年 3 月中共中央印发了《深化党和国家机构改革方案》，指出为深化金融监管体制改革，解决现行体制存在的监管职责不清晰、交叉监管和监管空白等问题，将中国银行业监督管理委员会和中国保险监督管理委员会的职责整合，组建中国银行保险监督管理委员会。其主要职责是依据法律法规统一监督管理银行业和保险业，保护金融消费者合法权益，维护银行业和保险业务合法、稳健运行，防范和化解金融风险，维护金融稳定等。

2. 微观的监管环境影响

我国私人银行的法律和制度基础设施不完善，面向高净值客户的信托服务不健全、不充足，基于契约精神的委托人、受托人、受益人和管理人等参与主体的约束激励机制不完备。一方面，委托人的风险隔离理念不足，存在不符合信托精神的刚性兑付情结；另一方面，受托人在行使管理职责的时候也存在信息披露不及时、不真实等问题，难以满足尽职尽责的要求。这些都严重制约着财富管理行业的健康、良性发展。

私人银行业务作为金融服务业的重点业务，具有高标引领作用，有效的监管能够控制风险的产生，减少风险对市场的冲击。微观层面的监管政策一方面可以规范和完善该业务的发展；另一方面能够为整体金融市场的发展提供重要的实践支撑。

2018～2019 年发布的私人银行相关政策规定如表 1–11 所示。

表 1–11　　　　　　　　2018～2019 年私人银行相关政策规定

政策名称	发布时间	发布机构	主要内容
《关于规范金融机构资产管理业务的指导意见》	2018 年 4 月 27 日	中国人民银行、中国银保监会、中国证监会、国家外汇管理局	强化关联交易监管，要求一般关联交易应当定期报告。遵循穿透原则，建立有效的关联交易管理制度，防止利益输送和风险转移。严禁各种手段隐匿关联交易和资金真实去向，规避监管
《关于进一步完善跨境资金流动管理，支持金融市场开放有关事宜的通知》	2018 年 5 月 18 日	中国人民银行	完善沪深港通资金汇兑机制，境外投资者可通过证券公司或经纪商在香港人民币业务清算行及香港地区批准可进入境内银行间外汇市场进行交易的境外人民币业务参加行办理外汇资金兑换和外汇风险对冲业务
《关于进一步规范货币市场基金互联网销售、赎回相关服务的指导意见》	2018 年 5 月 30 日	中国证监会、中国人民银行	要求应当严格落实"三强化、六严禁"的原则要求。对"T+0"赎回提现实施限额管理。规范基金管理人和基金销售机构"T+0 赎回提现"业务的宣传推介和信息披露活动，加强风险揭示，严禁误导投资者
《商业银行理财业务监督管理办法（征求意见稿）》	2018 年 7 月 20 日	中国银保监会	提出如下要求：一是准确界定法律关系，明确约定各参与主体的责任义务和风险分担机制；二是缩短融资链条；三是强化穿透管理，要求银行切实履行投资管理职责，不得简单作为各类资产管理产品的资金募集通道
《关于进一步明确规范金融机构资产管理业务指导意见有关事项的通知》	2018 年 7 月 20 日	中国人民银行	规定公募资产管理产品除主要投资标准化债权类资产和上市交易的股票，还可以适当投资非标准化债权类资产，但应当符合《指导意见》关于非标准化债权类资产投资的期限匹配、限额管理、信息披露等监管要求

政策名称	发布时间	发布机构	主要内容
《关于加强规范资产管理业务过渡期内信托监管工作的通知》	2018年8月17日	中国银保监会信托部	明确公益（慈善）信托、家族信托不适用《关于规范金融机构资产管理业务的指导意见》（以下简称《指导意见》）。区别对待事务类信托业务。明确以财产权信托的名义开展资金信托业务的适用于《指导意见》。明确受让信托受益权视为嵌套。要求不合规存量信托产品过渡期内有序压缩。明确信托产品的过渡期整改安排
《商业银行理财业务监督管理办法》	2018年9月26日	中国银保监会	一是私募理财产品销售方面，借鉴国内外通行做法，引入不少于24小时的投资冷静期的要求；二是规定公募理财可以通过公募基金投资股票；三是理财子公司要独立开展业务；四是可投资资产支持票据（ABN）；五是个人首次购买需进行面签，但不强制网点面签；六是强化信息披露，公募开放式理财每天披露；七是非标资产不超过银行总资产4%；八是禁止通道和嵌套投资；九是开放式公募理财持有现金类资产不少于5%；十是保本理财产品全部划归结构性存款或其他存款管理
《私募投资基金命名指引》	2018年11月20日	中国证券投资基金业协会	按照"新老划断"原则，从2019年1月1日起，新申请备案的契约型私募投资基金相关命名事宜应当按照本指引执行，新设立的合伙型、公司型私募投资基金（以营业执照中"成立日期"为准）命名事宜应当按照本指引执行；2019年1月1日前，已完成备案或已提交备案申请的私募投资基金可以按照本指引以及基金合同（合伙协议或公司章程）相关约定，调整私募投资基金名称，并相应办理基金的重大事项变更以及信息披露事宜
《关于完善系统重要性金融机构监管的指导意见》	2018年11月27日	中国人民银行、中国银保监会、中国证监会	主要通过两条途径完善系统重要性金融监管：一方面，对系统重要性金融机构制定特别监管要求，以增强其持续经营能力，降低重大风险的可能性；另一方面，建立系统重要性金融机构特别处置机制，推动恢复和处置计划的制定，开展可处置性评估，确保系统重要金融机构发生重大风险时，能够得到安全、快速、有效处置、保障其关键业务和服务不中断，同时防范"大而不能倒"风险

续表

政策名称	发布时间	发布机构	主要内容
《金融信息服务管理规定》	2018年12月26日	国家互联网信息办公室	根据《中华人民共和国网络安全法》《互联网信息服务管理办法》《国务院关于授权国家互联网信息办公室负责互联网信息内容管理工作的通知》制定本规定，旨在提高金融信息服务质量，促进金融信息服务健康有序发展
《支付业务许可证》	2019年1月10日	中国人民银行	中国人民银行发布2019版《支付业务许可证》核准服务指南，继"断直连"和"备付金"交付之后，支付行业已经完成合规框架

资料来源：作者根据相关资料收集整理。

五、私人银行业务角色——基于市场和法律视角

（一）全面提升高净值客户满意度和舒适度

私人银行致力于为客户提供全方位的服务，包括金融服务和非金融服务。作为综合服务提供者，私人银行要根据客户自身的需求定制各种服务，不仅要满足个人客户的投资需求，还要涵盖其整个家族的商业活动，包括遗产和不动产的规划。私人银行业务的实践经验显示，发掘现有客户的新潜力，是最有效的获取新客户、增强老客户黏性的途径。

而随着经济形势、监管条件以及高净值人群金融需求的变化，财富管理角色也发生了相应变化，主要有以下五个方面。

一是资产管理范围发生变化，从过去主要关注可投资资产的服务转向关注客户的总财富（全部资产和负债管理）。

二是财富目标发生变化，从保证财富保值转向为客户提供解决方案和为客户创造价值。

三是提供服务方式发生转变，从为客户提供产品和服务转向注重投资品的业绩表现。

四是服务内容发生变化，从提供综合产品转向根据客户需求实现产品定制服务。

五是提供服务全面性，由提供地方市场知识和技能转向提供全方位的国际

私人银行服务。

（二）立足匹配风险，丰富产品，改善服务链条构建方法

1. 根据客户需求分类（风险收益匹配度）

私人银行客户服务具有独特性、私密性、专属性，而客户自身的分类属性是决定私人银行业务开展广度和深度的重要基准，根据国内外私人银行财富管理业务运行实践经验，划分标准如下：

一是根据客户所拥有的资产规模划分。这是最简单、最基本的服务模式。一般来说，处于相同层次的资产规模对于产品的偏好具有大体相同的属性，可以通过客户经理以及专家团队有效地对接服务，提升整体的服务效果。

二是根据客户投资偏好划分。投资偏好的确定要结合客户的工作性质、职业教育、家庭周期等相关属性，因为不同教育背景、地域背景和工作性质的客户对风险收益具有不同的需求，而相似的风险偏好能够促进私人银行业务的规模效应，有利于服务资源的有效配置，提升私人银行客户服务能力和服务效果。

三是根据客户的配置需求划分。战略配置、战术配置对于时间周期、市场稳定性和流动性、收益增值情况具有不同的偏好属性。可以根据大类市场总体划分，根据战略配置还是战术配置区分不同客户群体，并结合客户自身风险收益偏好确定团队服务模式，提升服务黏性。

四是根据客户风险收益属性确定服务模式。主要是根据金融机构自身的资源禀赋、市场需求、盈利需求以及风险控制需求进行组合匹配、组合管理，提升私人银行业务的运行效率，助推私人银行业务的顺利发展。

2. 根据产品提供范围分类（机构类别、市场类别）

要满足高净值客户日益增长的金融需求和非金融需求，单靠单独的金融机构特别是商业银行自身的资源禀赋是无法有效实现的。因此，为了提升私人银行高净值客户服务效果、提升服务黏性，金融机构特别是商业银行要加强机构合作，加强与海外市场金融机构的金融产品和服务合作，合作方式具体如下：

（1）对于机构合作，要加强同基金、券商、保险、信托机构的合作。一方面能够拓展业务范围，丰富专业领域、专业人才、专业产品；另一方面通过多方机构交流合作，通过业务转介、产品转介、客户转介，能够有效提升客户服务效果，提升服务黏性。

（2）对于海外市场开拓，一是通过设立海外分支机构，拓展海外市场和业务；二是通过同海外相关的服务机构进行有效对接，通过兼并、重组等方式拓展业务领域、丰富业务产品。

（3）对于非金融产品服务和合作，主要是加强同学校、医院、养老机构的沟通联系，建立有效的对接合作关系，通过客户转介、产品转介等方式满足私人银行客户特别是高净值客户除金融产品保值增值外的其他需求，提升客户服务的满意度。

3. 根据服务类型分类（金融服务、增值服务）

对于高净值人群来说，朋友推荐和口碑营销是私人银行金融服务和增值服务最主要的营销方式，而增值服务有利于提升客户对私人银行的依赖度、信任度和忠诚度。对于金融机构来说，要加强同第三方合作机构订购服务，加强对服务品牌、品质、过程和风险的有效监督和防控，以提升高净值客户的品牌忠诚度。

对于金融服务来说，中国高净值客户主要集中于私营企业和高级白领人群，其资产一方面通过海外市场进行配置，另一方面通过资本市场直接进行配置。因此，资本市场的增发股票、增持股票、优质的股权项目、风险投资以及私密股权基金成为私人银行业务未来发展的主要着力点。

对于非金融服务来说，近年来，随着"创一代"逐步退出历史舞台，"创二代"逐步接手家族企业，家族信托以及保险业务成为私人银行业务领域的高端业务模式，这既符合中国经济发展的脉络趋势，也符合中国高净值人群的文化因素，是未来商业银行私人银行业务转型的重要着力点和发力点。

（三）根据价值需求自建商业模式

私人银行业务主要属于金融机构的业务范畴，我们可以根据金融机构的运行模式以及功能模式，从商业银行业务运行的角度思考私人银行业务模式。一是借鉴现有国内外的主要业务模式分析，为国内金融机构开展私人银行业务提供业务基础；二是根据环境因素、市场因素、监管因素、人文因素等，综合考虑现有环境下商业银行私人银行业务的运营模式。

1. 参考价值模式

随着优质资产日渐稀缺，越来越多的资产管理机构正面临着日趋激烈的同质化产品竞争，通过加强对投资者的了解和需求、向资产配置和财富端拓展，能更好地服务和留住客户，提升利润。在专项监管和经营前提下，各类机构要能够切实地从私人银行客户需求出发，突破大众零售金融业务的边界与限制，进行真正的业务创新，打造跨市场、跨机构的综合金融服务能力，在风险可控前提下为私人银行客户提供相匹配的产品和服务。构建私人银行自身的价值链系统成为金融机构的主要的目标导向和业务实际。这里根据过去十年金融机构私人银行业务的实际情况，构建私人银行的价值链模式（见图1-2）。

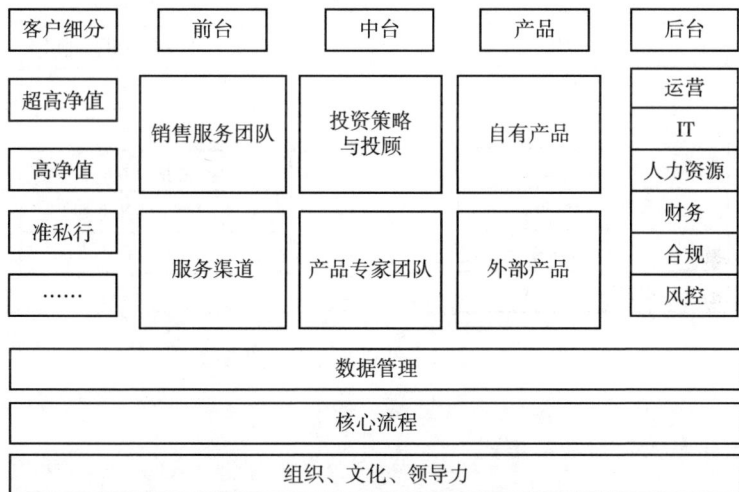

图1-2 私人银行价值链模式

基于私人银行价值链模式，从产品配置角度构建商业银行私人银行业务活动。私人银行的资产配置服务是指基于客户可投资资产基本情况、风险属性和预期目标等相关信息，结合对经济和金融市场运行状况的分析和判断，以及对各类金融资产和实物资产的风险、收益属性的掌握，为客户设计个性化的资产配置方案。主要包括两种服务形式：一是私人银行机构为特定客户设计契合客户需求和特征的资产配置方案；二是私人银行机构接受客户委托并落实资产配

置方案的实施。私人银行资产配置服务主要包括投资咨询服务模式和全权委托
服务模式两种。图1-3介绍了摩根士丹利（Morgan Stanley）的私人银行业务
模式，对我国金融机构特别是商业银行开展私人银行业务具有一定的参考
价值。

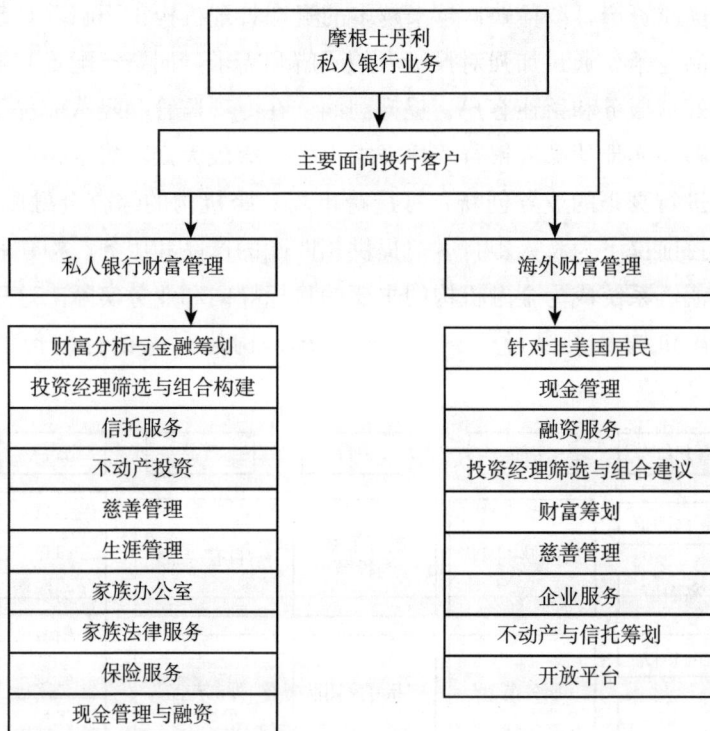

图1-3　摩根士丹利私人银行业务模式

2. 自建私人银行业务模式

自建私人银行业务模式主要有以下三个方面：一是考虑私人银行财富管理
业务的主要内涵；二是考虑金融机构特别是商业银行私人银行业务运行的主要
利润诉求；三是根据私人银行高净值客户自身的金融需求和非金融需求设置定
制化服务模式。

（1）私人银行财富管理业务的主要内涵。私人银行财富管理业务的内涵
就是高净值客户同金融机构之间的一种深层次"信托关系"。通过相关的规范
制度，高净值客户（委托人）将其财产权委托给金融机构（受托人），由受托
人按照委托人意愿制定相应的投资管理规划，实现财富创造、保值、增值、传

承。私人银行业务需要建立以信托关系为基础的财富管理运作操作，管理人依靠自身的职业素养和专业能力，通过整个信托关系结构设计，建立包括委托人、受托人、托管人、投资人、受益人等多个主体在内的责权利体系，保证在财富管理过程中，既能发挥管理人的专业水平，同时又能保证受托人利益不受侵害。长期以来，在刚性兑付金融机构信用的保护下，我国投资人几乎没有风险资产概念，拿着风险资产溢价预期收益要求无风险资产配置。而打破刚性兑付，将重构过去信用中介建立的信用和收益买断关系，转变为独立财富机构之间的信托关系。

（2）新时代背景下金融机构的利润诉求。监管趋严、经济平稳运行以及高净值客户的快速成长，使得商业银行身处竞争日趋激励的市场环境，它们开始寻求新的业务运行模式和利润增长模式。

一是消费转型需求。经济的三驾马车"投资、消费、出口"中，消费的作用日益凸显。随着"一带一路"倡议以及京津冀地区、长三角地区、粤港澳大湾区政策的深入推进，消费转型升级成为未来经济发展的重点。而私人银行业务作为消费转型升级的重点业务，也将成为金融机构未来转型发展的重中之重。

二是金融机构转型发展。综合化、国际化成为金融机构特别是商业银行转型发展的重要方向，而私人银行业务自身的业务属性、客户属性、品牌属性、产品属性成为金融机构转型发展的重要追求。

三是提升客户服务满意度。"以客户为中心"成为金融机构特别是商业银行提升客户服务满意度的重点内容，而高净值客户自身的行为特征，使之成为金融机构特别是商业银行实现"以客户为中心"服务升级的重点服务对象。提升客户服务满意度有利于拓展业务范围，实现商业银行黄金业务的有效整合，提升客户黏性。

（3）自建业务模式。从宏观运行机理来看，一个国家的财富积累水平对长期潜在经济增长至关重要。财富不等于资本，资本是一种生产要素，财富既可以配置在生产领域也可以配置在非生产领域。因此，构建私人银行业务模式过程中要坚持四个基本方面：一是坚守信托契约精神。财富管理者是财富所有人的管家，所有人将财富的使用权或管理权让渡给管理者，并指定受益人，本身是基于信托契约下的代理关系。二是坚守财富的保值增值目的。财富是内涵时间价值的，管理者应该通过各种专业手段为财富的保值增值尽心尽力。三是坚持财富配置服务实体经济，使财富的增长与整个社会经济的发展保持内在统一，这是财富管理的长期发展之路。四是坚守风险底线的理念，私人银行要树立稳健的原则，其风险偏好不能超过财富所有者和管理者的风险控制范围。

私人银行业务属于金融机构业务服务范畴，其服务模式离不开传统商业银行业务服务模式。如图1-4所示，根据业务运行的利润、规模、质量三个重要指标设定业务运营模式、业务服务模式和业务考核模式，最终实现客户服务显性指标和隐性指标。

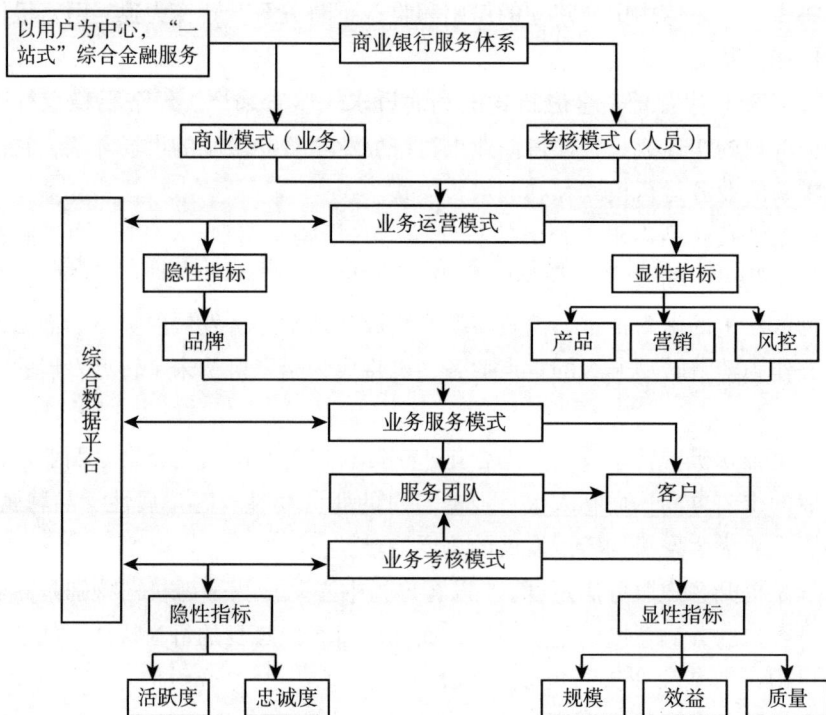

图1-4 商业银行运营指标体系

中国私人银行业务要根据中国特有的经济背景、文化背景、监管背景，并结合金融机构自身业务需求目标，选择合适的业务发展道路。一是加强战略定位，加强以客户为中心的差异化价值主张；二是加强能力布局，加强对全价值链能力竞争优势选择；三是加强组织支撑，主要是对私人银行主体组织架构进行组织模式重构；四是加强路径选择，主要是根据金融机构特别是商业银行自身资源禀赋和客户禀赋，选择其中最佳的发展路径。根据相关的业务资源准则，设计适合金融机构特别是商业银行自身发展的路径模式。私人银行服务模式如图1-5所示。

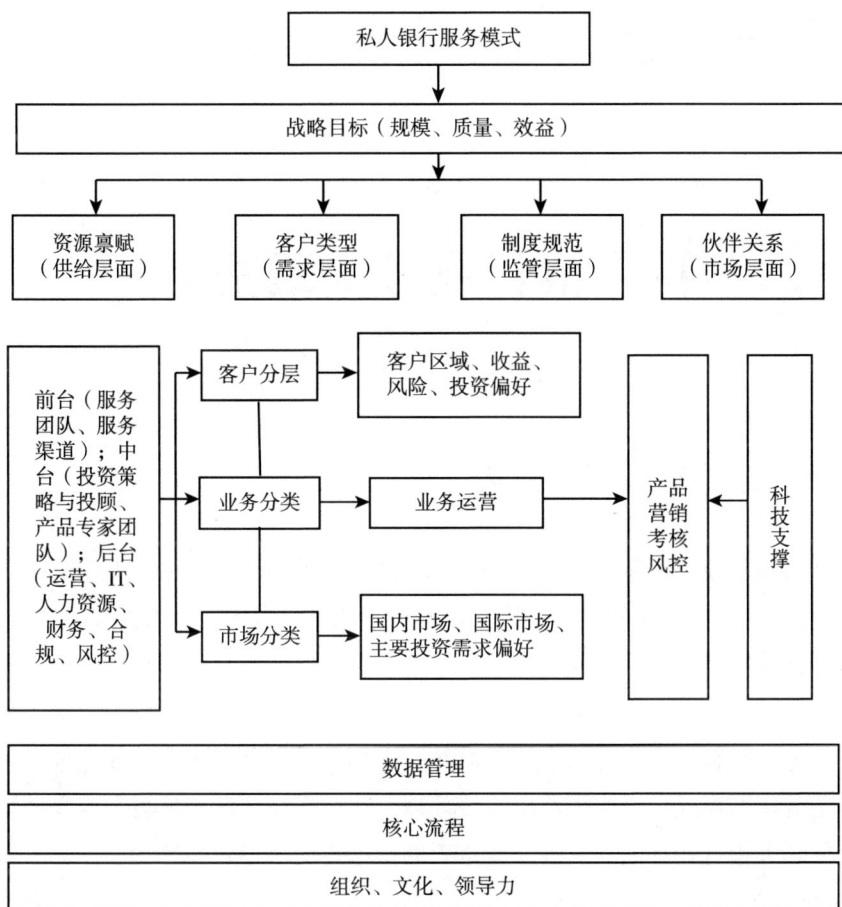

图1-5 私人银行服务模式

第二章

私人银行业务实践基础

一、国外私人银行业务

私人银行业务起源于 16 世纪的瑞士日内瓦，形成于 18 世纪工业革命后的英国，发展于 20 世纪的美国，距今已有 500 多年的历史，有欧洲、北美、亚太三种地域模式，以及顾问咨询、经纪商、投资银行和综合四种业务模式。由于私人银行业务自身特殊的业务属性，随着经济发展和对外开放的扩大，私人银行业务越来越具有全球综合运营趋势。本部分主要分析研究国外先进私人银行业务的运营模式，对中国特殊经济环境、法律环境、产业环境和人文环境背景下的私人银行业务发展具有非常重要的参考意义。

（一）国外私人银行业务模式

私人银行业务开展形式和服务方式是私人银行业务运行的基础。

1. 业务开展形式

依据业务全面性和客户服务模式，目前国外私人银行业务主要分为纯私人银行模式、全能型私人银行模式和投资银行型私人银行模式三种。纯私人银行模式最为传统，以私人银行业务作为单一业务品种；全能型私人银行模式是指银行兼营多种业务，私人银行业务是其中的一个版块；投资银行型私人银行模式是指以投资银行业务为主营业务，私人银行业务是为投资银行客户服务的。根据 Scorpio 数据显示，2017 年全球私人银行资产管理规模（AUM）排名前 25 位的银行中，采用纯私人银行模式的银行共有 3 家，管理资产规模占排名前 25 位银行总规模的 5.7%；全能型私人银行模式为主流模式，采用此模式的银行共有 20 家，管理资产规模占排名前 25 位银行总规模的 77.73%；采用投资银行型私人银行模式的银行共有 2 家，管理资产规模占排名前 25 位银行总规模的 16.57%。

（1）纯私人银行模式。纯私人银行模式主要源于瑞士，与瑞士特殊的地理环境、经济环境、法律环境和人文环境密切相关。大量的原始财富，长久的安全性、保密性及资本保护措施，以及高净值人群的风险厌恶偏好，使瑞士的纯私人银行模式得以有效发展和繁荣。目前存在且发展较好的私人银行包括宝盛集团（Julius Baer）、隆奥达亨银行（LODH & Cie）、百达银行（Picter & Cie）。

纯私人银行模式本身是世代传承的家族企业，整体机构形象偏于传统、尊贵和低调，比较擅长服务贵族家族，提供祖业管理服务，主要采取无限责任合伙模式。这种模式主要聚焦于资产管理业务，客户诉求是维持现有生活水准，对服务费用敏感度较低，费用以资产管理费用为主、产品销售佣金为辅。

（2）全能型私人银行模式。全能型私人银行模式源于美国，业务范围包括银行、证券、保险、金融衍生业务以及其他新兴金融业务，有的银行还持有其他非金融业务股权，如德意志银行、荷兰银行、瑞士银行、瑞士信贷银行、汇丰银行以及花旗银行等。

全能型私人银行主要采取扩张模式进行业务发展，具有以下特点：一是设立专门的私人银行部门；二是收购现有的私人银行。瑞银集团（UBS）收购了 10 家私人银行，其中通过收购美国私人银行彭博银行（Pain Webber）打开了美国市场业务，极大拓展了其业务经营范围。汇丰银行 1999 年收购了宝利银行集团下的纽约共和银行，改组为汇丰私人银行（瑞士），并以此为契机整合全球私人银行业务。

全能型私人银行具有以下特点：一是适应市场能力强。全能型私人银行自身的多元化经营在金融产品开发和业务拓展方面具有非常大的优势，具有极强的抗风险能力。二是业务范围广。如表 2-1 所示，全能型私人银行可以根据客户资金情况、风险承受能力、投资偏好为客户提供包括存贷款、投资、发债、资产管理、咨询、抵押、保险等全方位的金融服务，俗称"金融百货公司"。三是拥有广泛稳定的客群。

表 2 - 1　　　　　　　　　　全能型私人银行业务资源匹配度　　　　　　　　单位:%

职能	比例	职能	比例
证券处理	76	宏观经济研究	57
客户注册后台	56	第三方选择	47
投资管理后台	44	战略性资产配置	44
前台 CRM	28	股票选择	37
前台投资管理	21	基准组合构建	37

资料来源: Mckinsey European Private Banking Economics Survey 2004.

（3）投资银行型私人银行模式。随着私人银行客户需求逐渐丰富，投资银行型私人银行模式日趋重要。投资银行型私人银行模式不仅利用自身证券经纪方面的优势为私人银行客户提供服务，同时还通过积极收购其他私人银行来提高自身的产品和服务供应能力。例如，高盛 2003 年收购财务咨询公司艾科公司（Ayco），主要目的是为美国高管提供咨询服务；雷曼兄弟（Lehman Brothers）于 2003 年收购了面向高净值客户的资产管理公司纽伯格伯曼（Neuberger Berman），并于 2005 年收购了专营商品和基础产业对冲基金公司奥斯普雷（Ospraie）20% 的股权。

投资银行型私人银行模式主要通过专业化经营拓展私人银行客户，如美林集团在基础设施和证券管理方面享有盛誉；高盛主要是在研究能力和承销方面而闻名；所罗门兄弟公司以商业票据发行和公司并购见长；第一波士顿公司则在组织辛迪加和安排私募方面具有领先地位。

2. 业务开展方式

客户需求决定私人银行服务模式，随着私人银行业务的发展，客户需求越来越丰富，私人银行服务模式也发生了相应变化。在西方发达国家，私人银行服务模式主要有：欧洲模式（顾问咨询模式）、美国模式（经纪商模式）、新兴市场模式（投资银行模式和综合模式）。

（1）顾问咨询模式。顾问咨询模式主要起源于欧洲，这与欧洲自身的地域特点以及高净值客户自身的需求和特征密切相关。具体如下：一是市场。欧洲私人银行业务主要集中于在岸市场。二是风险稳健。高净值客户由于其资产代际相传，更加注重服务的私密性、安全性以及稳定性，投资风格比较保守和谨慎，特别看重资产的保护和传承需求。三是看重机构品牌形象。由于自身地域特征，欧洲高净值客户更加注重私人银行的声誉、品牌、形象，对投资方式要求不高，主要看中降税负以及财富保值。四是采取投资顾问咨询方式。利润主要来自资产管理费用收入，是一种典型的佣金盈利模式。

（2）经纪商模式。经纪商模式主要盛行于美国，与美国独特的经济发展环境和人文环境密切相关。具体如下：一是看重交易。该模式主要是为客户和公司自身进行证券买卖，交易频繁，是美国私人银行业务的主导模式。二是参与性强。北美富人具有更强的风险偏好，风险承受能力较强，更加偏重风险投资，并愿意参与风险决策、使用金融规划工具。三是盈利模式主要来自股票、债券、基金类的交易手续费。

（3）投资银行模式。投资银行模式主要通过投资业务为企业家及其企业提供资产保值增值服务。这种模式主要集中在亚洲，这一方面同亚洲新兴市场的崛起和发展密切相关；另一方面同亚洲高净值人群业务属性密切相关，亚洲新兴市场的高净值人群财富没有同其企业财富相分离，主要通过投资银行业务进行财富保值增值。该模式主要有两种方式：一是辅助方式，保证企业家以及企业资产的保值增值服务。二是进行资产隔离保护。企业家自身的资产同企业的资产没有明显的界限，较为混乱，采取投资银行模式能够有效地进行资产投资和业务发展，同时也能够符合政策规定和税法规定，提升整体的服务效果。投资银行模式主要集中于新加坡等新兴市场，主要收入模式为利润收入。随着市场发展，投资银行模式的市场份额不断增加。

（4）综合模式。随着高净值客群的快速增长，高净值客群财富日渐丰富，国际流动日益频繁，国际市场交流日趋丰富。欧洲、北美和亚太地区私人银行模式逐渐融合，并同当地的文化相互融合，形成服务当地业务发展的新模式，即为综合模式。这种模式集顾问咨询服务、经纪商服务、投资银行服务等多种服务优势，更加符合私人银行业务发展特征。其不仅关注高净值客户个人财富的保值增值需求，同时也关注高净值客户家人、企业以及合作伙伴财富的保值增值服务需求，有效丰富了私人银行业务模式。

（二）国外私人银行业务——以区域为特征

1. 欧洲的私人银行——稳健运行

欧洲私人银行业务不仅具有悠久的历史，还具有较为完备的服务人员培养和培训体系，是全球私人银行业务的起源和重要模板。下面从市场发展情况、客户需求情况、机构服务情况、产品供给情况以及市场监管情况五个方面对其进行描述和分析。

（1）市场发展情况。欧洲私人银行业务发源于 16 世纪的瑞士日内瓦，经过几百年的发展，已经非常成熟完善。18 世纪末，瑞士的私人银行业务就已经涵盖国内外市场，为国际客户提供货币兑换、资金转移、资产管理、票据贴现等业务，其私人银行业务归私人所有，实行无限责任制。

由于业务发展时间不同、业务背景不同，欧洲私人银行业务发展程度也不尽相同。具体如下：其一，西欧拥有最成熟的理财市场，拥有坚实的财富继承基础，同时也拥有具有上百年财富管理经验的传统私人银行。其二，中欧和东欧国家在 2000 年之后崛起势头明显。波兰和匈牙利自 2002 年成为欧盟成员国以来，一直保持较高的 GDP 增长；而俄罗斯凭借其世界第二大世界石油出口国的地位，具有较强的财富积累效应。其三，随着金融体制的变迁、技术进步以及资本市场的发展，瑞士私人银行业务进入快速发展和扩张阶段。同时，其他国家，如欧洲的英国和法国的私人银行业务也快速发展起来，并且一些综合银行和投资银行也加入财富管理市场，提高了私人银行业务市场的竞争力。欧洲主要国家的私人银行财富管理情况如表 2－2 所示。

表 2－2　　　　　　　　欧洲主要国家的私人银行财富管理情况

主要国家	财富市场特征	私人银行机构
瑞士	世界上最大的离岸理财市场，是私人银行发祥地； 高端客户相当重视安全性和资产保护； 瑞士私人银行品牌一直享有国际声誉	瑞银集团（UBS）； 瑞士信贷银行（Credit Suissse）； 宝盛集团（Julius Baer）； 隆奥达亨银行（LODH & Cie）； 百达银行（Pictet & Cie）
英国	最大的欧洲财富市场（离岸和在岸）； 高端客户相对比较老练，与其他欧洲国家相比具有较浓厚的股权文化； 对结构型产品和非传统投资具有强烈的需求	汇丰私人银行（HSBC Private Bank）； 顾资银行（Coutts）； 巴克莱银行（C. Hoare & Co, Barclays）
德国	欧洲最大的在岸财富市场； 四个主要城市：汉堡、科隆、法兰克福和慕尼黑； 关键客户群体包括继承人、退休人员、企业主和专业人士； 绝大多数客户首先要求保护财富	德意志银行（Deutche Bank）； 德勒斯登银行（Dresdner Bank）； 德国商业银行（Commerz Bank）； 萨尔·奥本海姆银行（Sal. Oppenheim）

资料来源：作者根据相关资料收集整理。

（2）客户需求情况。欧洲财富主要来自两个部分：一部分是遗产。遗产继承是财富增长的重要因素，且很多财富是两三代以前创造的，目前增长比较缓慢。另一部分是其他产业。欧洲很多产业公司是私人所有，大多是与不动产相关，造成财富的流动性较差。欧洲高净值人群平均年龄在 59 ~ 62 岁（David Maude，2006），具有较低的风险承受能力，更加注重财产的安全性、保值性，继承、税务和养老规划是欧洲私人银行的主要业务。

（3）机构服务情况。欧洲财富管理机构层次丰富，主要有传统私人银行、综合性银行、金融顾问、投资银行和家庭办公室。传统私人银行是财富管理最早的参与者，其形式和规模也具有多样性，有中型上市银行、合伙制和家族所有制银行。综合性银行的代表为瑞银集团①，是全球最大的私人银行和资产管理机构，其通过零售和公司业务快速发展财富管理以及私人银行业务，占据了行业主导地位。金融顾问有独立和机构所有两种模式，主要为私人银行客户提供金融规划和投资需求服务，金融顾问主要充当金融技术专家的角色，为客户提供投资解决方案和产品建议。

（4）产品供给情况。如表 2 - 3 所示，根据高净值客户金融需求及非金融需求定制不同服务内容，其中，非金融需求包括税务咨询、婚姻咨询、遗产咨询、退休咨询以及奢侈品咨询等服务。

表 2 - 3   高端客户的服务内容

主要提供产品	产品内容
资产组合管理	资产组合管理包括自主资产组合管理和非自主资产组合管理。自主资产组合管理是指银行和客户签订协议之后，顾客无需每天参与投资管理决策，银行在受托范围内全权经营客户的资产，为客户设计个别管理资产，专门定制资产组合进行资产管理
信贷融资服务	进行资产负债管理，融通资金满足客户融资需求
信托服务	信托人将资产交由私人银行为其代理经营和管理，信托期限一般为 20 ~ 50 年
税务咨询和服务	跨境移民拟定移民前税务计划、与投资无关的税务咨询和税务计划，准信托服务，税务法律和程序援助，与投资有关的税务咨询计划
婚姻资产和计划	帮助客户根据婚姻法制定婚姻财产协议，以使客户在离婚事件中减少经济成本

① 瑞士银行集团（UBS）与瑞士银行公司（SBC）合并，成立了瑞银集团。

主要提供产品	产品内容
遗产资产和计划	拟定遗嘱和遗产合同，执行遗嘱，进行遗产清算，处理好财产的转移和清算
退休计划和人寿保险	根据高净值客群需求定制保险产品
奢侈品投资	向客户提供奢侈品研究、买卖、融资、鉴定、审核合同等服务，使客户在奢侈品投资中分散风险、增加回报

资料来源：作者根据相关资料收集整理。

（5）市场监管情况。欧洲私人银行的快速发展离不开其监管方面的优势，特别是以瑞士为首的欧洲特有的保密监管条例，为私人银行业务开展及繁荣带来巨大的利润空间。

瑞士保密制度自1934年开始实施，以其银行保密法以及税收优惠政策吸引了全球大量私人银行资金的涌入。但是，随着全球金融监管趋严，瑞士银行保密制度逐渐弱化，信息保密优势逐渐减弱。2009年美国政府同瑞银集团的纠纷，致使瑞银集团通过了向美国移交4450个银行账户信息的决议，并支付了7.8亿美元的罚款。同时，瑞士政府同美国政府签署协议，同意如果其他瑞士银行有类似行为，瑞士将提供客户名单，这个案例打破了瑞士银行保密法的保密优势。随着各国政府财政税收金融监管日趋严格，离岸私人银行中心监管环境收紧，瑞士遭受了较为严重的打击。2018年瑞士联邦税务管理局（FTA）公告称，按照金融账户涉税信息自动交换（AEOI）标准，该机构已于9月底同部分国家（地区）税务机构交换了金融账户信息，保密制度进一步弱化，瑞士私人银行的核心优势逐步弱化。

在各方压力下，瑞士监管当局已经将合规纳税作为瑞士私人银行业务可持续发展的必要条件。瑞士金融市场监督管理局（FINMA）要求加强对瑞士银行"合适且恰当"（fit and proper）的行为监管，从而进一步检视银行业务行为（包括反洗钱合规、交易、全托管业务、跨国营销等），还要求银行不仅要严格遵守瑞士的相关法律，跨国业务也要遵守其他国家的法律。

综上可知，欧洲私人银行业务具有如下特点：一是私人银行财富管理机构本身多为世代传承的家族企业，整体机构偏于传统、尊贵和低调。二是擅长服务富豪家族，提供祖业管理服务。三是服务私密、安全。欧洲古老的私人银行财富管理机构提供服务的安全性、私密性较高。四是私人银行的组织机构模式是无限责任的合伙模式，该种模式有利于私人银行业务的稳健运行。私人银行与客户的利益捆绑在一起，才能真正从客户利益出发。五是欧洲私人银行专注于资产管理业务，费用以资产管理费用为主、产品销售佣金为辅，具有较高的业务集中性和专业性。

2. 北美地区的私人银行

北美国家主要包括美国和加拿大，由于经济发展和财富快速增长，其私人银行业务也随之快速发展。北美地区客户主要是以投资领域为核心，业务范围主要包括投资银行业务、经纪业务等，以交易佣金为基础，通过各种不同的投资方式以及投资品种来增加交易量。由于业务具有高度相似性，以美国和加拿大为例，北美国家主要私人银行财富管理情况如表2－4所示。

表2－4　　　　　　北美国家主要私人银行财富管理情况

主要国家	财富市场特征	私人银行机构
美国	世界最大、竞争最激烈； 财富集中度比绝大多数成熟市场高； 客户需求高质量、客观的建议； 股权资产（主要是管理资金）占客户资产组合的主要部分； 结构性产品不如欧洲发达	花旗集团（Citigroup）； 美联银行（Wachovia）； JP摩根私人银行（JP Morgan Private Bank）； 高盛公司（Goldman Sachs）； 富国银行私人银行服务（Wells Fargo Private Client Services）
加拿大	与美国有相似的监管机构； 客户需求相对不复杂； 高端客户在地区上高度集中，主要集中于安大略湖区； 许多投资者偏好财产投资	加拿大皇家银行（Royal of Canada）； 加拿大帝国商业银行私人银行（Scotia PCG，CIBC Private Bank）； 加拿大道明银行（TD Bank）； 蒙特利尔哈里斯银行（BMO Harris Private Bank）

资料来源：作者根据相关资料收集整理。

（1）市场需求情况。一是金融需求提升。第二次世界大战结束后，美国成为世界第一经济强国，聚集了大量的财富，并涌现出巨大的金融服务和金融产品需求，但传统商业银行和投资银行理财业务满足不了日益增长的客户金融需求。

二是客户需求增长。20世纪60年代，美国金融机构开始认识到为客户提供多元化服务的重要性，金融创新活动日益活跃，逐渐出现了以产品为导向的私人银行业务。到80年代末，"组合式"理财产品包括传统存贷款、证券和咨询顾问业务，成为美国私人银行业务的主要产品。

三是金融创新快速发展。20世纪末，随着经济全球化、金融自由化的发展，市场更加繁荣、各类投资工具更加丰富、各种衍生品市场纷纷建立、场外市场规模迅速扩大，拓展了私人银行业务的投资空间、组合方式、投资对象、风险承担和利益分配模式，为私人银行业务的发展奠定了重要基础。

四是监管政策逐步完善。20世纪90年代中后期，金融管制的界限逐步打破，特别是1999年11月美国总统克林顿颁布了《金融服务现代法案》（Gramm－Leach－Biley Act），从法律上消除了银行、证券、保险机构在业务范围上的边界。商业银行、投资银行和保险公司可以相互进入对方的领域，极大丰富了银行产品线，提供存贷款、证券基金、保险、企业年金等业务，衍生金融品种不断丰富和完善，银行可以为客户提供"一站式"综合金融服务，满足各种风险收益特征的客户需求。私人银行业务应运而生，成为各银行塑造品牌、培养客户忠诚度、增加银行收入的重要支柱，其产品包括私人股权基金、风险投资、对冲基金、结构性金融产品等。

（2）客户需求情况。与欧洲代代相传的财富继承不同，美国富豪大多是自力更生型，20世纪80年代前的高净值人群主要是公司的管理层，80年代后的高净值人群主要是企业家，富豪中多是已退休的家族企业主、公司高管人员以及其他专业人士，其财富主要来自杠杆收购、证券投资、不动产投资等。美国财富集中于具有不同特征的不同地域：加利福尼亚财富集中于技术和娱乐业富豪，纽约财富集中于金融和供应巨头富豪，佛罗里达财富主要集中于退休人员，德克萨斯财富集中于石油相关行业富豪，伊利诺伊主要是农业行业的富人。美国新生代富豪的风险偏好总体激进，他们认为通过自己的努力和知识，利用投资活动可以提升企业盈利能力和财富获取能力，他们更加注重自己管理资产，更加热衷于慈善事业，也比较注重对下一代创富能力的培养。

（3）机构业务情况。美国私人银行业务以投资管理为核心，投资银行业务、经纪业务和货币市场业务是其主要的服务项目，交易佣金是其主要的收入来源，通过各种不同方向、品种的投资来增加交易量。其高净值客户对私人银行服务费用较为敏感，主要是通过购买各种金融产品实现财富保值、增值。美国私人银行业务模式主要包括以下三种。

一是投资银行模式。投资银行已经成为美国最大的财富管理机构，投资银行利用其在产品设计和客户资源方面的投资优势，发展壮大其财富管理业务。

二是家庭办公室模式。家庭办公室在美国特别流行，美国的家庭办公室类似于私人银行的一种顶级的财富管理团队，其职能相当于富人家族的金融综合办公室，其形式包括单一家庭办公室、多家庭办公室、多客户家庭办公室，为客户提供全面的财富管理服务，包括金融领域的资产综合管理、专业性团队（律师、会计师、投资银行家）、教育计划和度假计划等服务。

三是独立的财富顾问模式。独立的财富顾问类似于纯粹的私人银行服务，是财富顾问根据高净值客户的金融需求和非金融需求，凭借自身所拥有的资源优势、渠道优势、产品优势，为客户提供具有独特性、私密性以及安全性的服务安排。

（4）产品配置情况。美国私人银行向高净值客户提供可选择的多元化金融产品和高水平的金融服务。

一是多样化的金融产品。私人银行业务集合了众多的产品选择，涵盖资产管理、资产配置、风险管理、税收筹划、遗产规划和信托服务，以及限定类产品的定向配售、离岸金融和机构研究分析等。

二是专业金融服务。理财顾问会根据专家分析意见为顾客提供投资和产品建议，财富管理的客户经理大多是"理财顾问"担当，为客户筹划财富管理策略、设计整体的解决方案，如国际金融理财师（CFP）[①] 和注册金融分析师（CFA）[②]，这两种管理组织对其成员都有非常重要的道德标准和行为规范要求。

三是全权委托服务。理财顾问可以接受客户的委托，根据客户的风险承受能力、预期回报和时间要求，全权代理客户管理其投资组合。

综上可知，美国私人银行业务具有如下特点：一是财富增值需求强烈。美国高净值客户主要通过创业创富积累财富，对资产收益率水平相当敏感，具有较高风险偏好，注重财富增值。二是金融创新能力强。由于独特的经济优势和高净值客户的产品服务需求，私人银行的产品创新动力和能力强劲，时刻以客户需求为导向，帮助客户实现财产的保值增值和传承。三是机构效率高，博弈购买力强，交易渠道完备，具有较高的财富管理效率。四是公司治理结构严谨，金融监管规范。

3. 亚太地区的私人银行

亚太地区集聚了众多的新兴市场经济体，特别是近20年来随着经济发展，私人财富大量聚集、高净值客户不断成长，私人银行业务越来越重要，业务模式也越来越多元化。如表2-5所示，亚太地区私人银行业务包括日本、韩国、新加坡、澳大利亚四种业务模式，不同地区根据其经济发展、人文环境以及监管环境不同而具有不同的业务属性（见表2-5）。

---

① 国际金融理财师强调对客户在保险、税务、员工福利计划、投资、退休、遗产等方面的综合规划和实物经验。

② 注册金融分析师着重不同类别的资产定价分析以及投资组合管理。

表 2 - 5　　　　　　　　　　亚太地区私人银行财富管理相关情况

主要国家	财富市场特征	私人银行机构
日本	世界第二大财富市场； 客户偏好简单，喜欢低风险产品； 私人银行业不发达	三菱东京金融集团（MTFG）； 三井住友金融集团（Sumitomo Mitsui Financial Group）； 新生银行（Shinsei Bank）
韩国	财富阶层多数有自己经营的企业； 客户偏好短期且是国内的资产投资； 货币市场、固定收益以及股权市场非常受欢迎	韩亚银行（Hana Bank）； 新韩银行（Shinhan Bank）； 国民银行（Kookmin Bank）； 友利银行（Woori Bank）
新加坡	亚洲最大的离岸金融中心； 监管具有良好的美誉； 套头基金和其他传统投资产品非常受欢迎	华侨银行（Decelopment Bank of Singapore, Overseas Chinese Banking Corporation）； 大华银行（United Overseas Bank）
澳大利亚	高端客户数量较少； 私人银行市场较不发达； 同亚洲移民有关，理财市场主要集中在悉尼	澳新银行私人银行（ANZ Private Bank）； 麦格理私人银行（Macquarie of Private Bank）； 西太平洋银行（Westpac Bank Group）

资料来源：作者根据相关资料收集整理。

下面以日本的财富管理市场为例，对亚太地区私人银行业务加以分析。

由于日本对金融许可证的严格规定①及其严格的金融分业经营模式，其私人银行业务市场尚未成型。

鉴于日本自身文化和地域特点，其高净值人群具有以下特点：一是高储蓄率。日本家庭资产中有很大部分投向银行储蓄。二是私密性强。日本高净值客户非常重视私密性，不会将资产投资于同一个金融机构，其对金融资产具有高度的保密性需求。三是信任民族品牌。相对于外部的金融机构，日本高净值客户更加信任本土品牌，这使一些产品有优势的外资全能银行难以开展业务，加剧了日本市场产品和服务方式的匮乏。

日本财富管理市场具有较大发展潜力，鉴于日本独特的文化、地理环境，外资银行主要采取合作方式，如美林集团、瑞银集团采取合资的方式开拓日本市场；而本土的银行主要采取联合专营方式，如日本本土商业银行联合证券公司开设专门的私人银行机构为高净值客户提供增值服务。

---

① 日本金融业每一项业务都必须取得许可证，包括储蓄服务、咨询服务、证券经纪、遗产顾问、资产管理、委托业务、围绕咨询服务的许可条例都需要金融许可证，这就为传统意义上的"一站式"服务设置了很大的障碍。

（三） 国外私人银行业务——以品牌为特征

1. 瑞银集团——全球私人银行巨头

瑞银集团成立于1998年6月，由瑞士联合银行和瑞士银行公司合并而成，分为私人和公司客户管理（private and coporate clients）、资产管理（asset man-agement）、私人银行（private banking）、投资银行（investment banking）和私人产权（private equity）五大部门。2003年，瑞银集团把品牌重组为瑞银财富管理、瑞银环球资产管理和瑞银投资银行三大板块，通过三大业务板块的协同效应，产生联动合作机制。瑞银集团不断进行海外扩张和机构布局，为其全球化战略奠定基础（见图2-1）。瑞银集团私人银行的目标是"创造你想要的生活，为你的投资、商业活动以及家庭创造一个美好的未来"。

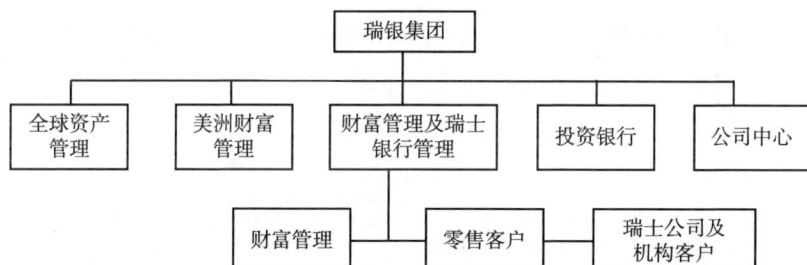

图2-1 瑞银集团财富管理架构

瑞银集团的私人银行体系（财富管理）具有以下三个方面的特点。

一是采用独特的"one firm"管理模式，注重核心价值。"one firm"（一个公司）是指整个团队分为财富管理、投资银行和资产管理三大业务板块，由中后台支持集中管理。通过产品转介、客户转介以及跨区营销模式，整合集团优势服务资源，满足客户多样化的需求；利益共享，协同合作。无论是客户的零售需求、投行需求还是资管需求，都可以在部门之间平稳过渡，不影响部门之间的利益分配，形成协同效应。

二是加强战略细分，突出业务优势。瑞银集团经营战略为"不熟悉的不做，熟悉的就要充分发挥特色、做到最好"。其财富管理战略为"在成熟的市场中谋求效率、在增长的市场中谋求成长、有选择地谋求成长"。财富管理立足于全球的高净值客户，其产品服务不仅面向客户本身，同时也面向客户企业和家庭，对客户及其家庭提供资产配置、信托、基金、保险规划、遗产规划等解决方案；对客户企业提供战略性财务评估，为企业的兼并收购以及重组上市提供个性化的解决方案。

三是加强客户细分，优化业务流程，提供差异化服务。瑞银集团根据客户资金量不同进行客户细分（见表2-6），并提供差异化的服务。客户咨询服务分为管理账户委托模式和咨询账户委托模式，其中，管理账户委托模式为核心富裕客户、高净值客户和关键客户等所有私人银行客户提供，咨询账户委托模式向高净值客户以及关键客户提供。

表2-6　　　　　　　　　　瑞银集团财富管理客户细分　　　　　　　单位：瑞士法郎

资产金额	客户细分
50万~200万	核心富裕客户（core affluent client）
200万~5000万	高净值客户（high net worth client）
5000万以上	关键客户（key client）

资料来源：连建辉，孙焕民. 走进私人银行［M］. 北京：社会科学文献出版社，2006.

瑞银集团资产配置流程主要有以下四个步骤：第一，了解客户风险、收益以及流动性偏好；第二，通过产品选择策略选择合适的产品和投资策略；第三，客户经理同客户达成共识，明确最优的资产配置组合；第四，与客户就投资进行及时沟通、实时追踪、定期评估。具体产品配置策略如图2-2所示。

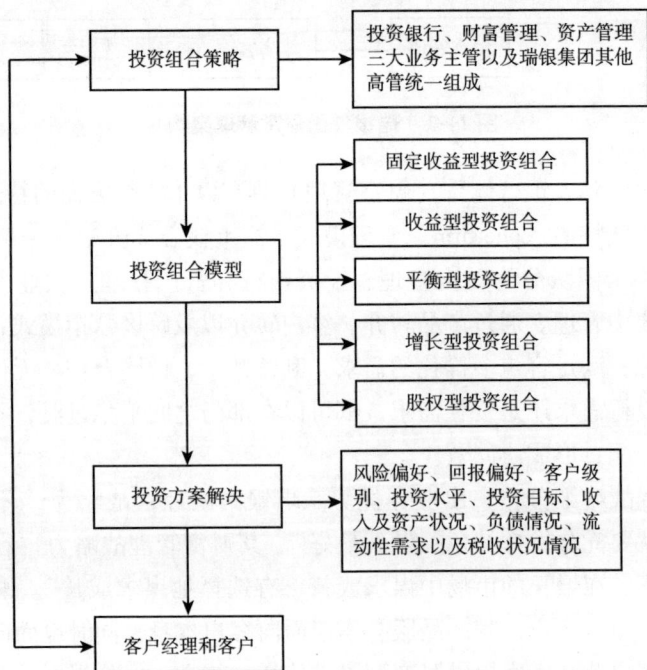

图2-2　瑞银集团产品配置策略

四是独特的产品体系，适应客户需求。瑞银集团拥有开放式的产品货架，通过深入分析以及严格筛选，为客户提供内容广泛、品牌最佳的解决方案。产品货架由瑞银集团和第三方合作渠道联合供应，具有丰富的产品种类和充足的数量，具体如表 2-7 所示。

表 2-7　　　　　　　　　　　　瑞银集团客户产品体系

产品体系	产品内容
资产管理	管理账户，替代投资，独立、私人资产组合管理
投资管理	结构股权，固定收入研究与交易，股权交易与衍生品
遗产继承战略	财富转移战略，资产与遗产节税
公司执行服务	单一股票风险管理战略，受限股票交易，期权金融以及规划
保险	保护规划，寿险信托基金
信贷和流动性	个性化信贷，竞争性信贷方案，抵押贷款
纳税管理	税款最小化战略，亏损利用，公益捐赠策略，遗产继承策略
慈善规划	公益信托，家庭基金

资料来源：连建辉，孙焕民. 走进私人银行 [M]. 北京：社会科学文献出版社，2006.

如表 2-8 所示，瑞银集团根据客户资产配置风险收益以及时间周期目标制订资产配置方案，不仅搭配长期和短期资产配置策略，同时结合核心持有策略，加强对超高净值客户资产配置的风险覆盖，提升收益性和安全性。

表 2-8　　　　　瑞银集团为超高净值个人和家庭理财提供的解决方案架构

核心持有	短期持有	长期持有
企业财务顾问/行业知识； 购买和出售方并购执行； 股票/债务资本市场 （IPO、大宗交易）； 结构性股权/融资； 对冲/风险管理	机构销售范围 （EQ、FI、FX、衍生品）； 机构交易工具； 场外衍生品/量身定制的 SP； 针对特定资产类别机构资产管理； 对冲咨询基金； 经纪人和管理账户研究	私人配售/配对； 通过 IPO "锚定投资"； 私募股权基金咨询； 房地产基金咨询； 基于价值的投资； 艺术和钱币
覆盖策略		
财富规划、家庭咨询和慈善事业； 综合监管和报告； 风险管理和资产配置； 外汇和杠杆覆盖		

资料来源：http://www.ubs.com。

五是优秀的管理团队，提供最佳体验。如表 2-9 所示，瑞银集团客户服务团队分为客户经理团队、财富经理团队和专家团队。同时，市场研究团队、市场交易团队、产品研发团队和资产配置团队以强大的中后台专业支撑前端的客户服务团队，为客户打造"尽善尽美"的服务体验。

表 2-9   瑞银集团客户服务团队

客户服务团队	成员背景	工作内容
客户经理团队	由客户经理主管、客户经理和客户经理助理组成，需要具备良好的专业教育背景、丰富的客户资源、从业经验和广泛的人脉	负责私人银行日常工作维护
财富经理团队	财富经理应该具备投资、金融等专业教育背景以及相关执业资格，如国际注册会计师资格	配合客户经理为客户提供高效、专业的财富管理方案。此外，财富经理每天上班前还应接受相关培训以及财经资讯支持
专家团队	财富管理专家应拥有税务、遗产、艺术品收藏方面的专家特长，多采取外聘的形式	为客户经理和专家团队提供及时的专业支持

资料来源：连建辉，孙焕民. 走进私人银行［M］. 北京：社会科学文献出版社，2006.

2. 顾资银行——独立私人银行

英国的顾资银行（Coutts）创立于 1692 年，英国排名第一位，世界排名第五位，是历史上最为悠久的私人银行，拥有 300 多年的私人银行运作经验，被誉为欧洲最好的私人银行。作为独立的私人银行，顾资银行专注于私人银行业务，为客户提供最好的客观的投资咨询建议。随着高净值客户不断崛起，顾资银行不仅关注皇室以及贵族业务，同时也关注传统企业家、富豪、体育明星和娱乐明星等私人银行业务服务（见图 2-3）。

顾资银行作为银行机构的先驱，目前拥有超过 2 万名富有创造力的、聪明的企业家客户。顾资银行通过网络系统有效地匹配私人银行客户需求，并依托其强有力的洞见、广泛的关注和强有力的事件驱动促使客户经理和客户更好地合作。其优势有以下四点。

一是了解客户需求，拥有较强的服务网络。顾资银行服务时间较长，并拥有私人银行投资者俱乐部以及克兰菲尔德管理学院。

二是准入门槛较高。准入门槛包括财富门槛、社会地位、家庭背景，并有多项细分要求。其客户类别主要包括企业家、体育娱乐名人、家族办公室、行

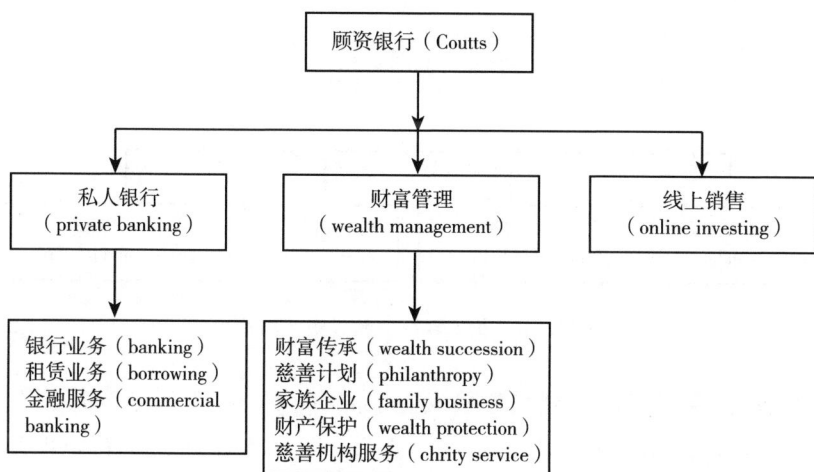

图 2-3 顾资银行的业务

政主管、国际客户和专业人士等六大类。

三是服务多元性。提供包括金融服务和全方位增值服务，与专家团队 7×24 小时密切合作，为客户提供覆盖各个生命周期和各种需要的产品组合服务。

四是服务种类完备。主要包括投资方面（投资管理咨询，退休规划，房产规划，艺术品、酒和黄金投资等）、商业企业（包括商业银行业务、商业地产业务、撤资准备、建立/进入新企业咨询服务）、遗产安排（财产规划、遗嘱安排、节税安排、建立和管理信托安排）、生活方面（假日安排，车、船和飞机等服务）以及慈善方面（家庭慈善信托、慈善银行和投资捐赠资金等服务）。

3. 花旗银行——全能银行体系

全能银行具有庞大的客户基础，覆盖面广，来源渠道多，产品服务全面（特别是对中小企业以及大型企业的产品和服务），根据不同的客户细分提供不同的服务。代表银行有美林集团、花旗银行、汇丰银行和摩根大通等。

1812 年 6 月 16 日成立的纽约城市银行（City Bank of New York）是花旗银行（CITI）的前身。花旗银行分为全球消费金融集团、公司和投资银行部、全球财富管理部、资产管理部和替代投资部五个部分。花旗银行私人银行于 2001 年 2 月 5 日更名为"花旗集团私人银行"，为全球 30 个国家的私人银行提供个性化的财富管理服务，其组织架构如图 2-4 所示。

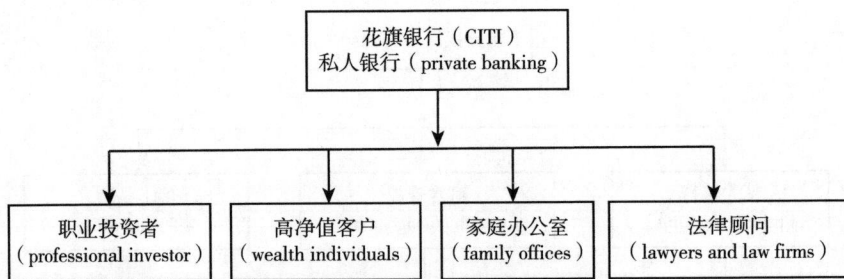

图2-4　花旗银行的私人银行结构

花旗银行全球财富管理服务部成立于2004年，由美邦全球股票研究部（Smith Barney Global Equity Research）、美邦全球私人客户集团（Smith Barney Global Private Client Group）、花旗集团私人银行（Citigroup Private Bank）三个部门组成，拥有顶级全球财富管理精英，借助花旗银行整体资源和力量，为客户提供一流的投资顾问、资产组合管理、退休金规划、教育规划和遗产规划，积累了3S资源（见表2-10）。

表2-10　　　　　　　　　花旗集团的财富管理优势（3S）

名称	含义
规模（scale）	客户资产收入全球领先； 管理账户全球领先； 多重推荐——金色名片夹（关系网）； 领先同类的成本效益交易、借贷和银行业务
智慧（smarts）	领先智力成本和咨询能力； 深度产品提供——跨门类和跨地区； 功能型全球化——发挥各地特色、能力和关系
稳定（stability）	在拉丁美洲、欧洲、亚洲具有100多年的经营历史； 具有良好的信用评级

资料来源：连建辉，孙焕民. 走进私人银行［M］. 北京：社会科学文献出版社，2006.

花旗集团私人银行业务具有以下五个方面优势。

一是全方位的财富管理体系。花旗集团利用全球网点优势为客户提供实时动态全方位的环球金融服务，且特别重视客户信息收集和维护，建立客户数据库管理系统，实现客户信息安全并全球共享。

二是财富管理体系同传统业务相分离。花旗集团根据自身的管理优势，将其财富管理业务同传统银行业务相分离，专注于全球的关键市场、客户方案的整理和产品能力的创新，客户可以使用花旗集团全球产品和服务渠道。

三是财富管理策略由差异化向集中化转变。根据市场环境变化，花旗集团的财富管理策略从差异化策略、成本领导策略到集中化策略不断变化。集中化策略是指整合业务部门，重组管理流程，以有竞争力的价格提高财富管理业务水平，从而节约成本，使得金融产品和服务生产流程更为顺畅。

四是多样化的财富管理体系。传统产品是以集团自主研发为主，以非标准化的投资和咨询服务，通过借助第三方，涵盖消费、信贷、投资、保险、资产管理等金融服务开放式的产品体系。现在，花旗银行通过整合第三方资源，为客户提供涵盖存贷、投资、保险、资产管理业务的"一揽子"解决方案。

五是量化的绩效考核体系。花旗集团构建了一套成熟的考核体系，注重量的考核和质的提升。质量考核方面，不仅考虑客户贡献度，更注重服务质量、风险控制和客户忠诚度。对于客户经理以及财富顾问，结合各自服务需求，通过量化指标提升考核质量。

4. 高盛集团——投资银行体系

投资银行体系的代表机构为摩根士丹利和高盛集团，它们在投资银行体系下设置私人银行体系，专注于服务超高净值人群，借助投资银行平台为客户提供一些独特的优质产品，如高度定制化的投融资服务、大额借贷便利和共同投资等。

高盛集团历史悠久，具有规模庞大的投资银行，在23个国家拥有41个办事处，向全球提供广泛的投资、咨询和金融服务，其组织架构如图2-5所示。高盛集团的投资运作建立于紧密一体的全球基础上，拥有丰富的地区市场以及国际运作能力，由优秀的专家为客户提供服务。

高盛集团私人银行业务具有以下两个优势。

一是客户门槛高，具有较强的产品服务能力。高盛集团私人银行客户门槛为金融净资产达到1000万美元及以上，服务以产品为主导，近年来向客户关系主导服务模式转型，并向企业主个人和公司提供投融资服务。

二是具有较强的资源配置能力和产品研发能力。其一，在另类资产和固定收益产品上具有强大的产品研发能力；其二，通过借贷和直接参股形式投资客户企业，协助经营，并同客户快速建立互信关系；其三，联合第三方公司（信托和税务非核心服务）共同为客户服务。

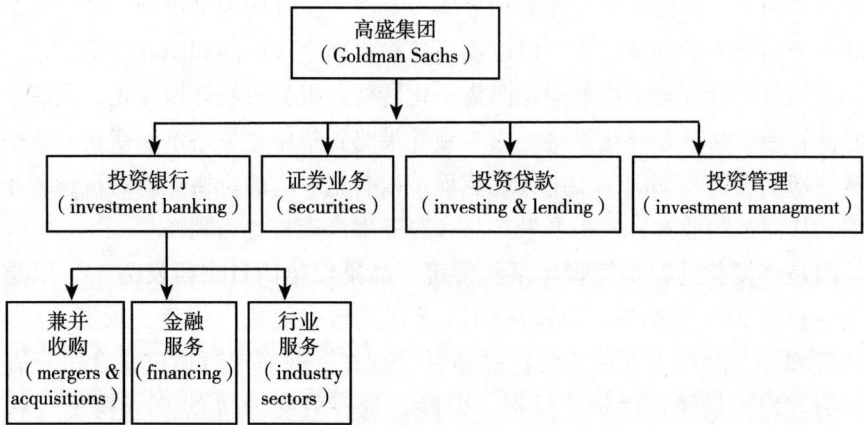

图 2-5 高盛集团的组织架构

（四）国外私人银行业务总结

1. 国外私人银行业务模式经验

国外私人银行业务经营时间长，高净值客户类型多样，不仅能够通过传统手段和方式满足高净值客户群体财富创造、保值、增值和传承的需求，同时可以通过国际市场业务交流和对接来完善传统业务模式、丰富金融产品、完善金融服务。具体如图 2-6 所示。

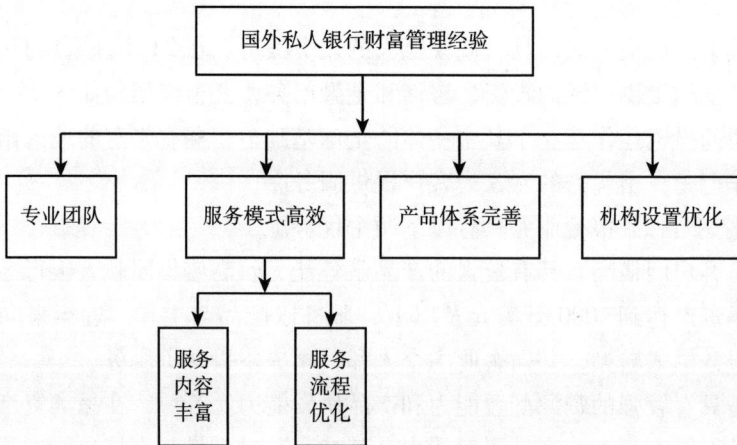

图 2-6 国外私人银行财富管理经验

（1）构建业务团队。构建业务团队对私人银行业务建立具有非常重要的作用，良好的团队建设有利于促进和客户的有效沟通，并可以促进私人银行体系建设。在业务发展初期，要配备好相应的客户经理团队和财富顾问团队，通过同其他机构合作交流的形式配备专家队伍，为客户提供基本的金融保值增值服务。随后，随着专家队伍的发展壮大，可以直接外聘或者培养自身的技术专家，保持业务的稳定和持久性。例如，瑞银集团的管理团队有三个层面：客户经理团队①、财富顾问团队②和专家团队③。

（2）丰富服务内容。丰富服务内容是指服务标准化和服务内容完善（金融服务、非金融服务和金融咨询服务）。服务标准化是指基础设施建设、基本规范制定以及基本服务优化，即建立统一服务规范、建设全国通用的服务识别介质、采用统一高素质的人员、探索移动办公室业务模式，使私人银行客户能够在全国范围内享受到个性化、定制化的服务。服务内容完善是指提供金融服务④、非金融服务⑤和金融咨询服务⑥。

（3）优化服务流程。外资银行在私人银行的业务流程上，主要分为了解客户、风险评估、投资决策和调整四个步骤。在了解高净值客户的需求、风险偏好、回报偏好、投资目标等信息的基础上，确定投资组合解决方案，投入运行并及时反馈信息监测效果。通过规范业务流程，有利于客户经理、财富顾问和专家团队及时了解客户投资需求、风险偏好和收益偏好，最大限度地满足客户金融投资消费需求，形成有效的服务模式和程序。

（4）完善产品体系。国外私人银行由于其监管环境和人文环境，不仅能够提供自身产品（艺术品金融化等创新产品），同时可以通过客户转介、产品

---

① 客户经理团队主要是由客户经理主管、客户经理和客户经理助理组成，其具备专业教育背景、丰富的客户资源、广泛的人际关系和相关从业经验，主要负责客户的日常工作。

② 财富顾问团队要具备投资、金融等专业教育背景和相关执业执照，负责为客户经理提供高效的、专业的财富管理解决方案，尤其是投资组合管理。

③ 专家团队主要是提供技术支持，采取外聘的形式，主要是为客户经理和财富顾问团队提供税务、遗产以及艺术品收藏方面增值服务的技术支持。

④ 金融服务是指投资方案设计、资产组合管理、个人财务规划、继承和税务规划、全球资产托管、不动产咨询管理、账户管理和支付服务、艺术品投资与管理等服务，为客户提供财富创造、积累、保护和转移的全过程服务。

⑤ 非金融服务是指客户俱乐部、紧急医疗救助、旅游咨询、钻石和珠宝鉴定、慈善事业的需求等满足周期性需求（生命周期、生活周期、成长周期、工作周期和家庭周期）的服务。

⑥ 金融咨询服务主要是由财富顾问入手，定期解读市场，形成统一的市场分析观点；或者通过实现部门信息共享，从而提供技术含量高的财富管理信息。

转介、渠道整合业务，加强同基金、证券、信托和财富管理公司的合作（阳光私募、基金一对多、券商结合理财计划），扩大产品渠道和来源，丰富产品货架，满足客户多层次需求和服务。

（5）优化机构设置。私人银行业务是高层次客户服务，具有产品丰富、服务高端、市场广泛、服务私密等特点，单一金融机构或金融部门很难以自身发展满足业务需求。因此，通过并购和设立专营机构对接外部资源来提升自身实力具有非常重要的作用。

并购有利于扩大市场份额，丰富产品体系，并通过整合不同区域及业务的同类型产品提升自身服务能力和服务实力。例如，汇丰集团从 1999 年开始先后进行了五次关于私人银行业务的大规模收购活动，有效提升了客户规模和资产规模，吸纳了专业人才，进入新的区域市场并增加了市场份额，增强了离岸服务能力，提升了汇丰集团的国际化服务能力。

专营机构能够通过细分客群建立相应的服务机构，并针对细分客群建立有效的服务模式和服务机制。例如，花旗集团私人银行成立了一个全新的家庭财富管理部门——家庭办公室，直接隶属于花旗集团私人银行总部，为单一或者多个富豪提供服务，并为富豪家族管理财政事务的组织提供服务。

花旗集团私人银行的机构设置对我国私人银行业务发展具有以下参考价值：一是构建大型的综合化服务机构，包括对公业务和零售业务，以及国内市场、国际市场、金融服务和非金融服务，提供全套综合化、多层次、宽领域的服务模式和服务体系；二是构建小而精的服务机构，如家族办公室等机构模式，专门为单个家族或者家族组织服务，提供精细化的服务模式和服务体系。

2. 对国内私人银行业务的启示

国外私人银行先进的财富管理经验对国内私人银行业务借助外部优势、提升内部优势、实现服务价值具有重要的启示意义。私人银行财富管理业务价值模式传导机制如图 2-7 所示。国内金融机构内部要加强客户战略设置、完善服务模式、加强队伍建设、完善运营机制，提升整体服务效能和服务水平；并通过具体业务模式和产品模式提升客户满意度和忠诚度，形成一个有效闭环，提升商业银行私人银行整体服务价值和服务绩效。

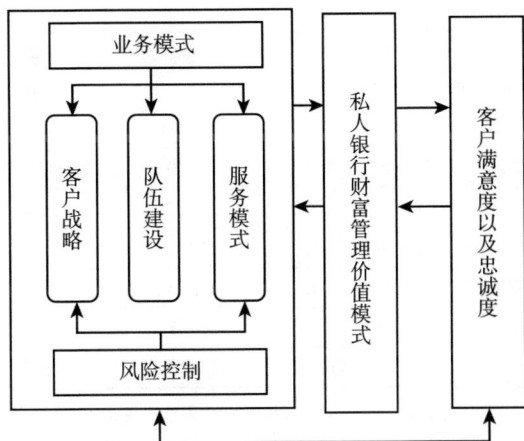

图 2 - 7 私人银行财富管理业务价值模式传导机制示意

二、国内私人银行业务

经济下行、金融科技快速发展、居民金融消费需求快速增长、商业银行零售转型都催生我国商业银行战略转型和机构调整。而私人银行业务作为商业银行战略转型的重点业务呈现良好发展态势。根据业务发展情况，私人银行业务目前形成了领先者和追赶者市场格局（见表 2 - 11），其中，领先者为招商银行和中国工商银行，追赶者为平安银行。中国工商银行客群基础广，私人银行条线相对独立，重视总体规模扩张；招商银行零售优势突出，客户质量较高，重视客户价值挖掘并带动总体规模增长；平安银行依靠差异化禀赋，快速整合资源，具有潜在的破局机会。

表 2 - 11　　　　　　　　　　中国私人银行主要业务数据

银行	开业时间	私人银行门槛	私人银行客户数量（人）2018H1	私人银行客户 AUM（亿元）2018H1	户均 AUM（万元）2018H1
招商银行	2007 年	1000 万美元	71776	20340	2834
中国工商银行	2008 年	800 万美元	83900	14600	1740
中国农业银行	2010 年	600 万美元	102000	10709	1050
中国银行	2007 年	800 万美元	95400	10000	1048
中国建设银行	2008 年	1000 万美元	67670	9402	1389
中信银行	2007 年	600 万元	30674	4385	1429

银行	开业时间	私人银行门槛	私人银行客户数量（人）2018H1	私人银行客户AUM（亿元）2018H1	户均AUM（万元）2018H1
交通银行	2008年	200万美元	30000	4073	1358
浦发银行	2011年	800万元	20000	3700	1850
兴业银行	2011年	1000万元	25411	3422	1347
中国民生银行	2008年	800万元	18350	3323	1811
中国光大银行	2011年	600万元	31787	3073	967
平安银行	2013年	600万元	14483	2500	1726

注：由于中国银行、中国建设银行、交通银行、平安银行未在2018年年报中披露私人银行数据，表中的数据分别来源于各银行2015年年报、2016年年报、2017年年报。

资料来源：公司财报、华泰证券研究所。

（一）国内私人银行业务模式

2005年，瑞士友邦银行在中国成立了首家私人银行，随后花旗、汇丰、法国巴黎银行等外资私人银行纷纷进驻中国。2007年3月中国银行与苏格兰皇家银行（RBS）合作推出中国银行私人银行业务，8月招商银行私人银行部正式成立，随后中国工商银行、中信银行、中国建设银行、交通银行、中国民生银行等多家私人银行开业，中国私人银行的竞争格局开始呈现。从2015年开始，中国私人银行开始在国际上崭露头角，招商银行、工商银行以及中国银行进入全球私人银行前25名，其中，招商银行私人银行排名上升得最快，2017年，招商银行私人银行规模排名全球第13位（见表2-12），超越了瑞士百达银行、汇丰银行以及德意志银行等欧洲老牌私人银行。

表2-12　　　　　　　2012~2017年全球私人银行排名变化

银行	国家	2012年	2013年	2014年	2015年	2016年	2017年
瑞银集团	瑞士	1	1	1	1	1	1
摩根士丹利	美国	3	3	2	3	3	2
美国银行	美国	2	2	3	2	2	3
富国银行	美国	13	16	15	4	4	4
加拿大皇家银行	加拿大	5	5	5	6	5	5
瑞士信贷	瑞士	4	4	4	5	6	6
花旗银行	美国	24	25	6	7	7	7

续表

银行	国家	2012 年	2013 年	2014 年	2015 年	2016 年	2017 年
摩根大通	美国	9	9	7	8	8	8
高盛集团	美国	11	11	10	9	9	9
巴黎银行	法国	7	6	8	10	10	10
招商银行	中国			26	20	15	13
中国工商银行	中国			27	23	22	22
中国银行	中国			28	25	24	24

资料来源：Scorpio Partnership；华泰证券研究所。

1. 运营现状

自 2007 年中国银行率先开展私人银行业务以来，中国私人银行业务日趋成熟。不仅商业银行开始经营私人银行业务，一些信托、基金、证券机构也开始经营私人银行业务，但因各个金融机构自身的客户基础、资源禀赋、渠道模式和服务模式不同，私人银行业务发展呈现不同的趋势。

其一，分布较为集中。截至 2018 年 6 月末，私人银行管理的客户资产规模在 1 万亿元以上的商业银行分别是招商银行（2.04 万亿元）、中国工商银行（1.39 万亿元）、中国建设银行（1.35 万亿元）、中国银行（1.24 万亿元）、中国农业银行（1.12 万亿元），这五家银行合计管理客户的金融资产规模为 7.14 万亿元，约占所有私人银行业务规模的 80%（见图 2 - 8）。

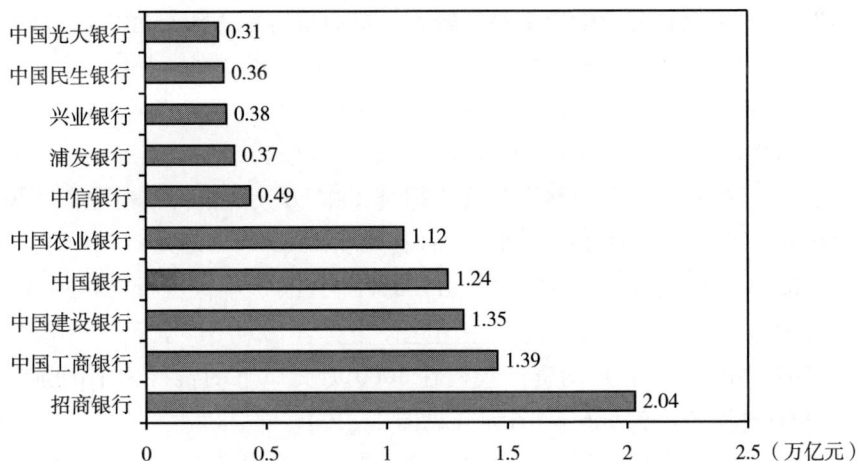

图 2 - 8 截至 2018 年 6 月末中国商业银行私人银行管理客户资产规模
资料来源：作者根据各银行年报数据收集整理。

其二，客户数量参差不齐。截至 2018 年 6 月末，各个金融机构的私人银行客户数量分别为：中国建设银行 12.72 万户，中国农业银行 10.60 万户，中国工商银行 8.07 万户，招商银行 7.29 万户，中国光大银行 3.18 万户，中信银行 3.39 万户，兴业银行 3.06 万户，浦发银行 1.95 万户，中国民生银行 1.93 万户（见图 2 - 9）。其中，中国建设银行、中国农业银行、中国工商银行、招商银行私人银行客户数量均超过 5 万户。

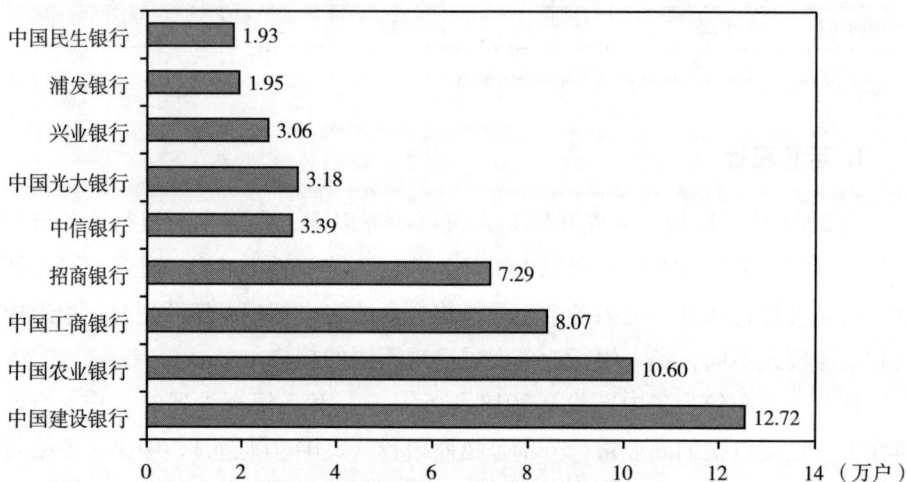

图 2 - 9　截至 2018 年 6 月末中国商业银行私人银行客户数量
资料来源：作者根据各银行年报数据收集整理。

其三，私人银行客户的质量差异较大。招商银行私人银行客户数量较好。虽然客户质量和业务模式不尽相同，但是从客户户均资产规模上看，主要分为三个层次：户均 2000 万元以上；户均 1000 万 ~ 2000 万元；户均 1000 万元以下。截至 2018 年 6 月末，招商银行的户均资产规模为 2833.84 万元，远远高于其他银行，是唯一一家户均资产规模超过 2000 万元的银行；户均资产规模在 1000 万 ~ 2000 万元的银行分别为：浦发银行（1897.44 万元），中国民生银行（1810.83 万元）、中国工商银行（1740.17 万元）、中信银行（1429.44 万元）、兴业银行（1347.10 万元）、中国建设银行（1054.31 万元）、中国农业银行（1049.90 万元）；户均资产规模在 1000 万元以下的银行为中国光大银行，其户均金融资产为 966.60 万元（见图 2 - 10）。

其四，主要经营模式不同。国内金融机构基于自身资源禀赋、战略定位、客户需求和利润需求，具有不同的业务模式（见表 2 - 13）。

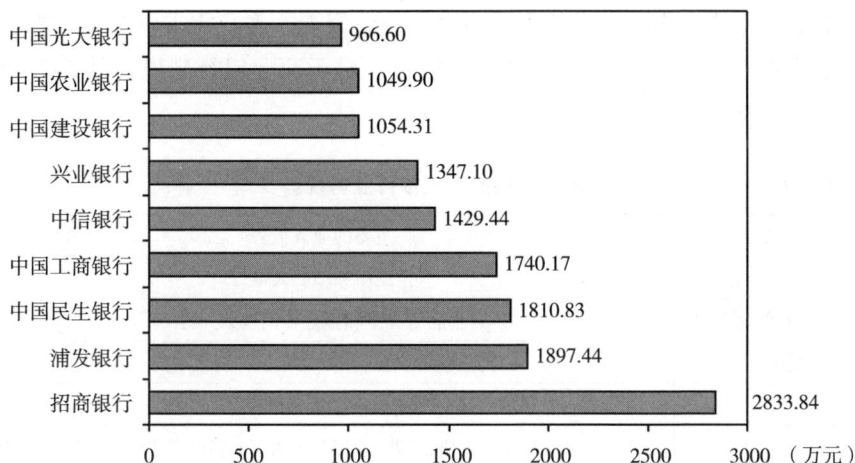

图 2-10 截至 2018 年 6 月末中国商业银行私人银行户均管理客户资产规模
资料来源：作者根据各银行年报数据收集整理。

表 2-13　　　　　　　　　中国金融机构主要经营模式

类型	机构	特征
持牌经营模式	中国工商银行	私人银行定位于总行直属机构，对内参照总行一级部室管理，对外作为总行经营性直属机构运作。实行相对独立的运作模式，业务单独核算，在授权范围内开展私人银行业务
总行主导管理推进、分行主导业务发展模式	中国建设银行	私人银行部在总行设置为一级部室，总行负责重点业务的组织管理，分行进行业务拓展和客户服务
总行二级部建制、分行一级部＋独立服务网点拓展模式	中国银行、招商银行	在总行个人金融部设立私人银行二级部统一管理推进，分行设立一级部室实施管理推进，并利用独立的私人银行服务网点和专职队伍开展直接营销和经营
中外资合作推进	中信银行	总行设立私人银行部（准一级部室）负责全行业务推动，下设北京、上海、深圳 3 家独立核算的分部专业经营。积极探索与西班牙国民银行以及股权划分形式建立的私人银行
事业部制	中国民生银行	成立事业部，采用矩阵式管理，实现了管理者同行内文化的磨合

资料来源：作者根据相关资料收集整理。

2. 服务机构

商业银行、第三方财富管理公司、信托公司、基金公司、证券公司和保险公司等不同机构，由于自身的资源禀赋、专业素养、客户需求以及产品需求不同，呈现出不同优势（见表2-14）。但是，对于商业银行来说，其具有牌照资源，客户基础广泛，业务模式比较丰富。

表2-14 不同机构的私人银行业务优势

主要机构	主要的业务优势
商业银行私人银行	全能服务型私人银行
第三方财富管理公司	全能服务型和独立咨询服务并行
信托公司	先发优势明显，"产品专家"初现端倪
基金公司及其子公司	主要是"产品专家"
证券公司	分行明显，具有"投研投行"双优势的大型券商向美式全能型券商迈进
保险公司	产品专家和咨询服务并重

资料来源：中国银行业协会等. 私人银行理论与实务 [M]. 北京：中国金融出版社，2017：14.

如表2-15所示，由于投资研究能力、渠道网络方便程度、战略机制和业务服务能力存在差异，私人银行业务具有不同模式，分为商业银行体系、投资银行系、信托系和第三方财富管理公司四类。

表2-15 不同机构类型的私人银行业务比较

金融机构类型	私人银行业务优势	案例分析
商业银行体系	接力殷实的资产负债表，提供投融资一体化服务； 大量的零售客户资源提升私人银行客户转介； 发挥投资银行、资产管理、公司银行和私人银行的协同优势，实现客户转介和围绕私人银行客户的综合金融服务	全能型银行：花旗，摩根大通； 专注型银行：瑞信和瑞银
投资银行系	资本市场的信息网络； 资本市场投研能力：特别是股权市场； 投行业务带来大量的投资机会，如优质上市项目、增发项目和兼并项目等	高盛集团
信托系	横跨大类资产和资金对接项目能力； 强大的全权委托和家族信托能力	北方信托
第三方财富管理公司	灵活的人才激励机制和超越市场的奖励激励计划； 以外部引入为核心的战略，聚焦引领私人银行的高端客户经理培养	EGF基金

资料来源：作者根据相关资料收集整理。

如表 2 – 16 所示，由于商业银行与其他金融中介机构（证券、基金、保险）的资源禀赋、业务禀赋不同，其在金融活动中所扮演的金融角色以及实现的金融功能也不同，其根据所服务客户主体的不同提供差别化的产品和服务，满足高净值客户的金融和非金融需求。

表 2 – 16   不同类型金融机构特点比较

项目	商业银行	证券公司	基金公司	保险公司	信托公司
核心业务	经营存贷款	经营证券交易	发行、管理基金	提供风险保障	提供风险保障
资金主要来源	存款者	机构投资者	基金购买者	投保人	委托人
资金最终流向	存款者	机构投资者	基金购买者	理赔	受托人和指定机构
主要投资渠道	发放贷款	股票、债券	股票	债券、基金	股票、债券、基金
主要利润来源	存贷利差、中间业务利润	咨询佣金投资利润	投资佣金	承保利润投资利润	投资、咨询佣金
社会功能	信用创造	资金有效配置	代理投资	风险转移	资金有效配置、风险转移、代理投资

资料来源：吴晓求，王广谦. 金融理论与政策［M］. 北京：中国人民大学出版社，2013：149.

（1）中资商业银行。如表 2 – 17 所示，中资商业银行通过私人银行业务提升自身品牌知名度，并完善产品结构，寻求利润增长点。

表 2 – 17   中资商业银行私人银行业务情况

银行名称	成立时间	统计口径
中国工商银行	2008 年 3 月	金融资产 800 万元
中国农业银行	2010 年 9 月	金融资产 500 万元
中国银行	2007 年 3 月	金融资产 800 万元
中国建设银行	2008 年 7 月	金融资产 1000 万元
交通银行	2008 年 2 月	季日均资产 600 万元
招商银行	2007 年 8 月	金融资产 1000 万元
中信银行	2007 年 8 月	金融资产 600 万元
中国民生银行	2008 年 10 月	季日均资产 800 万元
兴业银行	2011 年 4 月	金融资产 600 万元
浦发银行	2011 年 12 月	月日均金融资产 800 万元

续表

银行名称	成立时间	统计口径
中国光大银行	—	金融资产 1000 万元
华夏银行	—	金融资产 600 万元
平安银行	2013 年 11 月	金融资产 600 万元
广发银行	—	金融资产 600 万元
北京银行	2012 年 3 月	金融资产 600 万元

资料来源：作者根据相关资料收集整理。

中资商业银行开展私人银行业务具有以下优势和劣势。

优势：一是信誉良好。国有大型银行一般具有国资或市资业务背景，具有较强的风险抵御能力和较长的经营时间，具有较强的业务服务能力。二是客户关系良好。中资商业银行是资本市场和资金市场的重要载体，客户服务周期长，具有较好的客户服务能力和客户黏性。三是具有较好的线上线下渠道网络。通过传统网络布局（市、城、乡、村）以及网络载体（网上银行、手机银行、微信银行、直销银行），有效连接线上线下服务网络，为高净值客户提供丰富的网络渠道。

劣势：一是业务范围受到限制。由于资本管制、反洗钱以及金融风险控制，私人银行相关业务受到极大限制。二是业务创新能力受限。受制于宏观环境对金融风险的防范和惩罚，私人银行产品保值、增值能力不足，且同合作伙伴的合作创新力度不够。

（2）外资商业银行。随着 2005 年瑞士友邦银行进驻中国，外资机构私人银行业务广泛进入中国市场（见表 2 - 18）。

表 2 - 18　　　　　　　　　　外资机构私人银行业务

时间	机构名称	进入门槛	业务构成	业务城市
2005 年 9 月	瑞士友邦银行	100 万美元	量身定做、全球性投资组合；提供包括一些结构性理财产品、教育信托、现金管理等产品和服务	进驻上海，成为首个境外私人银行代表处
2006 年 1 月	欧洲埃德蒙德洛希尔银行	100 万美元	采取与其他商业银行开展业务合作的方式谋求发展，通过多种合作方式提供高端的银行服务	在上海成立代表处
2006 年 3 月	花旗银行	800 万人民币	提供全方位的理财服务，客户的资产将由高级客户经理带领的资深财富管理团队悉心管理	上海等

时间	机构名称	进入门槛	业务构成	业务城市
2006 年 10 月	法国巴黎银行	100 万美元	提供集合理财、投资咨询、财富管理和信贷业务	上海
2006 年 11 月	德意志银行	1000 万人民币	为中国的高净值客户提供包括财产传承、慈善捐赠计划和咨询服务在内的全面综合财富管理服务，为客户家庭计划未来、保护客户商业利益以及满足客户的兴趣	上海
2007 年 6 月	渣打银行	100 万美元	利用自身的优势，致力于服务企业家以及高职行政人员	北京、上海
2008 年 3 月	汇丰银行	100 万美元	帮助客户了解自身的目标和需求，为客户全面评估财富，提供相应的银行、投资管理和财务规划服务	北京、上海、广州
2008 年 4 月	东亚银行	100 万美元	——	上海、北京

资料来源：作者根据相关资料收集整理。

外资机构在中国开展私人银行业务具有以下优势和劣势。

优势：一是业务历史悠久、经验丰富。例如，英国私人银行机构格罗夫纳庄园（Grosvenor Estate）为西敏寺公爵家族提供了 300 多年的财富管理业务。二是全球化服务体系。利用全球化服务网络，外资银行具有很强的资产配置能力，可以在不同国家法律、税收和政策环境下为客户提供财产保护和传承服务。

劣势：一是本土化程度无法在短期内提升。由于中国的法律制度、税收制度和政策环境同其他国家（地区）具有很大的不同，简单地复制国外模式并加以完善无法满足中国市场高端客户的产品和服务需求。二是市场拓展困难重重。2008 年全球金融危机使国际金融机构的品牌和声誉受到冲击，不利于其中国市场的开拓和发展。

（3）基金公司。1998 年第一批基金管理公司设立，2004 年第一只阳光私募基金发行，20 多年来中国基金业得到了快速发展。而 2008 年 1 月 1 日颁布的《基金管理公司特定客户资产管理业务试点办法》为基金公司开辟私人银行业务打开了通道。截至 2018 年 8 月末，我国境内共有公募基金管理人 134家，管理基金总规模为 14.08 万亿元；已经登记的私募基金管理人 24191 家，管理基金总规模为 12.08 万亿元（见图 2 - 11 至图 2 - 13）。

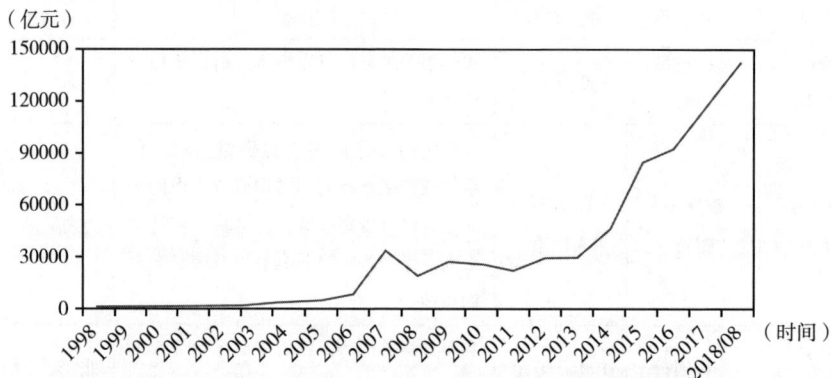

图 2 - 11 1998 年至 2018 年 8 月中国公募基金总管理规模
资料来源：作者根据基金业协会、普益标准整理。

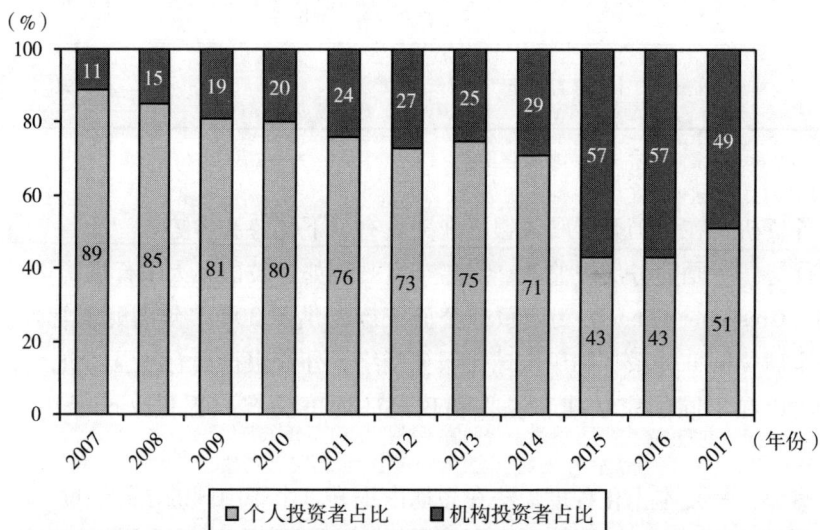

图 2 - 12 2007～2017 年中国公募基金产品份额持有人结构
资料来源：作者根据基金业协会、普益标准整理。

基金公司开展私人银行业务具有以下优势和劣势。

优势：一是资产管理能力强；二是市场认可度高。

劣势：一是特定客户资产管理门槛较高。根据《基金管理公司特定资产管理业务试点办法》规定，基金特定客户资产管理的试点允许基金公司开展 5000 万元（含）以上的"一对一"单一客户业绩门槛，因此，较高的门槛对客户的经营活动具有一定的阻碍作用。二是产品同质化严重。基金公司

（家）

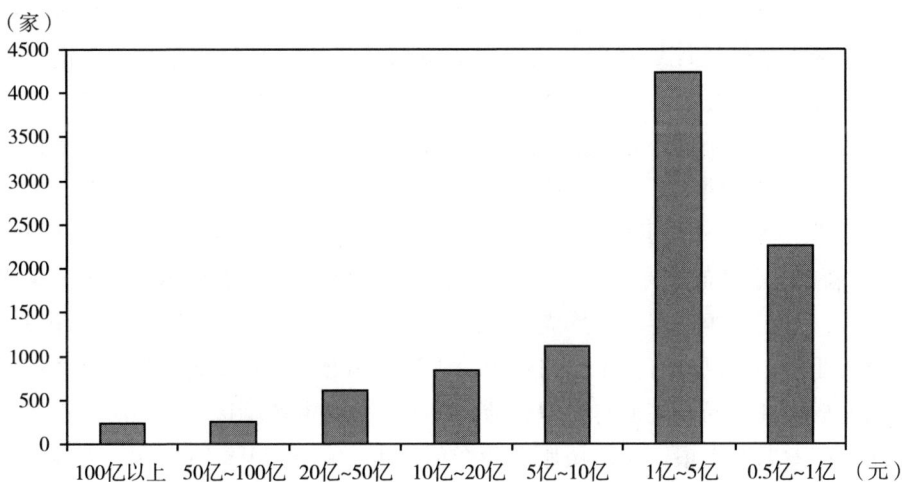

图 2 - 13　截至 2018 年 8 月中国私募基金管理人规模分布
资料来源：作者根据基金业协会、普益标准整理。

对客户资产管理提供的产品仅限于本机构所提供的产品，且产品的内容仅限于证券类投资。

（4）证券公司。财富管理是证券公司未来业务的重点，具有轻资产、收益稳定优势。证券公司在渠道端、产品端和人才端具有搭建财富管理平台的条件。对于渠道端来说，经纪业务中以交易型业务为主，客户尚有庞大的财富管理潜能待挖掘或者转化。对于产品端，资管、直营、研究等部门在推行业务的过程中也积累了大量的公募、私募、保险资管等机构客户，汇聚产品信手拈来。对于人才端，2017 年证券行业共有 4.24 万名职业投资顾问、2728 名职业分析师，并且资管、直营和研发等部门均有大量专业的研究与交易人才储备，加以培训，易于转化为优质的投资顾问团队。

证券公司开展私人银行业务具有以下优势和劣势。

优势：一是较高的资产管理能力。其研究覆盖宏观经济研究、行业研究、上市公司研究以及衍生品开发。二是大量的客户。证券公司经纪服务全体股票投资者，具有大量的客户。

劣势：一是品牌认可度不高。证券公司主要服务全体股票投资者，服务人群较多、较杂，缺少特有的分层服务，直接影响高净值客户认可度。二是产品结构单一。证券公司向投资者提供的产品主要局限于本公司产品范围，产品种类和数量有限。但是，证券公司根据自身经营范围，可以为高净值客户提供上市融资、财务顾问等投行服务，完善私人银行业务空间。

（5）信托公司。2007 年 3 月 1 日出台的《信托公司管理办法》和《信托公司集合资金信托计划管理办法》对规范信托机构、完善信托业务奠定了重要基础。部分信托公司已经开始尝试私人银行业务，如中信信托推出"银杖私人信托理财"业务；国民信托推出退休、教育、税务等专项规划服务；平安信托以及中融信托开设了专门的私人财富管理部门。

2018 年 8 月《关于规范金融机构资产管理业务的指导意见》（以下简称"资管新规"）发布前，信托公司凭借"牌照红利"提供高收益产品而具备先发优势，并在高净值客户中形成一定的口碑。主要采取以下策略：一是深耕私募投行业务，提供具有竞争力的产品，成为高端财富管理市场的产品专家；二是通过战略性布局高端财富管理市场，在维持自身资产端优势的同时，自建销售团队和专属私人银行家队伍服务高净值人群。截至 2018 年 6 月，中国信托业务管理资产规模达到 24.27 万亿元。其具体的业务运行情况如图 2 - 14、图 2 - 15 所示。

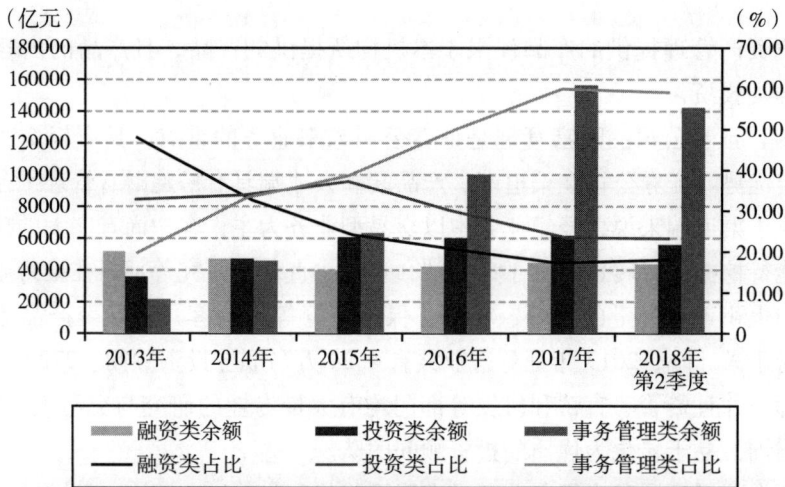

图 2 - 14 2013 年至 2018 年第 2 季度中国信托资产运用结构情况
资料来源：中国信托业协会。

信托公司开展私人银行业务具有以下优势和劣势。

优势：一是创新能力强。信托具有风险隔离、第三方管理和权益重构的作用机制。例如，股权投资集合资金信托计划和证券投资集合资金信托计划有利于满足财富积累需求。二是信托财产稳定。信托机构可以长时间履行受托事务，不受人员变动等客观情况的影响。

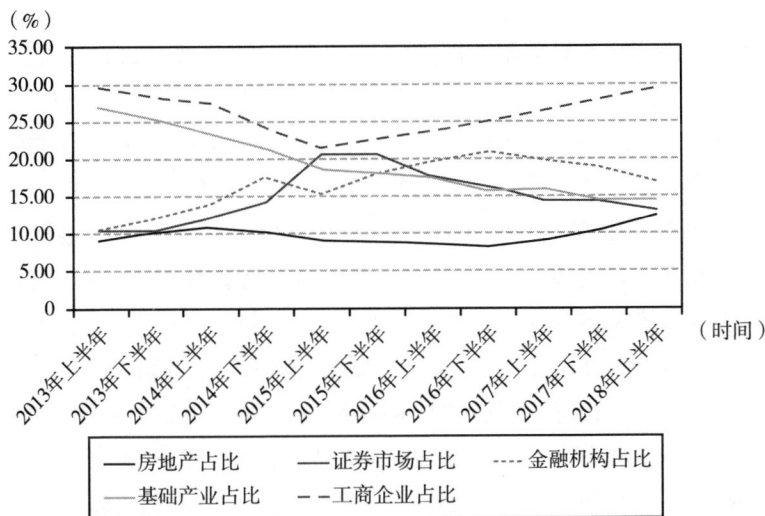

图 2 - 15　2013 ~ 2018 年中国信托资金投资领域占比

资料来源：中国信托业协会。

劣势：一是信托公司经营区域受限。中国大部分信托公司都冠有地域名，其信托业务受到严格的经营区域限制。若要在其他地方开展业务，将受到银监会关于异地经营信托业务相关规定的限制。二是社会接受度不高。信托业务先后经过多次整顿，直接影响其社会声誉和影响力。同时，信托业务在全国范围内并不是普惠开展的，这在一定程度上也影响了信托业务的发展。

（二）私人银行业务模式——国有大型银行

1. 中国银行私人银行

（1）总体情况。中国银行于 2007 年 3 月同苏格兰皇家银行合作率先推出私人银行业务，在北京、上海设立私人银行专属网点。中国银行为金融净资产在 800 万元以上的个人客户提供个人金融领域最顶级的私人银行服务。根据客户个性化需求，量身定做解决方案，提供风险管理、资产配置、个性化融资、投资咨询、税务和法律咨询、子女教育和留学移民规划、信托等一系列专业深度服务，帮助客户实现财富的长期保值、增值和世代传承。据中国银行官方网站公布的数据，截至 2018 年 6 月 30 日，中国银行私人银行业务已经遍布中国 25 个城市、51 个国家（地区），拥有 578 家海外分支机构，在国内设立理财中心 7692 家、财富管理中心 1040 家、私人银行中心 40 家。

（2）业务特点。一是完善客户分层管理。实施客户分层管理，完善网点和三级财富管理体系差异化服务模式；有效运用大数据模式，持续提升优质客户的识别和扩展能力；发挥国际化、多元化优势，以特色客群为基础，协同拓展外部客户；对传统网点提供标准化服务，对理财中心客户提供销售式服务，对财富管理中心提供顾问式服务，对私人银行客户提供管家式服务①。

二是丰富产品货架。2008 年针对高净值客户人群推出"中银财富管理"品牌，对中高端客户提供专业、贴合、尊享的财富管理服务。其"家族理财室"提供全球资产配置、家族信托与传承、企业顾问、法律咨询服务；"平行理财"提供跨境资产配置业务，为客户提供境外投资、置业顾问、留学教育等金融以及增值服务；持续开展"中银私享荟"慈善捐助以及未来教育等增值服务；完善财富管理产品体系，推出"中银智富""中银精选""博弈睿选"等理财产品，积极拓展"沪港通""深港通"，完善私人银行产品平台；围绕私人银行客户需求，推进全权委托和家族信托创新服务，推出家族信托嵌套全权委托、保险金委托和慈善信托等业务。

三是完善平台建设。构建亚太和欧洲的财富管理业务平台，建立全行统一的投资顾问咨询平台，提升中高端客户的服务能力和专业化水平；创新"私人银行 + 投资顾问"金融管家服务模式，为高端客户提供"在岸 + 离岸"服务；完善"中银私享荟"平台建设，围绕精英教育、慈善信托和品质生活共同打造私人银行增值服务体系，打造公益慈善、商务留学、生活休闲、文化艺术等四大系列活动，升级高净值客户人群需求；升级海外平台搭建，率先在澳门建立私人银行，随后在中国香港、新加坡、悉尼、曼谷、伦敦、瑞士设立财富管理中心，并以中国香港、中国澳门、新加坡为支点，打造辐射全球的一体化的服务网络。

四是完善人员培养。中国银行私人银行成立之初，在苏格兰皇家银行协助下进行了私人银行经理以及投资顾问的选聘工作，逐步建立本行私人银行家队伍；建立以客户为中心的"客户—产品—渠道"营销协同机制，建立全景客户关系管理体系，加强个人客户经理队伍建设，提升专业素质和服务水平。2017 年构建了"中银财富管理学院"，深化个人客户经理和私人银行家队伍建设，完善专业人才培养。

五是重构全流程。全力打造专属的产品体系、增值服务体系，构建跨境服

---

① 即"N 对 1"服务模式，对每一位中国银行私人银行客户由一个团队提供支持和服务，从客户需求出发，量身设计财富管理规划，为客户提供"财富管家"贴身服务。

务体系的私人银行综合业务平台；依托国际化资源优势整合全球服务资源，形成服务高净值客户的高端服务体系；提升科技技术应用和服务，以科技为支撑，运用大数据和人工智能技术，推进客户画像，开展精准营销。

（3）业务优势和劣势。中国银行发展私人银行业务的优势和劣势如表 2 – 19 所示。

表 2 – 19　　　　　　中国银行发展私人银行业务的优势和劣势

指标	内容
优势	（1）产品设计优势。如现金管理类、财富保值类、财富增值类、财富创造类产品等。 （2）品牌认知优势。"中银理财""中银财富管理品牌"已经具有较为广泛的知名度。 （3）时间优势。在私人银行业务竞争的初期，中国银行能够把握好市场资源，为高端私人客户提供最好的金融服务，建立忠诚的客户关系。 （4）相对于外资银行的本土人文优势。中国银行一直投入巨大精力来维护客户资源，积极同客户建立信任关系
劣势	（1）经营体制限制私人银行业务发展。如"监管真空"、"限制过严"、分业经营、外汇管制、不开放资本账户等。 （2）客户缺乏科学的金融消费理念。传统理财产品仍占据主要地位，而一些复杂的产品很难被推广。 （3）外资银行的进入是一个巨大挑战。外资银行具有国际化品牌、成熟的管理制度、完善的产品创新机制以及丰富的财富管理经验

资料来源：作者根据相关资料收集整理。

2. 中国农业银行私人银行

（1）总体情况。2010 年 9 月，中国农业银行（以下简称"农业银行"）私人银行部正式成立，成为第二家持牌的私人银行经营机构。中国农业银行私人银行主要是为金融净资产在 800 万元（含）以上的高净值客户提供全面的金融和非金融服务，采取"1 + 1 + N"①的客户服务模式，提供个人财富管理、个人资产管理、瑞银金融顾问咨询服务、私人银行增值服务、个人跨境咨询服务五大系列产品。截至 2018 年 6 月 30 日，中国农业银行私人银行客户数量为 10.2 万户，管理资产余额为 10709 亿元；境内分支机构共计 23652 个②。③

---

①　指 1 名基层网点客户经理、1 名分行财富顾问、N 名总行业务专家。

②　总行本部、7 个直营机构、7 个直属机构、37 个一级分行、378 个二级分行、3472 个一级支行、19698 基层营业机构和 52 个其他机构。境外机构包括 13 家境外分行和 4 家境外代表处。

③　《农业银行：2018 中报净利润 1157.89 亿 同比增长 6.63%》，http：news. 10jqka. com. cn/20180830/c606863346. shtml。

（2）业务特点。一是完善产品货架体系。根据经济周期、客户风险属性和生命周期三个维度，创新支撑配置板块、全方位推动私人银行客户专属资产配置服务，完善以家族信托为核心的私人银行专属服务，搭建特色的增值服务平台，加强境内外联动推动跨境金融服务。持续打造农业银行私人银行专属的产品体系，如全权委托资产管理服务，通过构造私人银行自身的分层客户管理团队和客户管理体系，提升私人银行业务的服务水平和服务能力；整合资源打造多元的产品服务平台，以专享理财产品、投资产品和定制产品等满足客户的理财需求。

二是打造专属品牌特色。作为唯一一家与中国国家画院合作成立外滩艺术中心的私人银行，农业银行私人银行为客户提供书画等艺术品专业收藏、鉴赏和咨询服务；深化上市公司股东综合金融服务、跨境服务、融资服务、咨询服务、法律和税务服务，研究推出高端家族信托和高端保险业务；与北美银行合作推出跨境金融服务，为客户提供投资移民、名校留学、跨境投资和跨境融资服务。

三是完善业务流程。推出私人银行客户服务的 4008895599 专属客服，建立了私人银行财富顾问、产品和服务专家方案，打造集行内外兼职专家和支行客户经理于一体的财富管理团队；强化科技支撑，推进交易系统、管理系统、渠道系统的构建，通过多角度和多层次的私人银行服务系统优化，完善私人银行业务的流程机制。

（3）业务优势和劣势。农业银行发展私人银行业务的优势和劣势如表 2–20 所示。

表 2–20 农业银行发展私人银行业务的优势和劣势

指标	内容
优势	（1）农业银行网点多，覆盖广。截至 2018 年 6 月末，农业银行境内分支机构共计 23652 个，境外分支机构包括 13 家境外分行和 4 家境外代表处。农业银行拥有 15 家主要控股公司，其中境内 10 家、境外 5 家。 （2）农业银行私人银行在县域农村具有较强竞争力。县域有大量出国投资且获得大笔财富的高净值人群，这些人群因在外投资办厂，资金大部分留给家人打理，金额较大，稳定性极强。 （3）通过信息系统进行客户细分。为了更好地实现客户细分和客户管理，农业银行开发了个人客户营销管理系统（CRM 系统）和私人银行管理系统（PBS）
劣势	（1）私人银行品牌知名度低。缺少"强制性广告的投放"，宣传密集度不够。 （2）产品与服务竞争力不足。大宗商品、期货、私募股权、外汇、债转股之类的金融产品或金融衍生品不多，且对外渠道不多。 （3）投资服务体系还不健全。咨询服务难以实现面对面，产品定制范围非常窄

资料来源：作者根据相关资料收集整理。

3. 中国建设银行私人银行

（1）总体情况。中国建设银行（以下简称"建设银行"）于 2009 年成立了私人银行业务，按照"高净值、高标准"的经营思路，形成了集营销、服务、交易于一体的全功能、开放式的综合经营服务平台。其服务于可投资资产在 600 万元（含）以上的高净值客户，致力于满足高净值客户个人、家族及事业发展等的全方位需求，提供私人财富管理、综合金融和以专享增值服务为核心的全方位金融解决方案。采用"1 + 1 + 1 + N"[①] 的服务模式，秉承"以心相交，成其久远"的服务理念，践行"尊贵、私密、专业、稳健、便捷"的服务承诺。截至 2018 年 6 月 30 日，建设银行私人银行客户金融资产达到 13214.87 亿元，客户数量为 125242 人；设立了 327 家私人银行中心，并配备 1868 名职员。[②]

（2）业务特点。一是增加产品数量，构建产品平台。依照私人银行客户多样化的需求，对产品服务以及相关流程、定价进行广视角、多维度的产品整合和创新；加强渠道构建，积极拓展高端理财产品供应渠道，以基金公司专户理财和阳光私募信托为突破口，立足本集团综合优势，并加强与其他基金、证券和信托公司的合作；加强产品创新设计，推进"金管家""私享联""财富保""随享金""财富易"等综合金融产品创新；关注客户管理全过程，提供投资移民、婚姻财产保全、家族财富传承、资产负债综合报告等顾问咨询和报告服务创新；构建开放式服务平台，推出消费品信托、全权委托投资服务等市场优势产品，个人网银推出私人银行客户定制化版本。

二是搭建海外平台，完善客户服务体系。创建基金筛选和评价机制，评价海外资产配置战略，推出"私享亚洲""私享狮城"等跨境投资业务，以及"私享久远"私人银行保险信托业务，并增加了新西兰和新加坡投资业务服务，构建国家业务平台；创立首个澳大利亚政府认可的投资移民基金，并设计了基金质押类融资产品，开创海外私人银行业务新模式。

三是完善机构建设。2010 年中国建设银行（亚洲）正式推出私人银行业务，为高端客户提供"一站式"金融咨询以及家庭咨询服务，打造家族信托

---

① 指由 1 名客户经理、1 名财富顾问、1 名客户经理助理以及专家团队共同为客户提供专业专注服务。

② 《中国建设银行股份有限公司 2018 年年度报告》，中国建设银行官网，2019 年 3 月 27 日。

拳头产品"金管家"满足个人、家庭、企业多元化服务需求的产品服务;发挥全渠道经营优势,完善"1+1+1+N"私人银行服务模式,加强"大数据"挖掘和应用,持续完善私人银行业务 IT 系统建设,建立私人银行内控合规系统,不断健全风险合规内控系统。

四是科技支撑全线提速。按照"集电商、平台式、综合化"逐步完善、形成集团拥有、行内定制化、第三方供给的产品服务体系;搭建覆盖全行的私人银行视频服务网络,提升线上线下服务能力;开展私人银行业务数据挖掘和成果应用,实施精准营销,发挥集团优势,大力发展家族信托业务。

(3) 业务优势和劣势。建设银行发展私人银行业务的优势和劣势如表 2-21 所示。

表 2-21　　　　　　　建设银行发展私人银行业务的优势和劣势

指标	内容
优势	(1) 逐步扩张的海外布局。建设银行设立了 327 家私人银行中心,同时配备 1868 名职员,获得 3 家海外人民币清算行资格,清算网络覆盖 43 个国家（地区）,基本覆盖全球各大国际金融中心、主要经济体。 (2) 齐全的集团化金融牌照。建设银行已经搭建涵盖银行、基金、信托、租赁、寿险、财险、期货、养老金等领域的综合性银行集团框架。 (3) 稳健的经营理念
劣势	(1) 在资产管理方面缺乏经验; (2) 产品创新能力单一; (3) 缺乏专业人才

资料来源:作者根据相关资料收集整理。

4. 中国工商银行私人银行

(1) 总体情况。2008 年 3 月 27 日,中国工商银行（以下简称"工商银行"）在上海成立中国首家经中国银监会批准持牌的私人银行业务专营机构。秉承"诚信相守,稳健相传"的经营理念,工商银行私人银行依托集团大优势,整合外部优质资源,构筑了跨市场、跨机构、跨产品的金融服务平台,服务体系涵盖了资产管理、另类投资、全权委托、顾问咨询、财务管理、跨境金融、财富传承和增值服务八个系列,组成了 5000 多人的私人银行服务团队,以诚信、专业、热忱全力为客户提供卓越的服务。经过数年的发展,工商银行在中国建立了 400 余家私人银行服务机构,服务网络覆盖各个主要城市。截至

2018 年 6 月末，工商银行私人银行客户数量为 8.39 万户，管理资产规模为 1.46 万亿元；在境外 45 个国家（地区）设立了 420 个机构，服务网络遍及六大洲以及各大金融中心。①

（2）业务特点。一是丰富的产品体系。工商银行按照"核心资产 + 卫星产品"的资产管理策略，构建涵盖商业银行、基金、证券、保险、信托等金融服务的多元产品库；加大对私人银行专属产品的研发力度，在股权投资、结构化存款产品、QDII、风险投资和另类投资方面取得重大突破，提升产品数量和客户数量；加大专享理财产品发行力度，对基础货架产品进行净值化改造，试点开展金融资产质押代理投资业务、FOF 股权基金。

二是提升服务体系。创新金融资产服务体系，整合全行优质资源，丰富私人银行专享产品线，为私人银行客户提供公私一体、投融资一体、境内外一体的综合金融服务。工商银行私人银行形成资产管理、代理业务、顾问咨询服务三大领域，以及财务管理、资产管理、顾问咨询、跨境投资和增值服务五大系列。当前，工商银行倡导"金融诊断师"的销售服务理念，逐步树立了个性化的金融服务方案领导者的品牌形象。

三是完善的组织架构。工商银行主要采取相对独立的私人银行管理体系，私人银行作为一级部门独立管理，与零售条线并行，为其私人银行崛起创造了良好条件。工商银行私人银行部设立之初就建立起总分行模式，以准事业部制的管理模式运营，管理相对扁平，能够缩短业务流程，提高业务效率；私人银行总行和分行独立条线管理，对于品牌质量的保障和指标体系的独立设计更有把握，避免了私人银行在零售内部定位不清晰，陷入"高端理财"窘境；私人银行分部可同所在地的工商银行建立联动的营销模式，提高获客效率。

四是广泛的平台搭建。工商银行全球财富管理已经形成了以中国香港为"全球私人银行产品研发平台"、欧洲为"全球基金管理平台"、新加坡为"全球链财富管理平台"、中东为"全球伊斯兰金融服务平台"的全球财富管理分工体系，工商银行海外私人银行网点遍布全球 22 个国家（地区），充当客户资产配置全球化需求背景下的先行者。

五是良好的团队建设。工商银行拥有较大的私人银行专业团队和 MOM 管

---

① 《中国工商银行股份有限公司 2018 年年度报告》，中国工商银行官网，2019 年 3 月 29 日。

理模式,形成高级精英、精英、标准三个梯队。截至 2017 年底,工商银行私人银行财富管理团队成员超过 5000 人。

六是应用科技完善渠道建设。利用手机银行、网上银行、微信服务以及"融 e 联"等平台打造全方位的私人银行产品服务渠道,深入挖掘重点区域、重点分行市场潜力,提升专业服务能力,推出中银家族财富管理业务;建设一体化服务平台,上线投产私人银行对账单和账户贵金属转账等重要功能,助力客户经理服务能力提升。

(3)业务优势和劣势。工商银行发展私人银行业务的优势和劣势如表 2 – 22 所示。

表 2 –22 工商银行发展私人银行业务的优势和劣势

指标	内容
优势	(1)强大的集团优势。工商银行的业务范围涵盖六大洲,拥有数百家公司客户以及数亿名个人客户。 (2)专业的团队服务。2017 年,工商银行通过 4 次境内精英财富顾问培训、1 次境外精英财富顾问培训,初步建立了一支 300 人全行精英财富顾问团队。 (3)庞大的服务网络。2013 年工商银行私人银行加快境外机构布局,先后形成了工银亚洲、工银欧洲、新加坡分行、迪拜分行 4 个区域中心,重点发展工银澳门、悉尼分行、工银美国等境外机构,同时联动了泰国、马来西亚、印度尼西亚、新西兰、卢森堡、西班牙、意大利、荷兰、比利时、葡萄牙、波兰等 11 个国家
劣势	(1)存在严重产品同质化现象。私人银行产品是标准化产品的一种升级,这种升级方式十分简单粗暴,对其核心和内容几乎没有重大改变。 (2)营销渠道单一化。主要是通过物理网点营销,对限定人群流量、产品和服务的渗透率极低。 (3)品牌效应不明显。工商银行私人银行提供的主要是标准化产品,并没有专门的理财定制、个性化产品,品牌效应不显著

资料来源:作者根据相关资料收集整理。

(三)私人银行业务模式——股份制商业银行

发展私人银行财富管理业务是商业银行转型发展的重要战略,股份制商业银行也在不断加大私人银行业务占比,提升其利润贡献。由于发展阶段、资源禀赋、客户基础、牌照优势、渠道优势和科技服务能力的不同,不同股份制商业银行私人银行业务利润贡献率不同(见图 2 – 16)。其中,平安银行业绩尤为亮眼,主要得益于其强大的客户基础以及较早开始的科技转型。

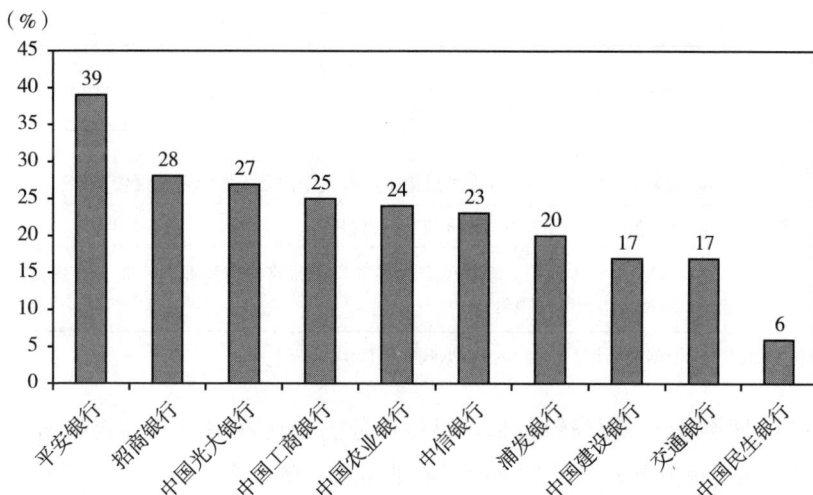

图 2 – 16　　2014～2017 年上市大中型银行私人银行业务利润贡献率

资料来源：各银行年报；华泰证券研究所。

1. 招商银行私人银行业务——全品牌服务

（1）总体情况。招商银行于 2007 年 8 月推出私人银行业务，为月日均全折人民币总资产 1000 万元（含）以上的零售客户个人、家庭以及旗下企业整合金融管理方案，提供全方位、个性化和私密性的综合财富管理业务，私人银行客户享受与全球富豪同等高级别的金融服务，其发展历程如表 2 – 23 所示。招商银行搭建"1 + N"专家服务团队，提炼出"螺旋提升四步工作法"，联合招银国际、永隆银行搭建全球化资产配置平台，其服务理念是"助您家业常青，是我们的分内事"。截至 2018 年 6 月 30 日，招商银行私人银行客户数量为 71776户，管理客户总资产为 20340.20 亿元；招商银行已在 63 个境内城市和 7 个境外城市建立了包括 63 家私人银行中心和 66 家财富管理中心的高端客户服务网络。2018 年 9 月，招商银行 App 7.0 和掌上生活 7.0 版本双双上线。

表 2 – 23　　　　　　　招商银行私人银行业务发展重要事件

年份	事件
2007	招商银行私人银行开业
2009	构建投资顾问、研究分析、客户经理"1 + N"完善团队；丰富产品品类，推出私募股权、房地产基金、阳光私募、艺术品投资、期酒投资等投资产品；联合贝恩集团发布《中国私人银行财富报告》
2011	首次提出"螺旋提升四步工作法"；率先发布本土化高端客户全球资产配置模型；联合贝恩集团发布《中国私人银行财富报告》

续表

年份	事件
2012	面向超高端客户推出"家庭工作室"服务
2013	签订了国内首单真正意义上的"家族财富传承信托";联合招银国际、永隆银行设立全球资产配置平台;联合贝恩集团发布《中国私人银行财富报告》
2015	联合贝恩集团发布《中国私人银行财富报告》
2017	完善五维拓客体系;完成首单家族宪章信托和慈善信托业务;联合贝恩集团发布《中国私人银行财富报告》

资料来源:作者根据招商银行历年年报数据收集整理。

(2)业务特点。招商银行私人银行业务的快速发展与其零售战略定位部署、投研能力提升和科技转型支撑具有非常重要的关系。招商银行凭借其前瞻的"坚持零售定位+优质产品接力"战略,较早起步,依靠成功的产品不断累积客户,占据了先发优势。

一是机构布局完善。截至2017年底,招商银行在58个境内城市、6个境外城市建立了61家私人银行中心和67家财富管理中心,联合招银国际、永隆银行①、香港分行建立跨境金融服务平台,搭建开放式全球财富管理平台。

二是服务流程完善。招商银行具有完善的服务流程和业务模式,致力于打造从市场观点、投资策略、大类资产配置到产品组合选择、绩效跟踪检视的全面资产管理和产品服务体系;通过客户经理②、财富顾问团队以及专家团队的专业指导和服务,提升服务水平;以"螺旋提升四步工作法"③采取"1+N"④服务模式,通过CRM系统管理客户的AUM变动,构建私人银行客户经理培训体系⑤。

---

① 2012年永隆银行成立私人银行财富管理中心,为中国高端客户提供全方位服务。

② 客户经理为私人银行客户提供系统、专业化的市场研究分析报告,为其在复杂多变的金融环境中提供合理的资产配置指引。

③ 该工作法包括倾听、建议、实施、跟踪等循环式四步。第一步是客户经理了解客户需求,要求了解客户的投资经历、风险偏好、财富状况甚至家庭情况;第二步是建议,根据客户需求制定投资建议书,结合招商银行对未来市场的判断,给出大类资产配置比例建议以及最终产品组合货架,及时与客户沟通;第三步是实施,即按照上述的建议进行落地执行;第四步是跟踪,即根据客户需求变化以及市场变化针对现有组合进行跟踪调整,进行新一轮资产配置。

④ "1+N"服务模式即每一位私人银行客户都配备一名资深高级客户经理和一支投资顾问专家团队,实现前台和中后台配合,通过CRM系统充分挖掘客户的个性特征,将有效信息及时传递给专家团队,为其正确决策提供依据。

⑤ 开展私人银行客户经理入职培训、举办私人银行高级研修班、组建市场分析团队,设置投资顾问和客户经理,构建一整套服务体系。

三是丰富的产品体系。打造开放的产品平台，构建更加齐全的产品种类，逐步完善私人银行产品体系①和增值服务体系②，实现开放式的产品体系③，并针对私人银行客户融资、IPO、并购等投资银行需求，整合"一揽子"服务。

四是完善投研能力和独特的服务特色。在业务能力方面，建立"家庭工作室"④，并完善"财富报告⑤"。盈利模式方面，招商银行采取综合模式，包括各种手续费收入和管理费收入，以销售理财产品、私募股权基金、家族信托等的手续费收入、产品超额管理费收入为主要收入来源。在客户培育上，招商银行以零售业务品牌"金葵花"起家，通过客户传送平台⑥积累客户资源。

（3）业务优势和劣势。招商银行发展私人银行业务的优势和劣势如表2－24所示。

表2－24　　　　　　　　招商银行发展私人银行业务的优势和劣势

指标	内容
优势	（1）优质客群以及品牌优势。"金葵花"品牌为招商银行积累了众多高端客户，为招商银行提供更多资金来源，同时创造出私人银行与零售客户间的交叉销售。 （2）网络科技优势。拥有客户关系管理（CRM）和全球市场产品配置（GAAS）系统，同时招商银行App 7.0上线，推进零售金融3.0转型发展。 （3）丰富健全的产品线。产品类别涵盖现金管理、固定收益、权益以及银行保险等所有范围，并推出"家族办公室"、家族信托业务等。 （4）系统开发以及科技优势明显。如可视化柜台、融入人脸识别系统，以及"摩羯智投""智能基金组合销售服务"等

① 产品体系包括私募股权基金、房地产基金、阳光私募证券基金、艺术品投资、期酒投资等产品。通过全权委托、税务筹划、境外股权信托、家族信托、并购融资和撮合服务，推进私人银行升级和产品丰富。
② 增值服务体系指税务、法律、个人融资、企业金融在内的私人银行客户综合服务平台。
③ 招行通PE、基金、信托、保险等合作，提供丰富产品线。
④ "家庭工作室"业务范围包括信托、股权、不动产、境内外投资、融资、税务、传承、资产隔离等全面、多元的家族资产管理体系；家族财富传承信托、税务规划、法律咨询、境外财产信托和全权资产委托等模式。推出"家庭工作室"、全权委托业务也是采用每单财务管理方案收费的形式，并逐渐形成招商银行新的利润来源。
⑤ 财富报告包括联合贝恩集团公司发布《2009年中国私人财富报告》《2011年中国私人财富报告》。
⑥ 包括一卡通客户、金卡客户（5万元）、金葵花客户（50万元）、钻石客户（500万元）和私人银行客户（1000万元）。资产增长到1000万元的客户，就将其升级移交给私人银行中心接受专属服务。

续表

指标	内容
劣势	（1）业务端偏弱，对客户营销以及产品设计贡献度较低。公司业务方面，招商银行聚焦客群建设和战略转型业务，企业主以及公司高管占据私人银行客户较大比例，其公司转介对招商银行业务发展具有非常重要的作用。 （2）营销渠道单一，自主拓客能力偏弱。私人银行中心的独立客户开发能力偏弱，基本不具备拓客能力。 （3）产品开发流程复杂，定价不具有竞争力。产品经理从尽责调查到最终产品落地销售，一般需要三个月以上时间。私人银行在投资品上偏重固定收益信托为主，定价模式较为死板。 （4）海外机构仍需进一步发展。私人银行客户服务不局限于传统的存款、债券等模式，应逐渐开始建构境外保险甚至更加复杂的各类投资品项

资料来源：作者根据相关资料收集整理。

2. 中信银行私人银行

（1）总体情况。中信银行私人银行成立于 2010 年，坚持"为客户创造价值"理念，为高净值客户提供"保有财富、创造财富、传承财富"服务，贯彻"利润中心、管营合一、上营下管"的发展定位，通过战略定位，依托集团优势，立足精细化管理、专业化经营，完善私人银行机制。截至 2018 年 6 月 30 日，中信银行私人银行客户数量为 30674 户，私人银行客户管理资产余额为 4384.67 亿元。[①]

（2）业务特点。一是战略理念完善。中信银行通过"高起点、稳步走"发展战略构建私人银行业务，构建中信银行特有的"五型银行体系"：条线推动型，率先采取事业部模式稳步发展；中外合作型，作为唯一一家进行私人银行业务中欧合作的国内银行，既充分借鉴欧洲成熟的私人银行市场经验，又充分发挥海内外平台的服务潜力；技术引领型，率先开发先进私人银行的综合服务系统；服务集成型，将私人银行的服务发展成为开发式平台，广纳中信集团各领域、各业务条线以及全社会各种金融与高端资源合作，促进共赢；理念先行，率先推出"保有财富、创造财富、尊享生活"理念。

二是构建完善的私人银行服务体系。首先，中信银行建立之初就同西班牙对外银行（BBVA）建立合作，为客户提供中西合璧、高附加值的私人银行业务体系。其次，构建私人银行客户可动态调整的资产组合咨询意见投资顾问体

---

① 《中信银行 2018 年年度报告》，中信银行官网，2019 年 3 月 27 日。

系，并逐步完善俱乐部与"圈子"模式增值服务体系①，逐步提高客户体验和客户满意度。最后，联合中信证券、中信信托等8家中信集团金融子公司，整合中信集团旗下全牌照的专家、产品和服务资源，发布"中信财富指数"②、"中信产品精选"③、"中信家族信托"④ 来获得高端客户的重要渠道。

三是加强分层管理。分层管理有两个方面：一个方面是客户分层管理。2010～2011年为可投资资产在800万元（含）以上的高净值个人以及控股或者持股企业提供私人银行服务；2012～2015年为管理资产日均600万元（含）以上的高净值个人及其控股或持股的企业提供私人银行服务；2016～2017年为日均管理资产在600万元（含）以上的客户和本行日均管理资产在2000万元（含）以上的客户提供私人银行服务。通过"投资＋融资""境内＋境外""个人＋家庭"分层次和全方位的金融服务，对超高净值客户［日均金融资产在2000万元（含）以上的客户］提供"管理人之管理"（manager of managers）的模式和家族信托等综合性财富保值和传承服务。另一方面是根据产品、人员和服务配置不同类型客户。2010～2012年对私人银行客户进行单独管理；2013年作为财富管理业务进行管理；2014～2017年作为财富管理和私人银行客户进行管理。

四是建立有效的管理团队。建立具有特色的私人银行客户经理培训和薪酬激励机制，推出全行统一的私人银行服务标准，注重加强财富管理团队建设和培养，提升团队专业素养和客户经理管理能力。

（3）业务优势和劣势。中信银行发展私人银行业务的优势和劣势如表2－25所示。

表2－25 中信银行发展私人银行业务的优势和劣势

指标	内容
优势	（1）管理体制优势。垂直管理的业务体系，即各家私人银行中心在服务标准、产品研发、后台支持、风险管理等方面实施全行统一管理。 （2）金融平台优势。中信银行致力于为客户提供"一站式"全面个人金融服务，提供集证券、基金、保险、信托等多种资源于一身的创新理财产品，整合多种产品解决方案。 （3）境外合作机构的背景优势。以中信嘉华银行（中国）有限公司为境内业务发展及执行平台，开拓海外业务。 （4）境外战略投资成为中信银行战略发展的一部分。2006年11月与西班牙对外银行进行战略合作

① 中信银行具有五大俱乐部：投资者俱乐部、健康养生俱乐部、未来领袖俱乐部、悦动人生俱乐部、旅行家俱乐部。

② 中信财富指数是市场大类资产配置的重要参考。

③ 中信产品精选是指以产品组合的方式帮助客户进行有效的资产配置。

④ 中信家族信托已经具备较为广泛的影响力。

续表

指标	内容
劣势	（1）人才方面。中信银行主要是从金融人才市场公开招聘人才，包括拥有丰富外资从业经验、海外教育背景、公司银行或者零售银行经验的相关人才。但由于人才培养和激励机制所限，私人银行客户关系的维护需要依靠私人银行顾问的个人魅力。 （2）IT系统建设还不是很到位，无法有效整合业务流程、渠道服务以及管理信息系统。 （3）客户满意度不高。中信银行在设施、营业环境、办公业务效率、业务准确性、自助银行设备和网络银行便利性等十几个方面，客户满意度较差

资料来源：作者根据相关资料收集整理。

3. 中国民生银行私人银行

（1）总体情况。中国民生银行（以下简称"民生银行"）私人银行成立于2008年，在全国36个分行设立了分支机构，依托中国民生银行整体战略平台，开展资产管理和顾问咨询服务，构建"全功能、全生命周期"特色化商业模式，为高净值客户提供全球领先的整合金融管理方案。截至2018年6月30日，民生银行日均金融资产800万元（含）以上私人银行达标客户数量为18350户，私人银行标准客户金融资产规模余额为3322.87亿元。[①]

（2）业务特点。一是战略定位领先。民生银行践行以"投行+"为特色、以国际化为方向、以"互联网+"为工具的"一体三翼"服务理念，把私人银行业务、民企战略、小微战略作为其三大金字招牌，加强私人银行业务、公私合作、总分行联动，开展与同业以及专业机构合作，创造私人银行专属产品；构建以客户为中心、与客户需求相协调的专营团队和销售模式，为客户提供专业化、全方位专享服务，打造高品质服务团队。

二是业务模式丰富。民生银行通过整合、共享、拓展打造家族企业财富管理服务的优势和核心竞争力"家族办公室"综合服务平台；启动"凤凰计划"私人银行商业模式优化项目，"专业化管理、集中式提升"，深度开展客群经营，完成多家私人银行业务中心标准建设。

三是产品货架丰富。以家族基金、家族信托、委托资产管理服务这"三把钥匙"为核心内容，全面覆盖客户个人及其家族企业投融资计划、资产管理和财富传承需求；构建撮合业务平台、高端个人授信通道、海外信托业务以及委托资产管理服务平台，结合独特的高端非金融服务以及对"家族办公室"的深入探索，锁定高净值以及超高净值人群的全方位的管家模式。

---

① 《中国民生银行股份有限公司2018年年度报告》，中国民生银行官网，2019年3月30日。

四是科技水平领先。建设高水平的信息系统，专门开发客户管理和业务运营系统，保证客户管理和业务快速处理能力，提升客户服务科学化。2013 年民生银行私人银行 2.0 版成功落地，同时民生银行还结合"互联网＋"模式，不断提升自身的财富管理体系和服务水平。

五是工作方法领先。推进 UPPER[①] 五步提升法，致力于为客户提供财富管理、专业顾问、私人银行专属产品、VIP 非金融等专业化"一站式"的服务；加强私人银行业务素质提升，如通过私人银行高端业务培养、组织 CFP 考试等方式，提升私人银行业务服务水平和整体服务效能。

（3）业务优势和劣势。民生银行发展私人银行业务的优势和劣势如表 2－26 所示。

表 2－26　　　　　　　民生银行发展私人银行业务的优势和劣势

指标	内容
优势	（1）特有的广泛客户基础。民营企业、小微金融为民生银行私人银行业务发展奠定基础。 （2）特有顾客撮合（customer to customer，CTC）业务。2011 年推出此项业务，通过民生银行自身民营企业项目和资金资源丰富这一特点，以委托代理、委托贷款和信托资金等方式提供服务。 （3）创新营销模式。民生银行私人银行采用私人投资顾问与专业工作室相结合的混合模式，其中投资顾问采取"1＋1＋N"模式。 （4）特色的非金融服务。主要是以"俱乐部"形式提供增值服务
劣势	（1）高素质人才缺乏。缺少知识体系涵盖金融、医疗、信托、保险、资产管理、收藏、拍卖等众多领域的人才。 （2）国家外汇管控严格，直接影响私人银行业务中产品种类、资产配置以及规避风险等方面发展。 （3）信息系统不完善。客户信息比较分散，后台信息汇总、处理和关联的性能较差

资料来源：作者根据相关资料收集整理。

4. 平安银行私人银行

（1）总体情况。平安集团于 2013 年开设私人银行，以夯实"综合金融、全球配置、家族传承"三大客户价值主张，深化私人银行"投资管理、健康管理、

---

① 即理解（understand）、建议（propose）、个性化（personalize）、执行（execute）、再平衡（rebalance）。

移民留学、家族保障"四大服务体系。采用国际化精英团队打造"1 + N"① 专属服务,2018 年 10 月 12 日,平安银行吸收合并平安信托旗下财富管理团队,使平安银行成为平安集团高净值客户的主要服务阵地。根据华泰证券研究所数据,平安银行 2014 ~ 2017 年私人银行客户年复合增长率达到 39%,高居上市银行之首。截至 2018 年 6 月末,平安银行私人银行客户数量已经突破 2.58 万人,较上年末增长 9.6%。②

(2) 业务特点。一是依托集团优势资源。首先,平安集团拥有保险、银行、投资、科技板块全牌照体系;其次,平安集团具有有效的客户迁徙,平安集团对客户具有成熟的划分体系,通过精准识别和挖掘,有利于精准获客以及后续管理;最后,平安集团自身机制灵活,平安集团为民营企业,激励机制灵活,可设计完善的富有竞争力的薪酬体系吸引银行人才。

二是服务理念先进。平安集团通过零售转型积累大量客户,以私人银行为战略重心,补齐私人银行和财富管理的短板;依托强大的平安集团综合金融服务平台,通过平台研发和技术创新开展交叉销售,提供"一个客户、一个账户、多个产品"一站式综合服务体系。

三是加强科技创新驱动。平安银行高度重视科技创新和技术应用(人脸识别、声纹识别、平安云),紧跟前沿技术③,运用平台数据,将数据分析应用于市场、产品和客户,致力于打造"领先的智能化零售银行"。通过移动端的Web 页面(H5)营销工具改善 App,搭建"社交媒体 + 客户端应用程序 + 远程服务团队(SAT)"拓展业务模式。平安银行打造了智能化线上线下融合(OMO) 服务体系,引进人工智能(AI)技术,打造"AI + 投顾"和"AI + 风控"模式,提供智能投顾和大数据风控模型,提升客户服务的精准性、精确性。

四是丰富的产品体系。加强同集团子公司的沟通,丰富"财富管理 + 资产管理 + 投行"产品体系;打造"投资管理、健康管理、留学移民、家族传承"四大客户服务平台,为高净值客户提供涵盖个人(家庭)到家族企业全领域、全生命周期的财富传承和保障方案。丰富卡片的币种和形态,推出平安黑钻卡及法人卡为小企业客户提供私人银行客户待遇和服务;发挥离岸业务牌照优势,通过跨境联贷业务,为"走出去"企业打造全球授信服务,离岸产品组合灵活多变。

---

① 其中,"1"代表每一位高净值客户,"N"对应于每一位高净值客户的个性化需求。
② 《平安银行股份有限公司 2018 年年度报告》,中财网,2019 年 3 月 6 日。
③ 包括人工智能、生物识别、大数据、区块链、云计算。

五是加强组织模式改革。深化零售业务部改革，构建了全新的私人银行业务和财富客户服务部。在组织模式上，建立敏捷转型以及贯穿"总—分—支—前线"的垂直化管控协调体系。业务经营体系逐步夯实，全方位的立体营销模式、嵌入式的风控管理体系（优化完善热图评级机制和内部控制检查体系）、综合性的产品体系、专业化的考核体系、进阶式的培训体系已经进一步完成。

（3）业务优势和劣势。平安银行发展私人银行业务的优势和劣势如表2-27所示。

表2-27　　　　　　　　　平安银行发展私人银行业务的优势和劣势

指标	内容
优势	（1）客户优势。平安集团依托强大的客户基础，实现有效的客户迁移，其私人银行客户增长速度和管理资产规模增速都特别突出。 （2）产品和服务优势。平安银行私人银行和平安大华、陆金所、平安罗素、平安信托、平安不动产、平安证券以及美盛基金、施罗德基金都采用"私人银行+综合金融"模式。平安集团利用集团优势，设计出高风险信托固定收益类产品、尊享高额分红保险、高额重大疾病保险、平安健康险、尊优全球医疗保险和家族信托产品等 （3）内部协同优势。平安银行私人银行和公司业务、投行业务和资金业务，以及信用卡、汽车消费金融、小企业金融展开合作，联合起来构成其特有的产品、客户权益和"1+N"团队服务模式
劣势	（1）起步晚。平安银行在2013年才建立私人银行事业部。 （2）人才缺乏。现有工作人员主要是从其他银行业务转岗过来的。 （3）产品创新能力不足，同质化严重。产品单一和高端产品成熟度不高。平安银行私人银行业务主要提供股票、债券和基金等方面产品，产品单一；而增值服务类产品可以简单复制，如全球旅行家、健康管理专家、全程留学顾问等。 （4）境外业务劣势。平安银行只在中国香港设立代表处，并没有其他的境外网点

资料来源：作者根据相关资料收集整理。

（4）发展趋势。平安银行未来将在五个方面打造私人银行业务。一是客户方面，将以传承俱乐部为获取客户的主要渠道，同时以平安集团高端客户作为重点经营客户。二是产品方面，利用集团资源，打造开放平台，优化AUM结构，建立私人银行产品品牌。三是队伍方面，促进优秀投顾人才上线，带动线下培训升级，从而快速提升人才队伍的资源配置能力。四是营销方面，整合平安集团各渠道营销资源，采用场景化营销模式，利用差异化权益提升客户黏性。五是组织方面，建立私人银行中心与支行的对接机制，实现分层经营策略。

5. 兴业银行私人银行

（1）总体情况。兴业银行私人银行成立于 2011 年 4 月，总部设在上海，是兴业银行一级部门。兴业银行私人银行坚持以"高位出发、专业经营、全球视野、突出特色"为指导思想，以"全功能、全覆盖、全方位、全天候"为服务精神，以"市场引领者"为目标，以"您值得信赖的私人银行"为品牌愿景，提供综合化、专业化、定制化的全方位私人银行。

截至 2018 年 6 月 30 日，兴业银行私人银行客户数量为 25411 户，综合金融资产达到 3421.63 亿元，家族信托、全权委托服务累计成立超过 180 单，规模超过 20 亿元以上。[1] 兴业银行于 2019 年 1 月 19 日推出家族财富管理品牌"兴承世家"，聚焦风险隔离、基业永续、家财稳固、个性化传承四大需求，并推出"兴承世家白金信用卡"，从客户日常需要的金融产品入手，着力打造一套从财富管理到商旅出行再到家庭生活的全方位金融服务。

（2）业务特点。一是完善的战略体系。通过"咨询驱动"服务核心，狠抓基础产品拓展和理财产品供应，以业务创新为主线，以整合资源为抓手；围绕"客户关系管理部门"，推动"咨询驱动 + 资产配置"理念以及业务落实，明确"财智人生、兴业有道"品牌构建，搭建"天使俱乐部""寰宇人生""安愉人生""园丁俱乐部"四大品牌，增强对私人银行客户服务的专业性和专门性。

二是完善境外平台构建。2014 年香港分行成立，启动私人银行业务服务平台，推进跨境平台建设。加强私人银行业务系统的线上服务，2017 年完成了私人银行业务系统线上测试和上线运营，该系统具有先进的数据整合性和多系统兼容性。

三是提供丰富的产品供给。在金融产品方面，通过代客资产管理和创新资产产品，在投资顾问、高端服务、交叉销售和渠道建设四个方面着力提升客户服务能力。在非金融产品方面，整合境内外顶级服务资源打造"天使俱乐部""园丁俱乐部""寰宇人生""安愉人生"四大权益板块。2012 年发行了首张私人银行与第三方财富管理机构（瑞盈财富）的联名借记卡。

四是加强投资研发能力。加强同研究机构合作，合力打造高净值客户的文化报告。例如，携手胡润研究院联合发布《中国高净值人群心灵投资白皮书》；携手波士顿咨询公司发布《中国私人银行 2016：逆势增长，全球配置》

---

[1] 《兴业银行 2018 年年度报告》，兴业银行官网，2019 年 4 月 30 日。

《中国私人银行2017：十年蝶变、十年展望》《中国家族财富管理与传承报告》。

（3）业务优势和劣势。兴业银行发展私人银行业务的优势和劣势，如表2-28所示。

表2-28 兴业银行发展私人银行业务的优势和劣势

指标	内容
优势	（1）网点覆盖广泛，主要分布在经济发达地区，并在北京和上海成立了整套具有总行性质的经营机构体系，包括资金营运中心、信用卡中心、资产托管部、客户管理部。 （2）发展理念的国际化，朝着咨询驱动方向发展。 （3）行业品牌认知优势。 （4）海外合作优势
劣势	（1）缺乏业务营销推广经验，营销手段和渠道不够丰富，忽视了业务规划。 （2）专业人才匮乏，财富管理能力不足。 （3）产品创新不足。私人银行客户无法开始授信业务，私人银行产品创新动力不足

资料来源：作者根据相关资料收集整理。

6. 中国光大银行私人银行

（1）总体情况。中国光大银行（以下简称"光大银行"）2011年推出私人银行业务，秉承着"专业、私密、尊贵、安全"服务理念，以做企业与家族的伙伴为目标，为净资产在600万元（含）以上的高端客户提供全方位、个性化、私密性的综合财富管理服务。得益于财富管理转型契机，2017年光大银行升级打造财富管理3.0新商业模式。截至2018年6月30日，光大银行私人银行客户数量为31787人，增长4.25%；管理资产总量为3072.54亿元，增长7.69%。[①]

（2）业务特点。一是牌照丰富。光大银行具有银行、证券、保险、基金、资产管理、期货、租赁和信托领域全牌照的覆盖，"金融全牌照＋产融"结合的集团体系为光大银行私人银行服务提供了坚实的综合服务支持和资源供应，夯实了私人银行服务的核心竞争力。

二是产品种类丰富。光大银行私人银行致力于为高净值客户以及企业提供现金管理工具、境内外投融资解决方案、家族信托、高端保险等。2016年光大银行推出"家族办公室"服务，旨在为超高净值客户提供"一揽子"服务

---

① 《中国光大银行股份有限公司2018年度报告》，网易财经，2019年3月28日。

的综合平台。光大集团业务还涉及环保、文旅、医药和新能源等多项实业领域，具有完善的业务协同基础和丰富的资源。

三是服务体系完善。针对高净值客户家族及其企业面临的财税和法律方面的问题，优选权威合作机构，为客户提供现场交流和指导，定制税务咨询解决方案、法律咨询等个性化的服务。2018 年随着"私人银行钻石卡"顺利发行和"微信银行贵宾服务通道"开通上线，光大银行私人银行服务进一步升级。

（3）业务优势和劣势。光大银行发展私人银行业务的优势和劣势如表 2 – 29 所示。

表 2 – 29　　　　　　光大银行发展私人银行业务的优势和劣势

指标	内容
优势	（1）财富管理经验丰富，品牌优势明显。 （2）丰富的产品体系。联合行内外部门，包括投资银行、信托、证券、基金、保险等产品合作伙伴，为客户提供"一对一"量身定做的产品和服务，为客户提供事业发展和财富传承的业务方案设计、融资方案设计和投资业务咨询服务。 （3）充分利用集团联动。光大集团已经形成银行、证券、保险、租赁、基金和资产管理并立的经营格局，并通过同光大证券多层次多角度业务合作，在资金业务、三方存管等方面合作取得显著效果
劣势	（1）国内银行体制制约。我国金融业实行分业经营、分业管理，限制了商业银行提供综合理财产品和多元化金融服务的机会。 （2）私人银行业务品种单一，规模有限。产品品种单一，结构层次不突出，私人银行业务重心为资产管理，缺少投资基金、金融衍生品、股票等高风险产品。同时，在税务、房地产、保险、艺术品投资等方面缺少相关的服务。 （3）营销体系欠缺，售后服务有待提高。总行没有配备相应的专门营销和售后部门。 （4）缺乏 IT 系统的有力支持。私人银行业务已经离不开从营销销售、投资研究到流程建设、数据分析的强有力的工 IT 系统的必要支持

资料来源：作者根据相关资料收集整理。

（4）未来趋势。2017 年在新一届管理层到位后，光大银行将"突出财富管理特色"，升级打造财富管理 3.0 新商业模式。重点工作主要有以下六个方面。

一是以集团战略转型带动财富管理业务发展。光大银行正在推进向敏捷型、科技型、生态性企业战略转型。

二是构建财富"E – SBU"生态圈。探索"战略单元 + 生态圈"E – SBU 发展机制，在战略单元 SBU 概念中引入"三个 E"［立体生态（ecosphere）、科技赋能（electronic）、光大特色（everbright）］。

三是打造"阳光财富品牌"。按照产品精致、获客精准、服务精益、管理精良的要求，推进"三名"（名品、名店、名星）建设，建立全业务线、全产品线的品牌，带动阳光品牌的塑造和推广。

四是全面培养财富管理人才。培养一支懂技术、懂产品、懂客户、懂风险的财富管理专业人才队伍。

五是建立完善的考核激励机制。确立以资产管理规模为基础的业务管理体系，明确涵盖机构、条线和个人的考核办法，制定业务系统与交叉销售激励措施。

六是强化信息科技驱动。加快财富管理系统建设，提升智能投顾系统。

7. 浦发银行私人银行

（1）总体情况。浦发银行于2011年12月开展私人银行业务，以公司银行和投资银行为业务特色。浦发银行总行的私人银行部主要定位为对全行的私人银行客户进行专业化经营的管理部门，并为全行的私人银行提供专业化的服务支撑。浦发银行私人银行已经建立完备的以资产管理和顾问咨询服务为特色的私人银行专属产品和服务体系，并依托私人银行美国运通信用卡建立国际领先的增值服务项目，为每位私人银行客户配备一名专业的财富顾问。截至2018年6月30日，浦发银行私人银行客户数［月日均金融资产800万元（含）以上］将近2万户，管理金融资产为3700亿元。[①]

（2）业务优势和劣势。浦发银行发展私人银行业务的优势和劣势如表2-30所示。

表2-30　　　　　浦发银行发展私人银行业务的优势和劣势

指标	内容
优势	（1）较好的品牌优势。品牌口号为"传承的不只是财富"，成立之初定位于打造以资产管理为核心的私人银行服务特色，并自主研发、潜心打造私人银行专属的投资账户服务。 （2）充分依托集团优势。2014年7月，浦发银行正式控股上海信托，浦发银行私人银行通过上海信托和上投摩根，为客户打造全方位投资银行和交易银行业务。 （3）全面的私人银行产品和全方位服务体系。"以资产配置为中心"，组织专业投研团队，并通过高端保险、家族信托、顾问咨询引导中国超高净值客户从关注"财富增值"逐步向关注"财富保障"和"财富传承"转变

① 《浦发银行2018年度报告》，浦发银行官网，2019年3月26日。

续表

指标	内容
劣势	（1）物理网点存在依赖。物理网点的不足影响了对客户的服务。 （2）财富管理的专业度有待提高。高净值客户需要私人财富管理、投资管理、教育以及退休规划、税务筹划、遗产传承等方面的专业金融人才支持。 （3）受制于分业经营的监管要求。由于我国金融业实行分业经营、分业监管，浦发银行由于无法对客户进行深入细分而难以制订完全符合客户要求的个性化方案，难以实现客户精细化发展

资料来源：作者根据相关资料收集整理。

（四）国内私人银行业务总结

1. 机构体系之间的比较分析

商业银行私人银行、第三方理财机构、综合型券商、信托公司、基金公司由于自身资源禀赋、客户禀赋、业务禀赋、渠道禀赋和风控禀赋不同，在市场规模既定情况下形成自身比较优势，为私人银行本土化进程提供多方尝试和发展。国内财富管理行业市场参与者竞争优劣势对比如表 2 – 31 所示。

表 2 – 31　　　　　国内财富管理行业市场参与者竞争优劣势对比

机构类型	竞争优势	竞争劣势
私人银行	立足于商业银行完善账户体系； 客户基础广泛，渗透性好； 资本实力、品牌、安全性占优	产品创设能力不足； 投资咨询能力不足； 激励机制欠缺
第三方理财机构	产品分销能力强，选择丰富； 重视投资咨询服务； 成长性好，灵活性好	大部分机构缺乏产品创设能力； 竞争激烈，品牌认可度低
综合型券商	投研能力强，产品创设能力强； 具有经纪账户体系，定位富裕客户； 具备一定的渠道分销能力	财富管理业务进展缓慢； 与银行相比，资本实力较弱
信托公司	产品创设能力弱，风险控制好； 具备转型高端财富管理能力，目前已经提供家族信托产品； 积累高端客户优势	牌照红利减弱，面临激烈竞争； 投研能力、创新能力、自主管理财富管理能力有待提高
基金公司	具有出色的投研能力、产品提供能力； 市场主流资管产品提供者	渠道少，高端客户基础有限

资料来源：中金公司研究部。

2. 银行体系之间的比较分析

银行体系主要分为国有大型银行和股份制商业银行，在战略优势和客户优势方面各自具有显著特点。战略优势决定了资源禀赋配置情况和展业情况，客户优势决定了业务开展难易程度，较好的客户基础有利于客户的快速积累和服务的迅速提升。因此，国有大型银行和股份制商业银行应该根据自身业务优势，进行有效的战略规划和产品设计，设计符合自身长期战略要求的展业规划，实现业务的快速发展（见表 2 - 32）。

表 2 - 32 私人银行业务开展情况比较

指标	优势	劣势
国有大型银行	拥有雄厚的客户基础、市场基础，以及海外平台； 产品种类丰富，平台构建完善； 具有较为丰富的人才储备	业务流程优化时间较长； 产品配置要求符合总体资源安排； 难以形成精细化服务程序
股份制商业银行	战略优势具有较好的短期调整性； 科技驱动转型实现有力的资源配置； 广泛投资投研平台，构建自身的投资研发能力	缺少客户基础，需要长期的积累和营销； 缺乏有效的资源支撑； 短期快速的发展模式，容易造成发展偏激

资料来源：作者根据相关资料收集整理。

3. 国内私人银行业务模式的差别

本部分根据国内私人银行业务进展情况，分析其服务能力不足之处（见图 2 - 17）。

国内私人银行财富管理服务能力不足之处主要有以下三点。

一是没有切合市场需求改善服务品质。中国私人银行业务主要借助传统零售业务的客户资源，通过客户分层进行体系建设，其服务理念和产品依旧停留于传统理财业务范围，没有根据客户自身需求逐步完善。另外，专业人才没有得到有效补充和完善，客户经理考核仅停留在根据销售量计算绩效，没有根据高净值客户自身服务需求提升客户服务黏性。

二是没有切合客户需求提供差异化服务。国内私人银行业务主要是以产品销售为出发点，缺少适合高净值客户安全性、私密性、稳定性要求的产品设计

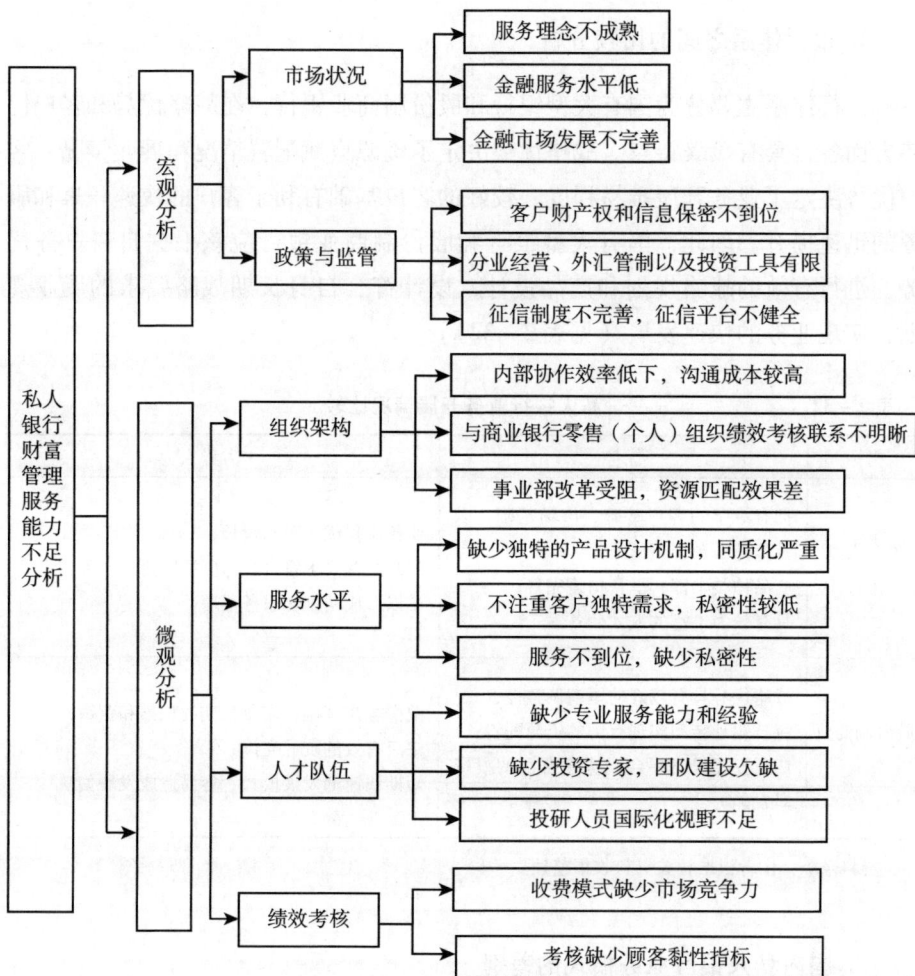

图 2-17 国内私人银行财富管理服务能力不足分析
资料来源：作者根据相关资料收集整理。

机制和产品服务机制，可供客户选择的产品种类和数量较少，降低了对高净值客户的吸引力。

三是没有切合机构需求有效提升服务品质。私人银行的客户服务不仅关系到客户自身的财富创造、保值、增值，同时也关系到其家人、企业以及合作伙伴财富的财富创造、保值、增值。商业银行私人银行服务缺少同金融中介机构（基金、券商、私募、财富机构、投资公司）的对接、缺少同其他合作机构（养老机构、教育机构、培训机构、文化机构）的交流，产品单一、单调，降低了高净值客户服务满意度和舒适度。

三、私人银行业务 SWOT 分析

通过对国内外私人银行业务模式的分析可以看出，国内私人银行业务有效利用了外部条件（宏观经济金融环境、客户金融需求偏好和政策法律制度的优越性），整合了金融机构自身发展优势（集团优势、客户优势、平台优势、产品优势和服务优势），提升了私人银行业务服务水平，促进了集团资源有效整合。

（一）中国广阔的业务市场和丰富的客户资源

1. 本土市场优势

一是经济快速发展。随着经济发展，国际化进程加快，GDP、人均储蓄、人均消费数额都快速增长，中国成为世界经济发展的重要推动力。二是财富增值。改革开放伴随着分配制度的改革，"大众创新、万众创业"激发群众创新热情，随着分配制度和法律制度的完善，财富越来越积聚，群众财富增值保值需求也日益旺盛。三是高净值人群的增长。伴随着财富的积累，高净值客户也日益增多。根据胡润富豪榜单，1999 年胡润财富榜单上榜人数为 50 人，上榜门槛为 0.5 亿元，平均财富为 13 亿元；而 2018 年上榜人数为 1893 人，上榜门槛为 20 亿元，平均财富为 89 亿元。

2. 本土业务优势

一是金融机构的转型发展。中国金融市场发展受限于整体宏观政治背景，更多是受行政命令指引，而随着国际市场的开放，越来越多的外资机构涌入中国，金融机构转型发展成为必然。二是高净值人群财富意识觉醒。随着经济发展，高净值人群快速增长，其业务知识、金融知识不断增长，已经不满足通过传统方式进行财富保值、增值，高风险高收益产品逐步被接受，财富保值、增值、传承的服务意识不断觉醒。三是财富传承成为业务主流。中国民营企业主要是随着改革开放不断发展起来的，企业传承、家族延续、品牌拓展成为其业务发展的重中之重，因此，家族传承成为私人银行业务发展的重点。

3. 本土机构优势

不同机构由于牌照资源和客户资源不同，展业情况也不尽相同。中国目前开展私人银行业务的机构有国有大型银行、股份制商业银行、城市商业银行，以及金融中介机构（证券、基金、第三方财富机构）。

（二）私人银行业务标准不统一

1. 数据统计口径不一致

数据统计口径不一致影响对私人银行业务开展情况的了解。根据《中国银行业理财市场报告（2017年）》数据，2017年底我国私人银行类产品存续余额和机构专属产品存续余额分别为2.29万亿元和6.50万亿元，分别占全部理财产品存续余额的7.72%和22.01%。根据2017年年报数据显示，2017年上半年我国私人银行类和机构专属类产品存续余额分别为2.01万亿元和6.48万亿元，分别占比7.08%和22.83%。业务数据统计口径差别大，显示了整个市场对私人银行业务没有统一标准，同时，市场对私人银行产品没有统一定位，不利于私人银行产品的设计和创新发展。

2. 客户标准口径不一致

客户标准口径不一致，也导致私人银行业务难以较快发展起来。私人银行客户参照标准以2011年8月中国银监会发布的《商业银行理财产品销售管理办法》中规定金融净资产达到600万元（含）人民币以上的商业银行客户即为私人银行客户，但是这个标准在银行具体执行中并不统一。[1] 且在界定问题上，《商业银行理财产品销售管理办法》也只是规定客户提供相关资料并签字确认，并没有进一步辅助印证的手段。中国商业银行对私人银行客户定位不同，呈现明显的差异性，这使各个银行之间的私人银行业务数据的可比性较差。虽然银行年报会对私人银行客户数量以及管理的资产规模进行披露，但不是所有的银行都会进行有效的披露，[2] 不利于私人银行业务数据的收集和业务的开展。

---

[1] 中国农业银行、交通银行、中信银行和平安银行的私人银行客户标准是日均金融资产在600万元（含）以上；中国建设银行、招商银行和光大银行的标准为日均金融资产在1000万元（含）以上；中国工商银行、浦发银行和中国民生银行的标准为日均金融资产在800万元（含）以上。

[2] 例如，中国工商银行虽然披露了客户数量和管理资产规模数据，但在具体措施中显得中规中矩；中国银行没有逐年披露客户数量和管理资产规模数量；平安银行披露了客户数量，但并没有披露管理客户资产规模。

3. 业务举措同质化

一是大量设立私人银行中心。国有大型银行和股份制商业银行纷纷设立私人银行中心，发展私人银行业务。在长三角地区，上海银行、江苏银行和常熟银行等城市商业银行也开始涉足私人银行业务，并纷纷设立私人银行中心。

二是大力拓展高端业务。大量的商业银行通过提升高端业务来提升高净值客户服务能力和水平。例如，兴业银行大力建设"天使俱乐部""园丁俱乐部"等增值服务平台，并推出高尔夫、游艇会之类的高端服务。增值服务虽然能在一定程度上提升客户吸引力，但由于这些服务具有较高的维护成本，若不符合客户自身需求和消费能力，则不能提升客户黏性。

三是大力发展家族信托以及财富管理业务。各家上市银行通过家族信托业务拓展其财富管理业务，构建投资、税务、法务、并购、融资、清算等多层次服务。例如，中国建设银行上线家族信托顾问业务系统；中国农业银行开展家族信托业务；中国银行推出保险金信托。

（三）金融机构快速发展

改革开放40多年来，中国经济快速发展，薪酬分配制度改革加快，财富分配制度从"集财于国"到"藏富于民"，发生了显著变化。高净值客户成为财富结构的创造主体，其巨大的市场潜力意味着私人银行业务是各家机构必争之地。而随着外资银行纷纷进入中国，中资银行应该积极利用"窗口期"，立足市场分析、客户分析，加强细分客群并提供差异化的产品和服务，并同客户建立高度信任关系，建立行业声誉，树立品牌，实现业务发展目标。

1. 提升金融机构自身服务能力

私人银行业务属于高端金融服务，覆盖面广、专业性强，能够针对客户需求提供"一站式"综合金融解决方案。目前，我国私人银行业务处于起步阶段，主要是以代销（直销）理财产品为主，而完善产品体系有利于提升金融机构自身的服务能力。

2. 提升金融机构全球经营服务能力

私人银行高净值客户以私营企业主、企业管理层居多，随着国际化进程加速，国内企业和世界各国之间贸易往来密切，海外移民投资和资产全球化配置需求不断增长。因此，金融机构应该根据高净值客户自身资产配置的金融需求和非金融需求，从私人银行业务国际视角出发，构建全球化经营业务，突破全球化经营能力不足的困境。

3. 促进私人银行业务高端人才培养

私人银行业务客户经理需要较长时间的金融经验积累，需要具有法律、金融、税务、艺术等完备的知识体系，具备管理和应对市场的突出能力。因此，商业银行应该逐步培养一批具有丰富工作经验、完备知识结构和突出人际交往能力的复合型人才。这些高端人才自身也是一笔宝贵财富，有利于促进商业银行的发展。

4. 增强自身的品牌效应

私人银行业务自身的业务属性决定了商业银行自身综合实力，最能彰显一家银行品牌优势和资源优势。根据中国建设银行发布的《中国私人银行2019》报告显示，品牌成为高净值客户挑选机构的首要原因，提升品牌影响力，不仅能够提升机构自身业务优势，而且能够提升其整体服务水平。

（四）缺乏长期发展战略和理念

虽然私人银行业务在中国已经发展了十几年，但是由于缺乏有效的服务理念、服务战略和服务措施，中国私人银行业务主要以产品为导向，而不是从客户和用户金融使用的便利性、便捷性、有效性入手，导致私人银行业务在中国的发展还远远不能满足整体市场的需求。

1. 服务理念欠缺

私人银行客户包括客户自身、企业、家庭及其合作伙伴，具有财富创造、保值、增值和传承需求，并在服务过程中享有安全性、私密性和稳定性。国内金融机构特别是商业银行没有充分理解高净值人群的金融需求和非金融需求，主要是通过聚焦产品服务、零售转型升级、迁移零售客户发展私人银行业务，缺乏对业务的全面理解和合适的手段，专业服务能力不强，保密意识不够，没有有效树立私人银行财富管理的品牌形象和产品特性。服务理念的欠缺导致客户黏性、客户活跃度不高，不利于私人银行业务的有效运营和快速发展。

2. 服务战略短期

如表2-33所示，从中、美两国私人银行产品组合的关注点对比可以看出，中国私人银行产品服务（投资、保险、税务、退休、教育、知识产权、收藏、遗产）更多关注短期效益，缺乏对未来发展的长期铺垫和计划。中国大多数金融机构的私人银行业务发展，一方面受限于自身服务水平，很难结合客户自身实际需求配置相应的产品；另一方面受限于整体监管环境、市场环境，由于中国私人银行业务发展时间较短，相关金融法律法规不完善，而金融机构在具体业务操作过程中，由于争夺市场、客户资源，对客户信息管理难免有疏漏，这也在一定程度上降低了高净值客户对中国金融机构的认可度和满意度。①

表 2 – 33　　　　　　　中、美两国私人银行产品组合关注点对比

组合	美国	中国
投资计划	多元组合与资产配置	单一（地产）与投资为主
保险计划	综合型	针对单一功能购买保险
税务计划	国内节税型资产结构	境内外目的地置产安排
退休计划	80% 以上退休保持目前或者舒适生活水平	晚年节俭型
教育计划	注重个人终身教育	注重子女教育
知识产权计划	知识获利者大增	原始积累大于知识获利
收藏计划	长期投资	短期回报
遗产计划	生前信托、百年计划	垂危托付、缺乏规划

资料来源：陆红军. 中国财富管理报告 ［J］. 金融管理与研究，2006（5）：18 – 22.

3. 服务模式单一

随着中国经济的发展，私人财富大量聚集，高净值客户快速成长，但与之相适应的市场投资机制并没有形成，不利于满足高净值客户日益增长的金融需求和非金融需求。金融机构将私人银行业务定位为财富管理服务，没有切合高净值客户自身独特的需求进行产品差异化设计和销售。现有私人银行产品包括金融产品和非金融产品，金融产品主要是通过理财产品销售，非金融产品主要通过迁移传统零售增值模式（机场贵宾服务、消费购买满减、贵金属销售服务）销售。而高净值客户由于其特殊的金融需求属性，比零售客户具有更高的安全性、稳定性和保密性需求，由于其金融知识欠缺且对金融服务要求较低，金融需求更多集中于房产购置和消费，不能促使金融市场有效运转。

---

① 根据 IBM 欧洲财富与私人银行业务调查，客户在挑选私人银行时，保密性和安全性是私人银行业务的第二重要选项。

第 三 章

私人银行服务模式构建

一、私人银行服务模式的主体架构

(一) 私人银行服务模式架构的理论基础

1. 金融理论基础

从图3-1可以看出微观主体在财富转移过程中的具体路径和方式。通过对私人银行业务市场进行分析，可以深入了解私人银行业务市场供给和市场需求约束机制。

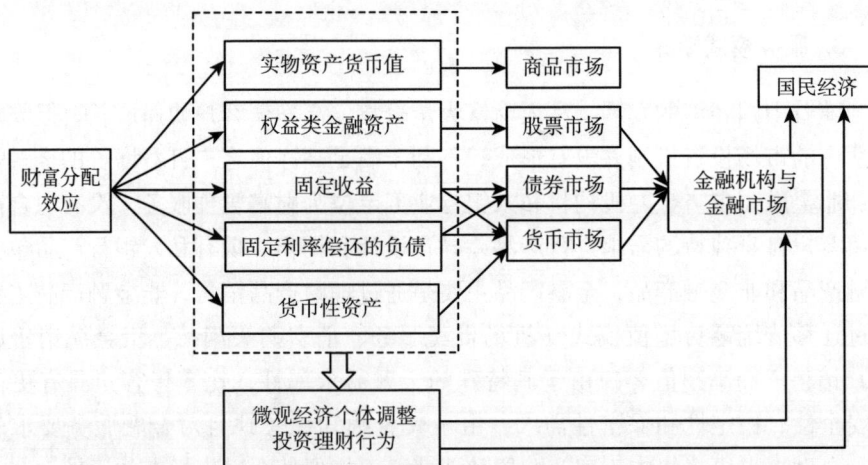

图3-1　财富效应转移流程

资料来源：吴晓求，王广谦. 金融理论与政策 [M]. 北京：中国人民大学出版社，2013.

2. 业务理论基础

如图3－2所示，商业银行作为服务行业，其最根本的利益诉求点就是满足客户需求，实现价值增长（客户价值、股东价值、利益相关者价值）。而在商业银行具体业务运行过程中，由于具体业务供给需求属性不同，导致其具体客户服务模式不同。但是，其都是在市场供给需求有效匹配情况下，根据商业银行自身经营逻辑、技术逻辑和监管逻辑，在风险可控的情况下，最大限度地匹配商业银行自身资源禀赋和客户风险收益偏好，实现价值诉求。

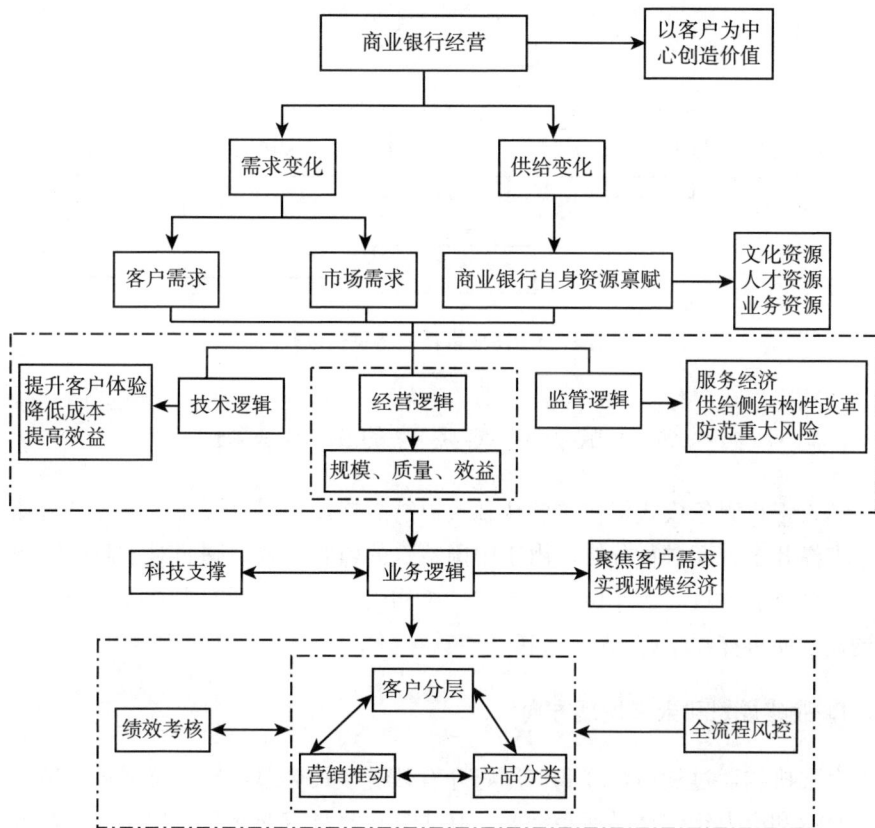

图3－2　商业银行业务运行逻辑

如图3－3所示，对于具体业务来说，主要是根据市场供给和市场需求情况，结合商业银行自身业务资源，进行业务逻辑分析。而商业银行在具体业务运行过程中，要结合不同客户需求、市场需求、监管需求，设计相应的产品、服务和考核体系，形成有效规模效应，实现价值创造。

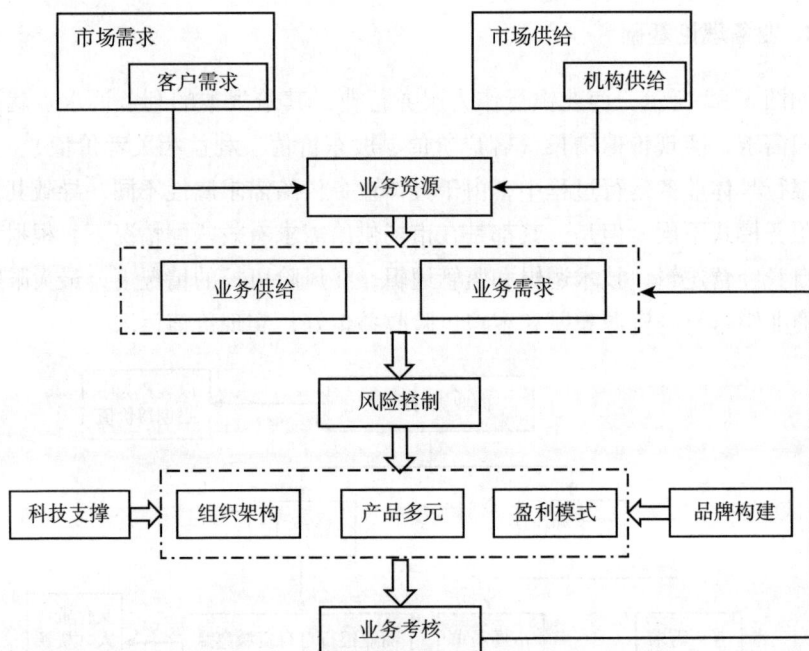

图 3-3　商业银行业务运行过程

（二）私人银行服务模式架构的业务基础

私人银行服务模式架构主要从私人银行战略规划、资源禀赋、客户基础和科技支撑几个方面进行分析。由于中国特殊的监管环境，牌照对于商业银行业务经营具有非常重要的作用，而不同的机构由于其人才和客户基础不同，在具体展业方面也存在不同。

1. 战略规划和未来发展方向

金融机构通过货币媒介和信用媒介有效链接社会总供给和总需求，满足居民、企业和个人经济金融活动需要，其业务战略具有非常重要的作用。在市场竞争加剧、产品同质、监管趋严背景下，金融机构特别是商业银行的战略定位以及未来的发展方向对资源投向和流程配置具有非常重要的作用。而私人银行体系由于其特殊的金融属性，具有投资周期长、见效慢等特点，有效的战略定位对其业务发展具有更加重要的作用。虽然私人银行业务从 2007 年开始进入中国，但由于其战略定位不清晰，导致其业务发展进展缓慢、收效甚微。

2. 客户基础和资源禀赋

金融机构特别是商业银行服务的本质是"以客户为基础",有效满足客户需要是商业银行未来的利润增长点。客户基础主要是考虑客户数量、客户资产数量、客户金融产品风险偏好、客户金融产品收益偏好、客户地域属性等相关指标,综合这些指标同商业银行业务运行风险偏好和收益偏好进行匹配,位于平均收益曲线上方才是可以进行操作的业务。而资源禀赋则是考虑具体业务运行过程中的人员匹配、资源匹配、客户匹配、绩效匹配,并在业务发展过程中不断进行调试,提出更加适应业务发展需求的资源匹配模式,提升整体的利润率。

3. 市场规模和市场区分

市场规模和市场区分主要考虑金融机构特别是业务机构整体的市场禀赋,由于不同市场垄断竞争情况不同,其进入成本、盈利成本、亏损成本也不同,因此要选择合适的市场进入时机和地点,进行整体业务的设计、营销和执行,提升整体业务市场的适应力和反应度。对于金融机构特别是商业银行来说,随着金融科技的广泛应用,线下网点布局已经不再适应市场需求,线上市场抢夺成为其市场规模扩张的重要手段。因此,在新时代背景下,要充分结合线上和线下的市场资源,根据金融机构自身的实力基础设计有效的市场进入、服务、营销、退出战略,提升市场整体营销能力。

4. 运营模式和科技支撑

运营模式是商业银行业务运行的基础,有效的业务运营能够提升客户满意度和舒适度。金融科技应用于运营模式已经成为金融运行的必然要求。通过有效的运营模式,能够有效提升客户旅程的满意度。而运营模式的科技转换,一方面能够有效反映客户需求和产品供给的差距和短板,促进金融机构特别是商业银行进行业务模式的调整和转化;另一方面随着科技的广泛应用,同其他机构的广泛链接成为可能,从而使金融机构调整产品服务模式、推动创新发展成为可能。

5. 风险控制能力和程度

风险控制能力是金融运行的基础,随着经济发展,金融功能从支付清算转变为现在的信用创造、风险转移、风险定价等功能。而私人银行业务由于其特殊的金融属性,具有宏观运行风险(经济发展风险、国际局势风险、法制完善风险）和微观主体风险（金融机构运行风险、客户自身风险），同时其业务具有跨市场、跨区域、跨机构多重属性，导致其风险具有综合性、长期性，因此其风险定价、转移和重构显得特别重要和突出。未来私人银行业务应更加注重风险转移定价的完整性和全面性。

（三）私人银行服务模式架构的主要模式

1. 依托零售业务发展模式

我国私人银行业务主要是依托零售业务转型进行发展的。一方面，高净值客户以私营企业主为主，其主要依托传统零售业务进行财富保值、增值；另一方面，金融机构在业务转型过程中以理财产品为依托进行高净值客户培养和培育。依托零售业务发展模式具有以下特点。

（1）依托零售业务模式进行组织构建。根据中国国情，大多数商业银行私人银行组织架构依托于商业银行零售部门，这有利于快速实现客户规模积累。伴随零售业务成长的高净值客户具有较好的模式认同感，能够接受理财业务市场变革风险，具有较好的适应能力。但是，由于高净值客户自身独特的金融属性（安全性、私密性和稳定性），随着其可投资金融资产的增长和金融需求的增多，依托零售业务发展模式已经不能有效满足其增长的需求，将有可能失去部分客户、降低服务效果。

（2）依托零售产品满足服务需求。依托零售业务发展而来的私人银行业务主要以产品为依托，满足高净值客户的金融需求。由于零售客户同高净值客户对产品风险收益的需求不同、私密性和安全性要求不一致，很多产品服务只能满足初级或时间成本较低的高净值客户。对中高级高净值客户来说，私人银行提供的产品单一、单调、收益性差。由于大多数现存私人银行提供的主要通过转移零售业务模式的增值服务不能很好地满足高净值客户的独特需求，不仅成效不大，也不利于客户积累。

（3）基于零售风险控制模式。风险控制质量是私人银行业务有效运转的基础，而发源于零售业务的风险模式不能有效满足私人银行业务自身特有的风险敞口，风控质量有待商榷。零售业务风险控制模式相比私人银行业务风险控制模式更加简单、单一，抗风险能力弱。随着高净值客户业务规模的发展和海外市场的拓展，私人银行传统业务的风险控制手段和风险控制模式已经不能满足客户日益增长的金融产品服务需求，不能有效提升服务满意度和舒适度。

（4）依托零售模式实现业务运营。运营支撑主要基于零售业务产品销售服务体系，主要通过对于零售收益需求、风险需求及其之间的匹配度进行指标的选取和测定，具有样本容量小、反应较慢等特点。而高净值客户金融业务不仅需要机构板块内、机构间快速联动，同时还需要不同市场、区域、国家相关业务板块的有效联动。因此，依托零售业务发展的运营支撑不能很好地满足高净值客户的金融需求，不能有效地提升服务满意度和舒适度。

2. 依托财富业务发展模式

依托财富业务发展模式主要是指基金公司、证券公司等金融机构利用自身的牌照优势、业务优势、客户优势和渠道优势，通过专业化经营和集中化的模式，实现私人银行业务专门化、专业化经营管理。有家庭办公室和家族信托两种模式。

（1）家庭办公室。家庭办公室主要依据客户资金量及其风险收益匹配度设定不同标准。具体来说，家庭办公室是根据私人银行客户数量（高净值客户数量）相应的资产数量、人员数量、业务模式、风险收益匹配度制定不同的准入门槛和服务要求，通过"圈子"接受模式逐步形成的一种模式。随着经济金融环境和客户需求的变化，进行阶段性调整和调试，形成一种独特的商业模式。这种模式具有较强的私密性、安全性和稳定性，是老牌私人银行业务模式。目前，我国家庭办公室主要是由证券公司进行操作的。

（2）家族信托。家族信托是指受托人和受托机构通过相应的法律制度，为受托人、受益人和相应的机构进行财富的保值和增值服务。随着我国经济环境的发展和高净值客户不确定性的增加（婚姻周期、教育周期、养老周期、爱好周期），家族信托越来越受欢迎，成为金融机构业务转型、提升服务质量的一种重要模式，其门槛也在发展中不断提升。目前，慈善信托①是一种重要的业务模式。

3. 依托投资银行业务发展模式

投资银行业务是私人银行业务的高级阶段，也是未来私人银行业务发展的重点。投资银行模式客户群体包括高净值客户及其合作伙伴，通过"大资管"

---

① 2019年3月7日，中国慈善联合会在北京发布的《2018年慈善信托发展报告》中指出，2018年新设信托财产达到11.01亿元，比2017年增长5.04亿元，同比增长84.42%；新设慈善信托79单，同比增长75.56%。从慈善信托财产规模看，浙江（8.69亿元）、广东（1.11亿元）、北京（3266.26万元）分别位列前三。2016~2018年，全国共有42家信托公司设立了慈善信托，占全国68家信托公司总数的61.8%。

和"大投行"业务，在"在岸＋离岸"市场，发展私人银行业务。依托投资银行业务发展模式具有以下特点。

（1）客户主体是高净值客户及其合作伙伴。由于亚太地区中小企业发展迅速，高净值人群主要集中于私营企业主，其自身的财富同家族财富紧密相连，并没有完全隔离，因此其财富保值、增值需求同其企业及合作伙伴的投融资行为密切相关。投资银行业务主要通过满足高净值客户及其合作伙伴的投融资需求来实现利润增长。

（2）客户服务模式"大资管"＋"大投行"。对于企业级高净值客户来说，"大资管"和"大投行"能有效满足其金融需求，提升服务舒适度。对于"大资管"来说，具有广泛的产品选择渠道、种类、数量以及较好的投资策略（长期的战略配置和短期的战术配置），有利于提升产品收益。"大投行"主要关注与企业投融资需求、股权上市、分离等相关的股债市场的需求。完善"大投行"业务模式，有利于提升整体服务效果。

（3）客户服务市场"在岸＋离岸"。对于企业级高净值客户来说，"在岸＋离岸"市场的产品显得特别重要。在岸市场主要服务于常规生产经营活动的金融需求，而离岸市场不仅包括日常生产活动的金融需求，同时也包括高净值客户其他金融需求的战略配置。随着世界多极化和经济增长全球化进程的加快，未来"在岸＋离岸"的市场客户服务将呈现出更加重要的趋势。

（4）客户风险控制"线上线下"运营支撑。传统线上服务主要通过智能投顾进行产品创新和发展，随着金融科技（大数据、区块链、云计算）的广泛应用，多元市场融合发展已经成为业务发展常态。一项业务的创新和发展，通过"线上线下"有效融合运营，能够提供产品创新市场基础、业务基础、监管基础和客户基础，缩短产品创新周期，提升产品上线速度，通过后期运营调试和监控提升客户满意度和舒适度。

二、私人银行服务模式的业务基础

（一）制定战略推动品牌提升

王珏（2014）通过研究私人银行业务发展，认为在内忧外患的市场竞争环境中，要抓住机遇直面挑战，围绕差异化服务打造核心竞争力，积极创新业务并树立品牌优势，加强精细化管理，提升客户关系。李增民（2016）通过研究我国私人银行业务发展情况，认为我国的私人银行业务发展正处于快速发展的轨道，但是也存在服务品种单一、营销体制不健全、投资结构不合理、人才储备不足等问题，因此要加强全面了解客户、防范信用风险、改革原有销售理念、引入现代的经营观念，加强专家团队的培养，创建优质的服务品牌。麦当纳、欧蒙和凯斯·凯文（McDonald，Onagh and Keasey Keivn，2002）认为，品牌建设和业务管理是私人银行业务获得成功的关键。因此，私人银行品牌构建战略和方法对于提升私人银行业务具有非常重要的作用。

1. 私人银行战略制定

随着高净值客户的成长，其从以前单纯强调对产品回报的追求，转向逐渐接受资产配置理念，对私人银行业务产生了巨大需求。金融机构要想在激烈的市场竞争中获得相应的市场份额，需要对业务战略、运营战略以及支撑这些战略的后台体系进行全面审慎的思考，从而制定自己独特的私人银行业务发展的全面战略，以适应和实现整体业务发展的长期目标。

而在战略制定方面需要考虑以下两个方面。

（1）业务战略层面。这个层面同目标和视野密切相关，而运营战略和后台支撑体系都是围绕业务战略核心进行的。首先，要设定财务和运营目标，如收入规模、市场占有率、净利润、回报率、资产管理规模、客户人数等。其次，找到自己针对的客户群体，根据客户全体差异性（职业、收入、理财需求、风险偏好、风险承受能力）制定差异化的价值主张和定位，有针对性地提供配套产品和服务。最后，建立和其他机构的合作伙伴关系，以实现双赢。私人银行同合作伙伴（基金公司、信托公司、保险公司、投资银行）建立密切合作关系，不仅有利于拓展接触高端客群的渠道，同时也可以进行共同产品开发，针对客户专业性诉求，为客户提供整合、定制的"一揽子"综合金融服务方案。

（2）具体战略目标层面。具体战略目标具有长期、中期和短期三个目标。长期战略目标是指通过私人银行业务有效链接商业银行自身业务体系，形成"大资管、大投行、大财富"业务的综合经营和服务。中期目标是指根据长期战略目标细化具体业务战略和业务措施，聚焦目标群体金融需求和非金融需求，丰富产品种类数量，提升服务质量，弥补业务短板。短期战略目标是指根据长期战略目标和中期战略规划，有效链接客户需求、产品供给、渠道资源、风险措施，有效链接前中后台业务模式，实现快捷便利的服务模式。

2. 私人银行品牌构建

品牌是客户对于私人银行机构整体能力的综合性评价，是私人银行机构服务流程、投资能力和风险管理能力的全面体现，是私人银行核心竞争力的外在体现。中国建设银行发布的《中国私人银行2019》报告显示，高净值客户在挑选金融机构时，品牌要素所占比重已经从2012年的33%上升到2018年的67%，显示出机构专业服务能力已经成为高净值客户的首选目标。品牌有利于实现私人银行服务的特色，私人银行可以培养和发展一批忠诚的客户群体，扩大其市场份额，为其产品和服务带来超越其功能的附加价值和利益，赋予其额外的竞争力。

私人银行品牌战略可以根据业务开展情况进行多品牌建设，如银行品牌（企业品牌）、业务品牌、二级产品品牌、三级产品品牌，并根据不同业务品牌设立相应的服务品牌，品牌之间可以串联也可以并联，根据不同服务对象设定其具体含义和客户黏性，加强品牌联动和推广。鉴于私人银行自身客户和产品的独特属性，除了传统的纸媒和电视媒体，对高净值客户经常关注的活动也要加入促销元素，并通过定期或不定期发布专题研究报告，组织研讨会、学术会议，以及组建官方或非官方的专业顾问小组，提升私人银行品牌知名度。

对于具体市场活动来说，私人银行品牌活动具有市场营销和市场推广两个方面，不同活动具有不同重点，可以通过不同活动和方式提升私人银行品牌的含金量。

（1）市场营销。市场营销对于私人银行高净值客户来说，主要有三个方面的功能，即吸纳新客户、挽留旧客户、建立"小圈子"环境。私人银行客户具有自身独特的金融需求和非金融需求，随着经济金融的发展，市场营销不仅要关注客户留存度，还要关注在现有基础上如何提升客户满意度和客户黏性，提升客户服务的有效性。

私人银行客户二代及三代是潜在的私人银行重要客户，服务好他们具有重要作用。根据其年龄以及兴趣偏好，有以下三种营销方式：一是运动以及社交活动，虽然涉及经费不少且不能很快见效，但是作为长线投资，该项活动非常有必要。如重要体育赛事（网球、高尔夫球）、赛马、歌剧和音乐剧观赏等。二是教育以及学术活动。如组织他们参与财富保障、财务知识、投资管理和私人银行实际运作的案例研究等。三是参与式活动。如组织他们去某些相关公司进行实习和训练等。

（2）市场推广。市场推广项目主要通过联合合作机构、金融机构、相似业务机构以及拥有高净值客户的相关商户进行客户转介、业务转介，提升内部知名度，加强对内部骨干力量的培训和挽留，通过有效的生态圈运作模式，形成有效的资源禀赋下集生活、投资、消费、娱乐为一体的多种业务转介、市场转介、客户转介的新模式和新生态。

（二）完善人才考核体系丰富前台人才储备

1. 人才招聘

私人银行业务主要根据客户需求，依赖高素质客户经理及其专业顾问团队为客户提供有效解决方案。从私人银行业务发展情况来看，高素质客户经理队伍和理财顾问是私人银行业务的核心，他们不仅掌握着客户资源，同时也是传承私人银行业务经验的主要载体。私人银行工作待遇较高，同时对从业人员也具有较高的素质要求：资深从业人员应具有国际经济学知识和功底，具有丰富的金融和人文知识素养，有能力透视国际经济格局对经济金融的影响、观察和预测一个国家宏观经济对金融政策的影响，亲历一个经济或金融周期具有实战经验，是有益于财富规划和事业发展的优秀金融专家，拥有诚信敬业的服务精神。相关机构私人银行招聘要求如表3-1所示。

表3-1 相关机构私人银行招聘要求

项目类型	中国银行	中信银行	兴业银行
学历要求	金融、税务、房地产等相关专业全日制硕士研究生及以上学历	重点院校本科及以上学历	国家211工程、重点财经类院校以及国外获得教育部认证的院校全日制本科及以上学历，金融、经济、财会以及法律等相关专业
证书要求	拥有CFA、CPA、CFP、注册税务师、律师、房地产评估师等资格证书，或在国内外专业期刊上发表研究成果	具有CFA、CFP资格者优先	取得AFP资格证书，原则上要求具有证券、投资、外汇、基金、保险等资格证书，持有CPB、CFP、CFA、CPA、注册税务师、律师、房地产评估师等资格证书者优先考虑
从业经验	5年以上本专业或相近专业工作经验	具有银行贵宾理财工作经验	具有5年以上金融行业、3年以上银行工作经验以及高净值客户关系维护工作经验
素质要求	具有高度的责任心，并具备良好的沟通能力和团队合作能力	具有良好的亲和力、沟通能力、分析能力和表达能力，具有良好的创新精神，责任心强，注重团队合作	无

资料来源：白宇飞. 私人银行学［M］. 北京：对外经贸大学出版社，2015：69-70.

私人银行人才资源主要来自竞争对手、新毕业生、母体银行的其他部门转岗至私人银行、金融机构内部培训。相关机构调查发现，欧洲财富管理机构有80%的客户经理都是从银行外部获得，只有17%经过内部机构培训上岗，有1/3来自竞争者。随着行业竞争的加剧，客户经理来自竞争者的趋势将抬高客户经理的薪酬，具有前瞻性的私人银行已经开始提高自身的内部培训能力，以避免在雇佣上带来的相互倾轧。

目前，我国私人银行业务具有以下三方面特点：一是业务认可度低。私人银行业务在我国属于新生事物，没有得到认可和重视（对客户经理的认知仅为理财产品销售）。二是高级管理人员并未认可私人银行业务。私人银行业务没有得到银行高级管理人员的普遍认可，客户经理的薪酬结构、社会地位未同现在的贵宾银行区分开来，难以吸引相关的精英人士。三是中国本土化思想影响。受中国几千年以来的"官本位"思想影响，有志人士更加热衷于管理岗位，而不愿意做职业经理人。

2. 人才培训

私人银行业务范围有别于其他业务，不仅要加大对新招聘员工的培训，同时也要加强对在职员工的继续教育培训，这有助于提升整体的凝聚力和战斗力。中国私人银行业务培训可以从以下三个方面着手。

一是金融知识培养。掌握财富管理投资的基本知识和专业要点，并突破单一范围、单边市场局限，及时吸收全球范围内"新兴"投资渠道的市场概况、业务特征与发展趋势。

二是金融专业知识应用和专业技能培训。这有助于将金融知识与客户实际需求相结合，起到良好的实践效果。

三是经验性知识和技巧的传授。主要包括获得客户信任的心理学、客户关系管理、销售与谈判技巧、打造有效的人际网络以及客户推介、职业道德方面的培训。心理特质是除客户资产状况、风险偏好、投资偏好、服务偏好等各种个人信息之外，不可忽视的重要维度。

中国私人银行培训主要采取"走出去"和"请进来"相结合的方式，通过向瑞士、新加坡、中国香港等"私人银行圣地"学习来开展的。私人银行业务培训要解决自身人才问题，要尽早发展自身的核心培训体系和工作方法体系，包括完整的培训内容、培训机构、资质认证和品牌等，并不断从实践中累积经验，形成有效的培训成果。

私人银行员工培训主要应加强以下两点。

一是加强员工的文化培训。随着金融科技深入发展，金融业务和科技技术结合越发紧密。私人银行业务作为高层次金融业务，对金融专业知识和科技技术知识具有更高层次的需求，应加强对私人银行业务从业人员金融业务知识和科技技术知识的提升。瑞银集团根据私人银行客户经理的发展路径，设计了 WM Diploma① 和 VM Master 两档资格认证，分别对应客户经理和客户经理组长的晋升，并于 2007 年在新加坡建立了瑞银金融大学，邀请内部知识员工和世界顶级金融专家授课，为员工提供一流的商业和财富管理培训。

二是加强员工职业文化培训。2004 年 9 月，中国金融理财标准委员会（FPSCC）正式成立，提供金融理财师（AFP）和国际金融理财师（CFP）两级金融理财师的认证制度。无论是金融理财师还是国际金融理财师，都必须通过中国金融理财标准委员会规定的四项资格考试：通过系统培训获得资格证书从而获得考试资格；参加中国金融理财标准委员会组织的 AFP 和 CFP 考试；获得从业经验和实际操作经验证书；通过职业道德评价。

3. 薪酬管理和绩效考核

人力资源管理的重要问题是人才薪酬管理和绩效考核体系。绩效管理是一个包括考核标准确定、方案设计、绩效管理过程、绩效考核实施、绩效评价、反馈面谈、考评结果应用和不良绩效处理等一系列内容的系统管理。几乎所有员工的薪酬都是由基本薪酬和业绩奖励组成的。国内外私人银行绩效考核情况如表 3－2 所示。

为了发挥薪酬管理业绩导向功能，应考虑以下四个方面：一是制定可行的私人银行客户经理绩效考核体系并严格执行；二是通过市场定价机制，决定岗位薪酬标准；三是长期激励和短期激励相结合；四是健全奖惩制度，将对员工的激励和奖惩有效结合，需要颁发"特别嘉奖"，通过奖罚分明的形式达到激励先进的目的。

---

① WM Diploma 一直被认为是私人银行业务的黄金证书，为瑞银集团吸引高潜力的私人银行加盟构筑了独特优势。

表 3 - 2 　　　　　　　　　　　国内外私人银行绩效考核情况

指标	基本要求	专家顾问考核	客户经理考核
国外	海外私人银行采用行业的市场定价原则（根据具体岗位、参照同行业岗位员工收入水平，根据本行支付能力调整员工人力资本、以岗定薪、以绩定奖的薪酬决定）	对于专家顾问来说，其薪酬是很高的，主要是以基本薪酬为主，奖金只是占到全年薪酬的20%~30%以上，这部分奖金与整个团队和这个区域的成长业绩有关	对于客户经理来说，对新老员工的考核重点有所不同。对于工作半年以上的客户经理，归入政策考核期，考核的重点和计算奖金的依据是以营业收入为主，会占到60%的权重，而把管理总资产作为次要的评分项（约占30%），开户数作为10%的权重来考虑，通过百分制考核客户经理是否达标。在达标的基础上，按照营业收入乘以一定计奖系数来计算奖金。而对于入行半年之内的还处于实习期的员工，仅以管理总资产作为计奖系数来计算奖金。一家银行对员工的期望值在于他是否能够带来新的客户，而对于老员工的期望值在于创利多少
国内	根据业务发展情况以及人员情况制定相应的发展措施	对于专家顾问来说，薪酬基本是采用市场定价。薪酬是以基本薪酬为主，绩效奖金只是占到全年薪酬的10%左右，这部分奖金同这个团队或者这个领域业绩成长相关。如果是外行直接招聘，一是将以前的薪酬作为参考；二是根据本行的基本薪酬体系综合考虑薪酬等级	对于客户经理来说，国内的一些做法主要是从基本薪酬和绩效奖励二者比例角度入手，客户经理薪酬较为固定，还没有真正形成绩效挂钩局面。绩效考核主要是以客户数、管理总资产为计奖依据，没有考核到营业净收入或者利润目标；薪酬激励方式单一，只注重短期化，只是与员工当期、当年的工作表现挂钩，没有从银行长远利益出发设计应用的薪酬激励方案；内部收入差距较小，没有对高技能、高业绩者设定足够的报酬

资料来源：作者根据相关资料收集整理。

4. 人才保留

人才保留是企业发展的重中之重，人才保留的对象包括高素质人才[①]、高绩效人才[②]以及认同企业核心价值观的人才。保留人才需要考虑市场供求情况（充足、短缺），相同技能高贡献的员工具有高价值。对于企业来说，要加强企业价值与个人价值的融合；加强企业的个性化管理，提高员工使命感和成就

[①] 高素质人才包括受过高等教育、从业经验丰富、学习能力强、综合素质高的人。
[②] 高绩效人才包括不仅为企业当前创造价值，同时也为企业未来发展创造价值的人。

感；加强企业文化和团队建设。对于个人来说，优秀人才不仅关注自己的现状，更关注自己在企业的发展前途和职业规划。私人银行的管理者要了解从业人员的自身职业规划、本企业提供的平台是否能够满足其发展需要，以及由于性格和家庭的变化是否能够从事该岗位工作。企业需要进一步强化人才管理的循环理念，加强后备干部的培养，留住人才并使之健康成长。要加强导师制、360 度评估、每月一次面谈、领导力发展中心、教练规划等内容在企业中的应用。

（三）丰富金融产品增值服务提升中台产品实力

私人银行产品可以分为现金管理类、固定收益类、权益投资类、另类投资类、跨境投资类和保险类六个类别。按照产品结构来划分，可以分为基础类产品、结构化产品和实物类产品。随着私人银行业务竞争的白热化，非金融产品（增值服务）成为提升客户黏性的重要手段。私人银行客户经理应该根据产品的内在结构、风险、收益、形式和相关性设计不同产品种类及其数量，提升客户满意度和舒适度。

1. 金融产品配置

根据金融产品收益、风险、流动性水平、资产配置功能，可以将金融产品分为现金管理类、固定收益类、权益投资类、另类投资类、跨境投资类和保险类等六大类。

（1）现金管理类产品。现金管理类产品包括以银行存款、货币市场、短期债券和票据市场为主的投资方向，具有较低收益、较低风险、高流动性的特点。传统的现金管理类产品指商业银行提供的标准化产品，随着金融市场的发展和创新，非银行金融机构逐渐可以提供一些新型的现金管理类产品，如货币市场基金、短期理财基金、货币型资产管理计划、货币型信托和大额可转让定期存单等（见表 3-3）。

表 3-3　　　　　现金管理类产品比较分析

发行机构	产品类型	运作模式及流动性	资金门槛
银行	周期滚动型产品	有（7 天、14 天、28 天）三个周期，若未提前赎回，自动进入下个周期	1 万元
	开放式产品	无固定投资期限，可以在存续期内任一时期提出申购或赎回，即时生效，流动性较强	

续表

发行机构	产品类型	运作模式及流动性	资金门槛
基金	传统货币型基金	随时申购（T+1）和赎回（T+2、T+3）。流动性较高	1000 元
	场内 T+0 货币基金	挂牌交易，封闭期后随时赎回，即时到账，流动性高	
	短期理财债券型基金	固定期限为 7 天、14 天、28 天，运作模式类似于周期滚动型银行理财产品，流动性较高	
券商	资管产品模式	不影响证券交易情况下，将客户证券中闲置资金运作于现金管理产品账户，投资于银行协议存款、货币市场、债券市场等，适合证券投资者	5 万元
	债券质押式报价回购模式	证券公司提供债券作为质押物，根据相关标准测算融资额度，客户融出资金并获得相应收益的债券质押式回购。期限有 1 天、7 天、14 天、28 天、91 天，适合证券投资者	5 万元，但是对于总资产有要求
信托	开放式无固定期限	存续期内每个开放日可申购（T+1、T+0）或赎回（T+1），流动性较高	20 万元，需要满足信托计划合格投资者
	开放式固定期限	固定期限，每个工作日可申购，预约期不可赎回，预约期分配本金和收益	

资料来源：作者根据相关资料收集整理。

（2）固定收益类产品。固定收益类产品是承诺未来还本付息的债务工具以及相关的金融衍生品的总称，反映投资者和融资方的债权债务关系，包括债券型工具和债权融资类工具。其明确产品未来现金流的时间和额度，具有信用风险（债券类基础产品发行人无法按时足额还本付息，衍生类产品对手无法履约）、利率风险（利率水平变化）、再投资风险、流动性风险和通货膨胀风险（见表 3－4）。

表 3－4　　　　　　　　固定收益类产品类型

类型	名称	主要特点
基础类产品	政府债券	包括国债、政府机构债券、地方政府债券。政府债券通常是以国家或者政府的信用作为担保的债券，信用级别高、信用风险低
	公司债券	公司债称为信用债，分为优先债、一般性债务和次级债。公司债采取核准制，由中国证券监督管理委员会负责审核。企业债采用审核制，由发展改革委负责审核。公司债是基于公司企业的信用，具有较高的信用风险

续表

类型	名称	主要特点
固定收益类衍生品	利率衍生品、信用衍生品	利率衍生品包括利率远期、利率期货、利率互换和利率期权等。信用为标的衍生品具有信用违约互换、全收益互换和信用利差期权等。场内交易的固定收益类衍生品以利率期货和利率期权为主。场内交易的利率衍生品都是标准化产品，采用集合竞价或者连续竞价方式，具有较强的价格发现功能。而场外交易的衍生品不是标准化产品，通过多变询价达成交易
固定收益结构化产品	在债务工具中嵌入金融衍生品和资产证券化产品	（1）嵌入金融衍生品。嵌入相对简单的期权，如可赎回债券、可回售债券、可转换债券和可交换债券，具有含权债券。 （2）资产证券化产品。是指将资产打包在一起，并以证券的形式出售获得现金的方式，是一个将低流动性资产变成高流动性资产的过程

资料来源：作者根据相关资料收集整理。

（3）权益投资类产品。权益投资类产品反映的是权益性关系，对应着企业资产负债表中的所有者权益，是将投资的资金转换为特定企业所有权的过程，代表着对企业的所有权和企业资产的剩余索取权，分为公开上市股票和非公开的企业股权。其收益包括获得企业经营收益分配而产生的收益、所有权转让带来的收益和剩余索取权带来的收益（见表3－5）。具有二级股票市场投资、股票定向增发、新股申购、未上市企业股权投资、私募股权投资、QDII类和其他形式的特定资产收益权产品形式。

表3－5　　　　　　　　　　权益投资类产品类型

产品类型	产品属性	备注
股票投资类理财产品	银行理财产品、公募基金、基金公司"一对多"专户、券商集合理财产品、阳光私募等	2009年银监会发布《关于进一步规范商业银行个人理财业务投资管理有关问题的通知》，规定商业银行向普通客户销售的理财产品不得投资于境内二级市场公开发行的股票或者有关证券投资基金，但没有对私人银行业务进行限制
新股申购	商业银行作为委托人，委托信托公司设立申购单一资金信托机构，并由信托公司或者券商管理投资运作，进行新股申购，收益来源于一、二级市场价差	—

产品类型	产品属性	备注
股票定向增发	主要投资于中国境内已经上市公司的非公开发行股票,是信托公司和基金公司合作的重要内容之一,许多基金公司也开展类似的业务	—
QDII 类理财产品	是境内投资者投资海外的重要途径,投资方向以境外市场的债券、股票、基金为主,符合条件的银行、基金、证券、保险和信托公司均可开展此项业务	—
私募股权投资	针对特定的投资人发行,投资于非上市公司股权,流动性较差,缺乏退出渠道,具有较长的投资周期,高收益伴随高风险,对单个投资者的风险承受能力具有极高的要求	—

资料来源:作者根据相关资料收集整理。

(4) 另类投资类产品。另类投资类产品是指除传统产品外的资产类别或者金融产品(公开上市公司的股票、政府或者企业发行的高信用级别债券,以及商业银行提供的传统现金管理类产品)。其分类包括两个层面,即资产类别层面和投资策略层面。

第一,资产类别层面的分类。一是实物类资产,主要包括土地(农场和林场)、房地产(住宅和商业地产)、大宗商品(贵金属、原油、有色金属)、艺术品(书画、手稿)以及古玩、邮票和红酒等。此类资产长期受供给需求影响,短期受市场情绪影响。实物类资产具有不同的交易方式(独特的交易市场、工具和规则),交易便捷度以及工具的多寡决定了其流动性的强弱。投资大宗商品(指数基金或 ETF 基金)可以通过电子化的集中交易方式或者衍生品市场获得相应的风险暴露;投资艺术品和古玩通常需要通过拍卖竞价的方式或者进行实物的买卖或者交割;对土地或者房地产来说,可以直接购买或者通过房地产信托投资基金进行购买。二是金融类产品,指以金融工具为存在形式的另类投资产品,包括高收益债券、新兴市场资产、房地产投资信托、私募股权、证券化产品。私募股权(private equity,PE)是指通过非公开方式募集资金并将其投资于非上市公司的股权或者上市公司的非公开交易的股权。与私募股权相似的另类投资包括天使投资、风险投资,它们都投资于同样性质的股权，只不过在企业不同发展阶段进行投资。证券化产品的基础抵押资产是多种多样的，包括信用卡贷款、房地产抵押贷款、上市公司或者企业的应收账款，以及特定市场的债券甚至证券化产品本身。

第二，投资策略层面的分类。投资追求目标不同是另类投资产品和传统投资产品的本质区别。传统投资产品中，共同基金（股票型、债券型、货币市场型）主要追求相对收益。这类产品的风险是跟踪误差风险，即产品净值对市场基准的偏离风险，通常采用买入并持有策略。对于产品之间的差别，主要是选择合适的投资工具进行投资活动。但是，另类投资追求的是绝对收益，其典型代表是对冲基金。总体来说，投资策略包括对冲策略①、套利策略②、事件驱动策略③、宏观对冲策略④和管理期货策略⑤。

另类投资类产品是指除了传统金融资产之外的金融资产或实物资产，包括对冲基金、结构化产品、大宗商品、偏好投资（珠宝、首饰、手表、奢侈品收藏、艺术品、运动品），具有潜在收益高、与传统产品相关性弱、极端事件发生可能性高三个主要特点。对于银行来说，其另类投资产品包括饮品（红酒、白酒、普洱茶）、艺术品（国画、翡翠、玉石）、文化产品和动漫产品，以及气候衍生品。但是，另类投资类产品缺乏统一的交易平台和价值衡量体系，投资者难以对其投资价值进行合理评估。同时，由于流动性较差，标准化的金融产品二级交易市场缺失，很难进行有效流动。

（5）跨境投资类产品。跨境投资类产品的主要功能是让投资者获得以外

---

① 对冲策略是指同时在股指期货市场和股票市场上进行数量相当、方向相反的交易，通过两个市场的盈亏相抵，来锁定既得利润（或成本），规避股票市场的系统性风险。

② 套利策略包括可转债套利、固定收益证券套利和波动性套利。可转债套利是指可转换债券中内嵌一个股票看涨期权，通过可转换债券和对应的股票交易来实现套利交易。固定收益证券套利是指利用利率期限结构变化规律，通过长短期限债券多空组合来获利，或者通过同时加以国债现货以及国债期货来进行套利。波动性套利是通过交易期权来进行，包括跨式组合、宽跨式组合、蝶式组合和鹰式组合，主要是受标的资产价格方向性变化影响以及股票价格波动率影响。

③ 事件驱动策略是指利用特定资产在特定事件发生之前或者之后的明显无效率定价而获得收益的交易策略，包括合并套利和困境证券投资。合并套利（merger arbitrage）是指通过交易两家即将合并上市的公司股票并通过股票价格之差变化来获利的套利策略。困境证券（distressed securities）具有较高的索偿级别，投资者可以用较低的价格买入该困境策略，承担一定的风险，以期望获得较高的收益。

④ 宏观对冲策略是指投资于那些价格受到重大经济政策显著影响的资产。对冲工具具有利率、汇率、股票价格指数、贵金属、原油。宏观对冲策略主要是基于对特定宏观经济政策或重大事件的准确判断，选择对该政策或事件反应较为敏感的资产作为工具进行投资，并选择相关金融工具进行风险对冲。

⑤ 管理期货策略通过对交易所和OTC市场期货、期权、掉期等各类衍生品进行多空双向交易获得对于各类资产的敞口，或者是不同衍生合约之间的价差或套利收益。

币计价的资产风险暴露，如以外币计价的存款、境外金融市场中的债券和股票以及相关的金融衍生品等。通过投资跨境投资类产品，投资者不仅获得了特定资产的风险暴露，还获得了外币汇率的风险暴露。

资产的跨境流动受到一国（地区）金融政策特别是外汇政策的影响，虽然某些国家（地区）实现了主权货币的汇率自由流动，但是大额资产或者资金的跨境进出还是受到一定程度上的限制。跨境流动的工具和机制主要是由合格境内机构投资者（QDII)①、合格境内有限合伙人（QDLP)②、沪港通③、合格境外机构投资者（QFII）或者人民币合格境外投资者（RQFII)④ 等通道对接的各类海外产品。

（6）保险类产品。保险类产品是指保险公司以保险合同形式提供的各类有形或者无形的产品和服务。其功能是在所受保的风险事件发生之后给约定的受益人提供一定的经济补偿，以期在一定程度上缓冲受益人所受到的冲击，具有财富保障、税负减免和财富传承的功能。随着保险行业的发展和高端净值人群的快速成长，大额保险⑤的作用越发凸显。

2. 非金融产品（增值服务）配置

私人银行产品服务对机构而言具有拓宽渠道（获客、守客和品牌宣传等）和提高利润两大主要功能；对客户而言，私人银行产品具有财富增值、传承、节税、避债、保障生活等功能。而增值服务是通过免费提供或者定向出售等方式向客户提供的与其财富水平相适应的非金融服务，可以提高客户黏性、增加客户钱包份额，实现利润增长。

---

① 根据中国证券监督管理委员会发布的《合格境内机构投资者境外证券投资管理试行办法》，合格境内机构投资者（QDII）是指运用所募集的部分或者全部资金以组合的方式进行境外证券投资管理的境内基金管理公司和证券公司等证券经营机构。主要投资于境外公开市场发行的产品。

② 合格境内有限合伙人（QDLP）通常是指海外机构境内注册，具有较高的税费，主要局限于境外二级市场投资策略和境外对冲基金。

③ 沪港通是指上海证券交易所与香港联合交易所之间的互联互通机制，对每日交易额具有一定的限制，同时对于当日买卖轧差额度进行限制。

④ 合格境外机构投资者（qualified foeign institutional investor，QFII）或人民币合格境外投资者（RMB qualified foreign institutional investors，RQFII）具有额度管理和执行资格管理，目前 QFII 或 RQFII 投资范围包括股票、债券、基金、权证、股指期货以及中国证监会允许的其他金融工具。合规投资者可以参与新股发行、可转换债券发行、股票增发和配股的申购。

⑤ 大额保险是高净值人士进行财富保护和传承的重要工具，具有以下四个重要特点：一是家庭保障。大额保险具有一般人寿保险所具有的高保障倍数的功能，可以有效保障作为受益人的家庭成员的利益以及规划、制订受益人的传承安排。二是税务优化。保险赔付不作为缴纳遗产税的资金来源。三是规避债务风险，实现个人或企业经营风险与家庭财产的有效隔离。四是安全稳健、保值增值。

增值服务一方面可以有效对接金融服务，满足客户金融需求并实现客户财富保值增值；另一方面可以提升收益服务性，即规避潜在损失并获得潜在收益，是虚拟收益综合。增值服务主要通过不同部门和分支机构进行转移，即通过在不同层级客户之间出售进行获利，如百万元级资产客户可以通过购买的方式获得千万元级客户享有的增值服务，并通过不同层级客户制定差异化定价策略。

根据客户需求、客户层次和金融产品服务需求的不同，增值服务可分为客户关系建立、交叉式营销、知识或信息分享、生活品味活动、大型体育盛事、艺术欣赏会、慈善公益活动、赞助式活动、珍贵物品欣赏或者拍卖会等（见表3-6）。可以根据活动安排以及客户需求，多品种、多类别地进行产品的分配以及交叉组合，提升整体效果。增值服务主要有三种风格：一是提供"生活品质"为主的增值服务，如高尔夫运动、机场贵宾、医疗保健、私人医生、高端旅游、全球签证和全球连线等；二是以提高个人"智慧"为主的增值服务，如举办学术沙龙、商学院（协助完成海外教育、法律、税务和心理专业咨询等）；三是以培养"挚友"为主的增值服务，通过组建各种形式的俱乐部，打造"圈子文化"，形成定期沟通交流机制，实现"线下交易"宗旨。

表3-6 主要增值服务内容

产品类别	产品属性	备注
高尔夫运动及比赛（客户参与或观赏）	通过高尔夫运动，能同自己的生意合作伙伴和客户进行交流，同时高尔夫运动自身的贵族感觉和投资价值也具有吸引力	参加或者近距离观看职业高尔夫球比赛
电影首映礼、舞台剧或音乐剧首演礼	有利于增进客户经理同客户之间的良好关系，同时也有利于满足客户的爱好、偏好	利用中场休息时间有效地与客户进行沟通
品酒会	品酒给人以高级消费和有品位的身份象征，适合私人银行客户群体的定位	私人银行家对酒的认识越深，跟客户的沟通就会越顺畅，如一些葡萄酒的认证课程
艺术品欣赏会	艺术品包括邮票、油画、水墨画、雕塑、机械式手表、珠宝首饰、宝石、鼻烟壶、茶叶等。艺术品涉及投资金额较大，一般会摆放在自己家里、收藏于艺术品仓库、在展览馆进行展出等。一般需要购买大量的保险	私人银行家一般起穿针引线作用，为客户提供相应的产品和服务

续表

产品类别	产品属性	备注
信息分享会/投资讲座	根据近期政治经济环境举办投资市场讲座，同时还包括一些特殊的信息分享会（茶道、养身保健、艺术品鉴赏、海外信托避险和避税、海外升学和移民、房地产投资、私人飞机）	定期报告以及特殊地区、特定范围的区位分析报告
赞助式活动	举办具有良好品牌形象以及很高社会知名度品牌（珠宝首饰或瑞士品牌手表）的市场推广活动。同时，一些私人银行同样会赞助一些商会、学会、慈善机构、知名会所活动（足球会、高尔夫球会、乡村俱乐部、赛马竞赛会）	根据客户需求和客户偏好有效对接服务策略

资料来源：作者根据相关资料收集整理。

（四）提升营销、盈利、风控系统完善中台控制体系

1. 私人银行营销模式

（1）顾问咨询模式。顾问咨询模式是一种以提供咨询服务和资产管理服务为主的佣金盈利模式。这种模式注重私人银行的品牌、声誉和形象，以资产管理业务为主，讲究客户利益与股东利益的统一。这种模式在欧洲特别是西欧比较盛行，同当地高净值人群私密性强、投资风格谨慎保守、更加强调资产保护和传承的特点密切相关。

（2）经纪商模式。经纪商模式主要通过证券买卖（主要是股票债券基金的交易手续费收入）获取财产增值，采取收费制的盈利模式。这种模式的显著特点是交易频率比较高。该模式主要在北美盛行，同北美高净值人群注重财富创造、增值服务，更容易接受新的金融产品和工具，具有较为激进的投资偏好，具有较高的风险承受能力密切相关。该模式比较注重产品和服务交易，主要通过频繁交易获得手续费收入，增量客户较少，企业盈亏周期比较长，影响企业的长期发展。

（3）投资银行模式。投资银行业务主要是从公司业务角度进行财富保值、增值服务，包括公司投资、融资和并购业务。这种模式盛行于亚太地区，同当地高净值客户私人财富同企业财富紧密相连、个人财务尚未从企业财富中抽离出来有关。

（4）综合模式。综合模式是指综合公司信贷、个人信贷、私人财富管理和投资银行服务，盈利模式多元化，其收益来自资产管理手续费、投资银行业务收入、信贷业务利差、咨询业务收入等。这种模式具有广阔的零售网络，主营财富管理和投资银行业务，强调业务部门之间协调配合，适用于综合性较强、规模较大的金融机构，如瑞信集团、美林集团和瑞银集团等。

2. 私人银行盈利模式

全球私人银行业务的盈利模式分为手续费模式和管理费模式两种。这两种模式由于文化背景、客户特征、产品供给、收费方式、经营策略方面的不同而存在较大差异。

（1）手续费模式。手续费模式以收取客户手续费（佣金）为主，适用于财富初创期具有增值需求的客户，盛行于北美地区，收费同交易行为挂钩。手续费交易模式容易引发客户经理的道德风险，因此要根据客户的真实需求和真实交易，及时调整客户服务产品和费用。在手续费模式下，私人银行业务主要是围绕金融市场设计投资产品，注重基础性投资产品和财富快速增值，如股票、债券、现金/存款、房地产投资，这四类产品基本占到整体投资的85%。

（2）管理费模式。管理费模式是以客户账户内资产规模为基础，更注重客户资产的保值、增值，客户资产变动较小，是全面理财规划，盛行于西欧。管理费模式产品丰富多样，涉及高净值客户财富保值、增值、保全和继承，通过提供金融市场基础产品服务①以及增值服务②进行全方位资产整合服务，按产品类别每年收取0.4%~1.5%不等的管理费，致力于建立并维护长期客户关系。

（3）两者之间的比较分析。手续费模式和管理费模式具有以下相同点：投入产出比较高；以中间业务收入为主；产品服务具有多层次性。手续费模式和管理费模式的比较分析如表3-7所示。

---

① 金融市场基础产品服务包括权益证券资产组合管理、固定收益证券资产组合管理、房地产投资、贵金属投资、私人股权投资、对冲基金投资和结构化产品。
② 增值服务包括税务指导和服务、艺术品服务、家庭办公室服务、慈善业、继承计划、信托服务和离岸服务。

表 3-7　　　　　　　　　手续费模式和管理费模式比较分析

分类属性	手续费模式	管理费模式
文化背景	根植于淘金文化、冒险文化和创业文化，强调创新、创造和创富，追求高收益和高风险	根植于贵族文化、皇室文化和家族文化，基于高品质生活管理、政治与法律安全的遗产管理、家族财富管理
客户特征	"北美客户"属于创富型，更加关注财富的创造	"西欧客户"属于继富型，更加关注财富的保值和生活水平的保持
产品范围	主要投资银行业务、经纪业务和货币市场业务	看重财富的代际传承，且其财富与土地、城堡、庄园等紧密关联，缺乏流动性
产品供给	股票、债券、现金/存款、房地产为主	金融服务和增值服务。金融服务包括权益证券资产组合管理、固定收益证券资产组合管理、房地产投资、贵金属投资、私人股权投资、对冲基金投资和结构化产品；增值服务包括税务指导和服务、艺术品服务、家庭办公室服务、慈善业、继承计划、信托服务和离岸服务
收费方式	按交易次数逐笔收取费用，属于"批次型"收费	客户账户内的资产规模为主，每年收取一定的费用
经营策略	是以产品为导向，强调投资银行的专业化服务，以投资管理为主要服务，属于投资产品驱动型	以客户为导向，制定适合投资者的风险收益项目，并通过个性化的建议、方案和服务提升客户满意度，属于咨询服务驱动型
经营效果	客户资产周转率和客户流失率较高，客户经理的绩效考核和销售收入挂钩，客户经理可能将精力投入收入贡献度较高的客户	客户经理进行资产综合配置，每一笔投资都具有最低门槛，客户对于资产的选择空间较小，适合追求稳定预期的客户需求

资料来源：作者根据相关资料收集整理。

3. 现存的盈利渠道

对于金融产品来说，由于投资范围、资本计提、分级杠杆等监管标准在不同行业存在差异等因素，出现了不同金融机构相互合作、多层嵌套业务资产管理模式，如银行同业理财、银信合作、银证银基合作、银保合作、银信证基合作等多种渠道形式。

多种渠道合作具有以下优势：通过金融机构之间合作，利用各个金融机构自身的牌照优势、集团优势、客户优势、渠道优势和业务优势，有效整合客户、产品、渠道。通过多层次、多角度的渠道考核，加强渠道之间的资源共享和交流，有利于提升渠道产品服务能力。

多种渠道合作具有以下缺点：非金融机构开展资产管理业务存在一些风险和问题。例如，将线下私募发行的资产管理产品通过线上分拆向非特定公众销售，向不具有风险识别能力的投资者推介产品，或未充分采取技术手段识别客户身份，开展虚假误导宣传，未充分揭示投资风险，未采取资产托管等方式保障投资者资金安全，甚至演变为非法集资。

4. 私人银行风控模式

私人银行业务提供全方位金融服务，涉及金融行业方方面面，是一项高风险业务，需要机构具有较高的全面风险管理和掌握能力。私人银行业务风险是指私人银行在为其客户提供资产配置服务、财富传承与保障服务、跨境金融服务、法律和税务服务、企业管理咨询服务等私人银行服务的过程中，因各种不确定性导致私人银行、私人银行客户或合作机构的声誉、权益等受到损害，产生信用风险、市场风险、操作风险、合规风险、声誉风险和其他相关风险的可能性。

私人银行业务具有风险点多、风险发生可能性较高、风险相关性较强和风险量化分析难度大等特点。

一是风险点多。因为私人银行业务涉及产品和服务范围较广，集中零售业务、公司业务、资产管理、投资银行业等诸多业务种类，具有较多的风险点。

二是风险发生可能性较高。私人银行在中国属于新生事物，银行相应的风险管理体系尚未健全，私人银行业务较为复杂，存在较多的风险点，更容易导致风险事件发生。

三是风险的相关性较强。私人银行业务中多种风险并存且相关度较高，容易相互影响和转化。

四是风险量化分析难度较大。私人银行业务主要是针对少数的高净值客户，客户数量较少，主要存在合规风险、法律风险和声誉风险，由于统计数据不够大，难以通过传统计量工具进行有效量化和评估。

（五）推动科技创新提升后台基础

1. 金融科技的创新方式

随着金融科技的发展，金融科技同金融业务广泛融合，不仅体现在经营模式业务场景中，而且随着科技赋能广度和深度的扩大，提升了金融业务服务能力和效果。

（1）形态模式创新。依托金融机构自身的资源禀赋、信用禀赋和客户禀赋，传统金融机构和新生科技公司以及新型业务之间存在相互补充关系。如图 3-4 所示，新生金融科技服务模式一方面可以完善商业模式，弥补传统金融机构无法服务到的客户群体；另一方面通过加强数据资源收集整理，可以加强金融科技同金融业务的融合发展，扩大传统业务模式的广度和深度，提升金融机构服务能力。

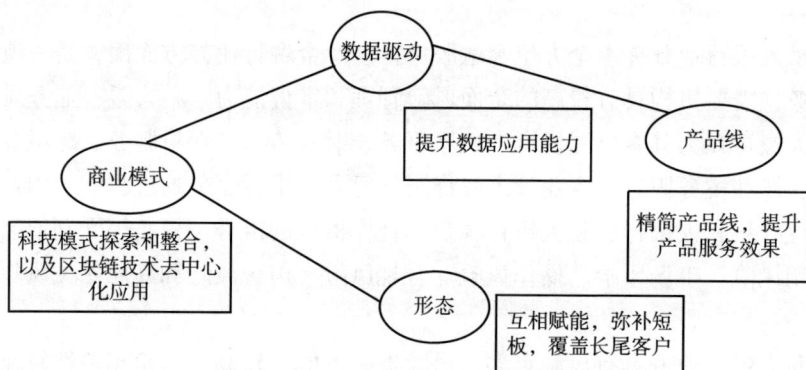

图 3-4　金融科技最初业务创新模式

如图 3-5 所示，通过金融科技的创新发展新商业模式不仅加强了对客户

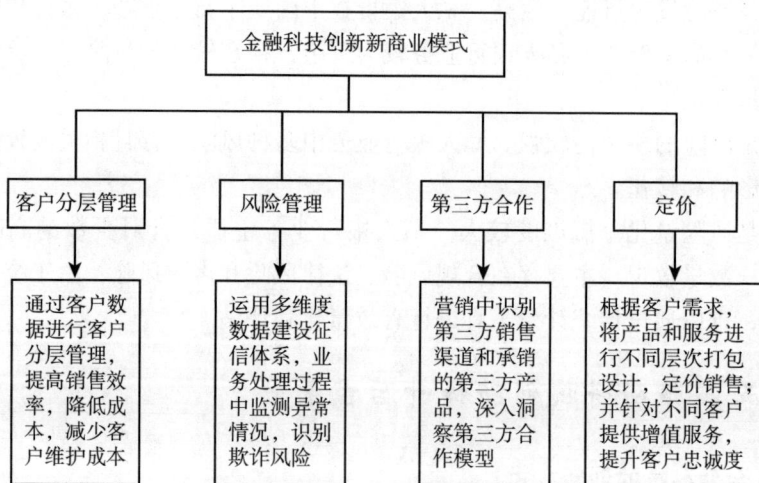

图 3-5　金融科技创新新商业模式

的分层管理、风险控制管制、第三方合作以及定价机制的优化和管理，还通过嵌入产品链和服务链的链条合作和规范，提升金融科技嵌入金融业务的广度和深度，加速金融结构的优化变革。

（2）场景模式创新。金融科技通过深度融合金融业务和场景，将资金、技术、产品和服务打包输出，触达客户需求，不仅有效缩短了客户旅程，同时通过业务和数据相互合作，提升了传统金融机构同科技公司的深度合作。金融科技公司同传统金融机构合作，一方面可以利用金融科技公司丰富的场景模式，同传统金融机构达成多种合作模式；另一方面可以解决科技公司自身投资、融资金融需求（见图3-6）。

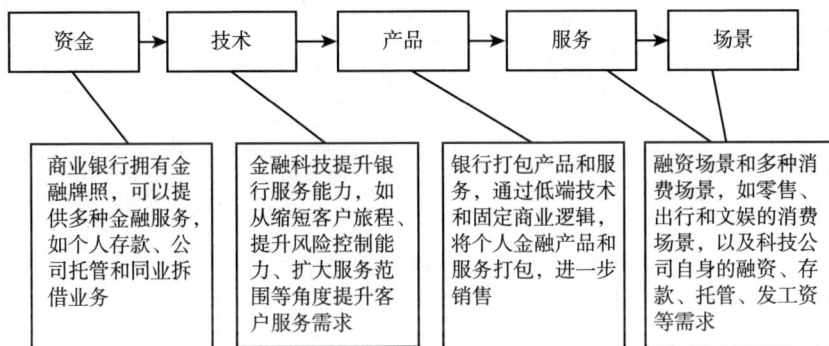

资金	→	技术	→	产品	服务	场景
商业银行拥有金融牌照，可以提供多种金融服务，如个人存款、公司托管和同业拆借业务		金融科技提升银行服务能力，如从缩短客户旅程、提升风险控制能力、扩大服务范围等角度提升客户服务需求		银行打包产品和服务，通过低端技术和固定商业逻辑，将个人金融产品和服务打包，进一步销售	融资场景和多种消费场景，如零售、出行和文娱的消费场景，以及科技公司自身的融资、存款、托管、发工资等需求	

图3-6　金融机构业务场景创新模式

（3）影响。科技赋能金融业务主要是通过科技技术（互联网、大数据、人工智能、云计算）等的应用，通过提升客户基础、优化数据资源，构建智能流程和智能模型，提升服务客户能力和缩短客户服务流程。科技赋能不仅在基础架构上影响金融机构产品和服务创新，还通过改变服务渠道、服务方式提升金融机构整体服务效果和服务能力。在前端通过支付结算完善业务，丰富数据和客户资源；在后端通过管理平台、中间设置和IT基础资源等服务深度融合金融业务同金融科技，提升整体服务水平和效果。科技赋能金融业务全过程如图3-7所示。

2. 金融科技对金融业务的影响

金融科技利用互联网、人工智能、大数据、云计算、区块链和物联网等多项技术手段，通过客户服务和业务处理流程、银行风险控制、营销获客、财富积累、基础制度和交易规则，以及监管等场景驱动金融机构进行业务调整和模式创新。服务主体（个人企业、非银金融机构、商业银行）利用金融科技对传统业务进行创新，包括产品服务创新、模式创新和形态创新三个方面，促进金融业务创新发展和金融机构转型升级（见图 3-8）。

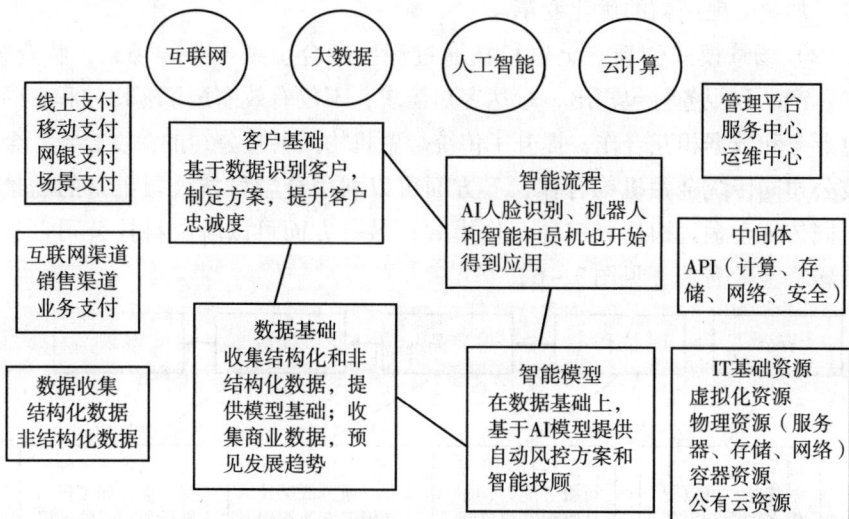

图 3-7 科技赋能金融业务全过程

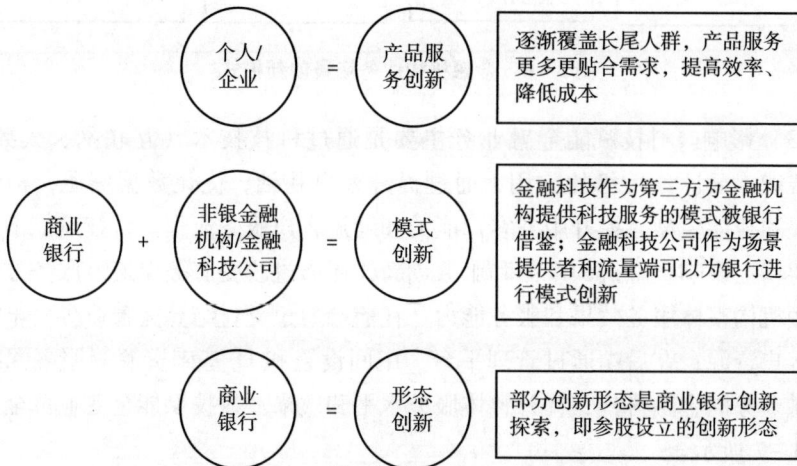

图 3-8 对金融机构传统业务的创新发展

3. 金融科技对客户服务的影响

金融科技的发展促进了商业银行通过分析客户需求，利用科技公司拥有的流量、数据和消费场景，深度切入客户需求，实现传统服务模式的升级转换

（见图 3-9）。

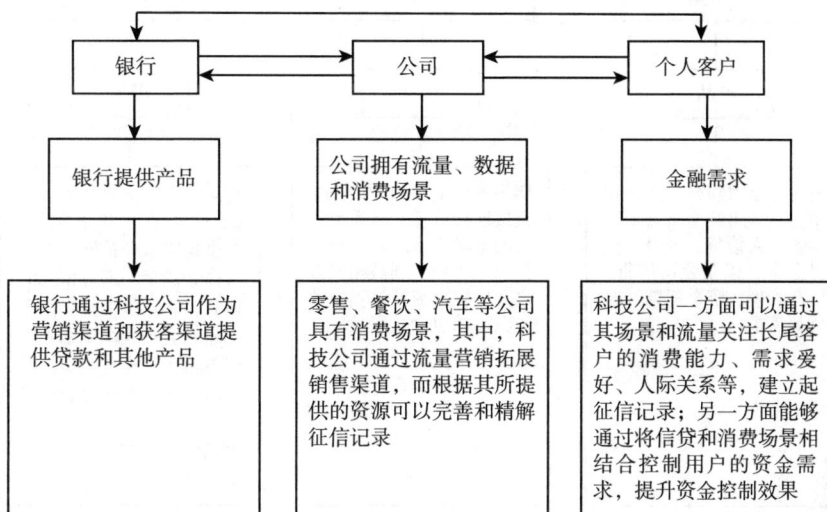

图 3-9 金融科技重构商业银行客户服务

4. 金融科技创新业态服务模式

金融机构通过 B2B2C 模式和平台模式提升金融科技的业务穿透力和业务服务能力，提升整体的服务效果。

（1）银行 B2B2C 模式。银行 B2B2C 模式是指通过为 B 端客户提供服务而间接触达 C 端客户，其模式为向金融机构提供风险共建等金融技术服务，进而为用户提供信贷产品，或者是为通信运营商和公共交通等提供科技落地应用再服务大众（见图 3-10）。这种模式一方面能够提高银行获客营销效率，降低获客成本；另一方面能深入渗透科技企业，触达多方需求。但是，其品牌可能会被折叠到对应的科技企业中，从而降低品牌影响力。

（2）银行平台模式。银行平台模式以数据为纽带有效对接金融科技公司和金融机构，建立核心风险控制系统，打造竞争优势。银行平台一端连接科技公司切入场景，利用科技公司的流量进行产品销售；另一端通过连接金融机构获取资金。在此过程中，平台金融机构累计大量用户数据（个人征信数据、个人行为数据和银行信贷数据），通过这些核心数据构建风险控制体系。金融机构构建平台服务模式主要是通过为客户提供小额贷款，以及为小微企业提供资金托管项目，利用同业资金，通过服务 C 端客户提升核心竞争力，并利用数据和科技建设核心风控系统（见表 3-8）。

```
┌─────────────────┐      ┌─────────────────┐      ┌─────────────────┐
│   创新形态银行   │ ───→ │     B端企业      │ ───→ │     C端客户      │
└─────────────────┘      └─────────────────┘      └─────────────────┘
         │                        │                        │
    ┌────────┐               ┌────────┐               ┌────────┐
    │  产品  │               │  场景  │               │  需求  │
    └────────┘               └────────┘               └────────┘
         │                        │                        │
┌─────────────────┐      ┌─────────────────┐      ┌─────────────────┐
│ 将业务能力和科技 │      │ 作为银行下游的B端│      │ 在足够多的业务场 │
│ 能力相结合，向B  │      │ 企业直接连接流量，│      │ 景下，银行用户在 │
│ 端企业输出，触达 │      │ 除满足本身的金融 │      │ 大部分场景中的金 │
│ 个人信贷、理财、支│      │ 需求之外，与合作 │      │ 融需求会被同一个 │
│ 付需求，以及公司 │      │ 方、用户、利益相 │      │ 账号体系满足。通 │
│ 信贷、资产管理、资│      │ 关方之间的资金流 │      │ 过B2B2C模式，客户│
│ 金托管、融资等需 │      │ 转过程中的金融需 │      │ 享受金融服务的旅 │
│ 求               │      │ 求也会被满足     │      │ 程会被大幅度缩短，│
│                 │      │                 │      │ 但是由于客户在购 │
│                 │      │                 │      │ 买产品的时候没有 │
│                 │      │                 │      │ 直接接触到产品提 │
│                 │      │                 │      │ 供者，所以对银行 │
│                 │      │                 │      │ 和产品之间关联性 │
│                 │      │                 │      │ 的感知度也较低   │
└─────────────────┘      └─────────────────┘      └─────────────────┘
```

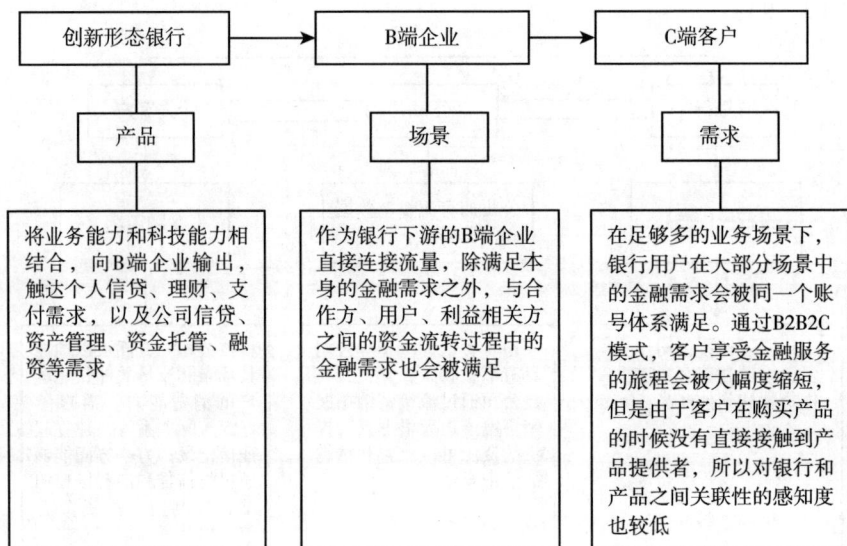

图 3-10　银行创新 B2B2C 服务模式

表 3-8　　　　　　　　　　金融机构科技平台的业务模式

合作项目	合作内容
金融产品/服务线上化	主要有两个方面的诉求：一方面，通过科技公司的流量、场景进行销售；另一方面，部分科技公司具有资金托管要求
连接各方机构	共享本身发展金融业务能力，连接传统商业银行、非金融机构和科技公司等。金融机构科技平台一方面通过资金流动建立金融业务场景，另一方面通过数据整合（包括银行信贷数据、个人征信数据和个人行为数据等）连接各方机构
金融服务智慧化	依托数据、大数据技术和 AI 技术，建立包含大数据模型、反欺诈系统、实时引擎决策在内的智能风控体系，识别客户，审核并放款，提供智能客服、投顾、信贷、营销等服务

资料来源：作者根据相关资料收集整理。

三、私人银行服务模式的指标体系

对于私人银行服务模式的指标体系，从市场指标、业务指标、客户指标、运营指标和风控指标五个方面进行分析。其中，处于第一层级的是市场指标；处于第二层级的是业务指标、客户指标、运营指标；处于第三层级的是风控指标。

（一）市场指标提供市场竞争指引

市场指标从总体上衡量该项市场业务是否具有发展前景以及整个市场情况（蓝海还是红海），不同市场指标对业务运营以及资源配置具有重要影响。市场指标包括市场需求、供给、容量、盈利水平和竞争程度五项指标，不同指标具有不同细项，具有动态和静态两个维度（见图3－11）。

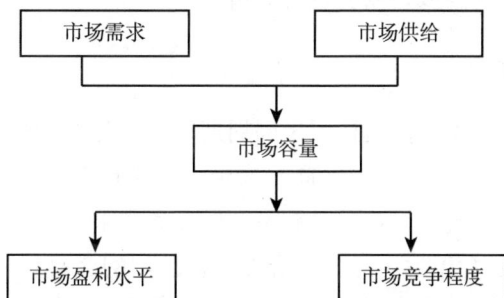

```
┌──────────┐        ┌──────────┐
│  市场需求  │        │  市场供给  │
└──────────┘        └──────────┘
        │                │
        └───────┬────────┘
                ▼
           ┌──────────┐
           │  市场容量  │
           └──────────┘
                │
        ┌───────┴────────┐
        ▼                ▼
┌──────────┐        ┌──────────┐
│ 市场盈利水平 │        │ 市场竞争程度 │
└──────────┘        └──────────┘
```

图 3－11　市场指标相关关系

1. 市场需求

市场需求是业务发展的基础，对于私人银行业务来说，市场需求包括高净值人群数量、资产规模和风险收益偏好。市场需求指标应该结合区域特点、人文特点和地区经济发展程度综合考虑，如北京、上海、广州具有较多的高净值客群，这些高净值客群具有较高的学历和国际视野，具有较多可支配收入且思想较为激进，能够接受风险较高的金融产品和服务，最看重财富增值和传承。

2. 市场供给

市场供给是指在一定的时期内、一定的条件下，在一定的市场范围内可提供给消费者的某种商品或劳务的总量。对于私人银行业务来说，市场供给者不仅包括金融机构（银行、基金公司、券商、证券公司），还包括一些金融科技公司和第三方服务公司。根据私人银行业务提供者的牌照优势、客户优势、资源优势、产品优势、业务优势和渠道优势，定位于不同细分市场，由于不同市场之间的交互性，导致很多机构在局部区域呈现出较为激烈的竞争态势。因此，机构应该根据客户自身属性，对客户进行严格的背景调查，以确定机构自身所能提供的产品种类、数量和供应渠道，最大限度地实现规模化经营，提升服务黏性。

3. 市场容量

市场容量是指该市场业务所能容纳的业务量。对于新生业务模式来说，其所具有的市场容量不仅应满足其供给方面的需求，同时其服务边际收益应大于零。若其服务边际收益小于零，则说明该市场需求已经处于饱和或者趋于饱和状态。因此，金融机构在进行业务推广时应该进行广泛的调研和测算活动，找出适合的活动空间和区域，以实现有效增长。

4. 市场盈利水平

市场盈利水平对于不同机构、不同周期，标准是不一样的。对于金融机构（银行、证券公司、基金公司、券商）来说，由于市场定位不同从而具有不同的战略诉求，因此对同样的业务具有不同的业务需求。从时间维度来说，处于发展周期不同阶段（出生、成长、成熟、衰退）的金融机构具有不同的业务发展诉求。由于私人银行业务时间周期长、见效慢，对于主营业务发展较好的机构来说，可能会选择附属经营；而对于主营业务发展较差的机构来说，私人银行业务可能不会进入其业务经营战略。

5. 市场竞争程度

市场竞争程度主要是指不同机构主体进入该项业务的难易程度、客户服务的难易程度以及该服务业务成本收入配比问题。私人银行业务虽然在中国发展的时间不长，具有前期投入成本高、见效慢的特点，但由于中国经济的快速发展和中国高净值人群的快速增长，其发展趋势不可小觑。目前，我国的监管制度还不完善，私人银行业务还处于相对宽松的竞争环境中，随着产品品牌构建度的提高和市场的逐步完善，私人银行业务竞争会越来越激烈。因此，金融机构特别是商业银行在业务发展过程中，应充分考虑私人银行业务自身业务特点，结合自身的资源禀赋进行前期准备和发展，提升私人银行业务发展能力。

（二）业务指标提供业务竞争指引

业务指标主要是指业务运行过程中对业务发展起重要、关键作用的考核变量。从私人银行业务来看，其业务指标包括客户分层、产品分类、风险控制、运营监测四项（见图3-12）。

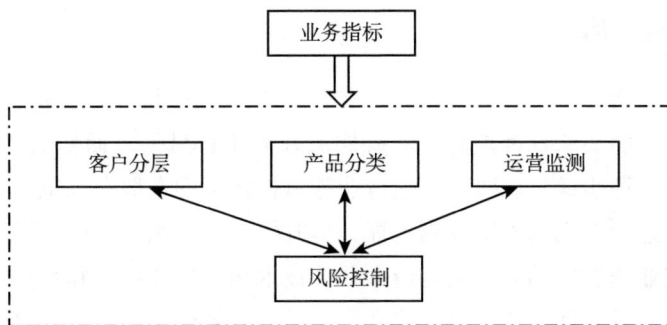

图 3 – 12　私人银行业务指标体系

1. 客户分层指标

商业银行私人银行业务主要是根据高净值客户的不同需求进行相应的服务产品设置和服务流程设计。客户分层包括根据高净值客户的可投资资产种类、高净值客户购买的金融产品属性、高净值客户服务需求程度等来进行分层。金融机构在服务客户时应综合考虑资源规模、客户服务、产品配置、成本收益等不同属性，才能在一定程度上最大限度地满足客户不同的金融需求和服务要求。

2. 产品分类指标

不同的产品应具有不同的供应、销售和服务渠道，因此产品分类指标应该根据客户需求和产品规模销售形成最优指标体系。只有有效整合自身的产品种类数量和供货商的产品数量，找出最合适的产品类型和数量，进行规模化、集约化的销售模式，才能提升业务创新能力和资源整合的能力。对于私人银行业务来说，能够有效整合金融产品和非金融产品创新方式，从整体上提升服务能力，就会具有非常重要的优势。

3. 运营监测指标

运营监测指标可以反映业务运行的实际效果，主要包括客户需求满意度、产品创新度、供应链条效率、客户经理活跃度等指标。对于私人银行业务来说，客户满意度是一切服务的出发点和最终归属点，有效匹配产品创新度、产品供应效率和客户经理的活跃度，能有效提升客户满意和舒适度。

4. 风险控制指标

风险控制指标是金融业务顺利开展和运行的重要指标，特别是对于新兴业务来说，一方面要满足客户需求和机构盈利需求；另一方面要满足监管要求，在监管框架下稳步成长。对私人银行业务风控指标的选取和调试，一方面要借鉴已有业务运行模式的风险控制指标，提升指标的适用性和广泛性；另一方面要深入研究业务发展趋势，结合金融科技技术运营的关键点和难点进行风险指标的监测、开发、调试和应用，综合两方面的有效性指标，提升整体风险控制的能力和适应力。

（三）客户指标提供业务服务指引

客户指标是金融业务服务的出发点和落脚点。金融业务的客户指标要结合金融和非金融需求，并结合金融用户不同周期（成长周期、养老周期、婚姻周期、事业周期、爱好周期）的需求进行深入分析（见图 3 – 13）。

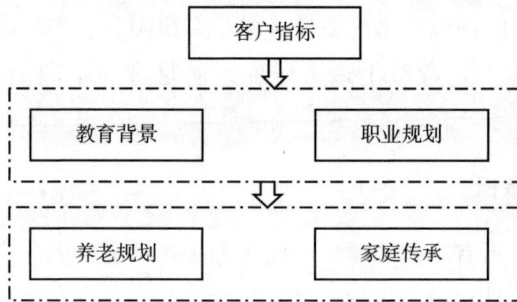

```
                    ┌──────────┐
                    │  客户指标  │
                    └────┬─────┘
                         ▼
   ┌─────────────────────────────────────────┐
   │  ┌──────────┐          ┌──────────┐      │
   │  │  教育背景  │          │  职业规划  │      │
   │  └──────────┘          └──────────┘      │
   │                ▼                          │
   │  ┌──────────┐          ┌──────────┐      │
   │  │  养老规划  │          │  家庭传承  │      │
   │  └──────────┘          └──────────┘      │
   └─────────────────────────────────────────┘
```

图 3 – 13　客户指标体系

1. 教育背景

教育背景主要考察的是个人的受教育程度、受教育环境和受教育的年限。具体来说，个人受教育的时间越长、受教育的环境越好，其思想会越激进，能够接受更多的新事物，具有较好的风险产品适应能力。从最近几年成长情况来看，私人银行高净值客户群体中，"金领"人数不断增加，这些客户具有较好的教育背景和国际化视野，通过吸收不同国家经济文化因素来提升自己的风险识别、控制能力，能较好地适应金融产品和服务。因此，金融机构特别是商业银行在进行客户分层时应着重考虑客户的教育背景，根据客户受教育程度区分不同区域服务水平，提升服务的精确性和精准性。

2. 职业规划

职业规划是指依据个人财富增长的需要，进行与其职业发展相适应的财富积累方式的设计。不同的职业规划对于财富的创造、保值、增值和传承具有不同的风险收益需求。例如，创业人群可能更希望在短期内获得较快、较好的财富积累，完成其创业目标。对私人银行机构来说，由于其高净值客户中的绝大多数是中小企业家，具有较强的财富增值和传承需求，因此应综合考虑客户财富增值和传承需求，以实现财富短期内快速增长为目标。

3. 养老规划

养老规划是指根据客户对退休之后生活水平和质量的需求进行财富规划。不同的客户具有不同的养老需求。中国高净值客户以中小企业家为主，正处于交接班时期，对养老规划具有非常强烈的诉求。养老规划包括养老保险、医疗计划和遗产安排，金融机构应该根据客户不同时期的养老需求制定相应的金融服务，提升客户老年生活的幸福感和满意度。

4. 家庭传承

家庭传承包括家庭财富和家庭文化的传承。有效的家庭文化传承不仅会助力家庭事业发展，同时也有利于资源扩充。目前对于高净值客户来说，家庭传承的方式包括家庭办公室和家族信托，不同方式具有不同的业务要求和业务效果。

（四）运营指标提供业务质量指引

运营指标主要包括财务指标和非财务指标。财务指标主要包括利润、成本、收益率、市场占有率、客户黏性。非财务指标主要包括品牌建设、品牌满意度、客户接受度。财务指标主要从业务数据角度对业务资源匹配制定相应计划，而非财务指标则从客户满意度和业务有效运行方面为业务的快速发展提供坚实的基础。私人银行业务应该对具体量的指标进行优化发展，对非财务指标进行深耕发展，才能从根本上提升整体的服务效果。

（五）风控指标提供业务安全指引

风控指标是金融活动特别是商业银行活动顺利有序进行的重要基础，对于高净值客户服务来说，由于其业务的广泛性、全面性、高度融合性，以及国际国内市场的有效链接，其风控指标不仅包括量上指标的界定和测量，同时也包括非量上指标的界定和测量。

1. 量的指标

量的指标主要包括监管机构对于私人银行业务运行的监管指标，该指标的满足和测试不仅限于国内市场，同时也适用于国际市场。有业务发展的地方就需要满足监管要求。量的指标能够满足客户需求和机构盈利的低层级需求，但是随着客户需求的独特性、私密性、专属性的不断提升，量的指标已经不能很好地涵盖私人银行业务发展的风险控制要求。

2. 非量的指标

非量的指标主要是指私人银行业务运行中品牌构建和科技转型方面的监测指标，这些指标不仅能够有效满足高净值客户的金融需求和机构的盈利需求，同时能够通过提升服务能力满足高净值客户的非金融需求和机构的声誉需求，推动机构转型发展。对于金融机构特别是商业银行来说，未来的发展不仅局限于量上风险控制指标的完成，还要更加注重非量指标的完成和拓展，从而实现新一轮高质量的业务发展需求。

第四章

私人银行运营体系构建

一、私人银行组织架构

科勒迪（2015）提出，私人银行业务应该通过市场、监管环境、客户和竞争四种力量，实现私人银行业务的正确组织形式和经营策略。海外私人银行主要采取成立子公司和创业事业部的模式（严琦，2013）。中国的私人银行由于其特有的环境优势、业务优势，主要采取"大零售"模式和（准）事业部模式。李翔（2009）、梁文宾（2011）从价值链思路研究了私人银行业务。

（一）商业银行组织架构

商业银行组织架构主要分为职能型组织架构、事业部型组织架构、矩阵型组织架构三种模式，不同模式具有不同特点，私人银行业务根据具体业务结构选择不同的组织模式。

1. 职能型组织架构（"U"型架构，以业务为中心）

职能型组织架构指工作部门按银行职能和所需技能划分（见图 4 - 1），适合规模较小或者成立初期的商业银行。其优点是，有利于整合人员资源，提升部门的专业化水平，集中力量克服和解决疑难问题，并且有利于产品创新，提升员工对岗位价值的认同和核心竞争力建设。其缺点是，各部门长期从事某项业务，降低了部门之间的协调性，导致部门之间的联动性不强，从而使客户满意度降低导致客户流失。20 世纪 90 年代初期，中国工商银行、中国农业银行、中国银行、中国建设银行的组织架构较好地支持了中国经济的发展，但是由于分支行没有任何经营权，导致了大量的不良资产和坏账。

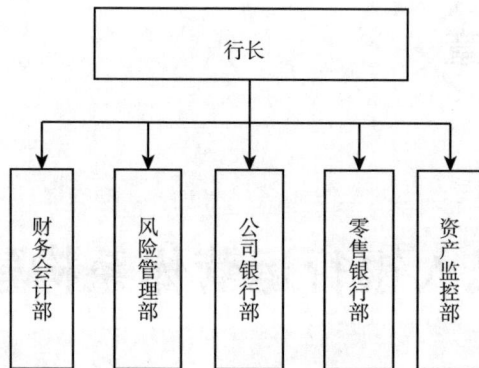

图 4 - 1　职能型银行组织架构

2. 事业部型组织架构（"M"型架构，以产品为中心）

事业部型组织架构将所有职能融入单独的事业部，并在每个事业部中重置所有的职能，包括产品事业部型、地域事业部型和顾客事业部型（见图 4 - 2）。21 世纪以后，商业银行组织架构开始事业部尝试，中国工商银行 2000 年率先成立票据营业部，随后中国银行、中国建设银行、浦发银行、兴业银行、中国光大银行等多家商业银行开始进行业务条线事业部制改革。

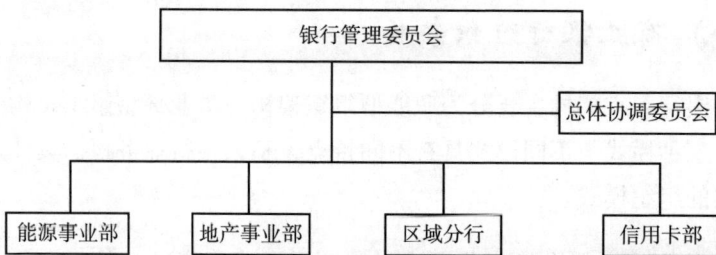

图 4 - 2　事业部型银行组织架构

事业部型组织架构和职能型组织架构的优点具有一定的共性，均有利于资源的整合和专业水平的提升，但是，事业部型组织架构侧重于经营，而职能部型组织架构则侧重于管理。事业部是一个独立的经营核算单位，负责相应的客群和经营。事业部型组织架构的缺点主要是，事业部均为独立的个体，往往存在利益冲突，需要总行层面划分清晰的客户界面。为了避免具有营销权力的事业部可能存在营销不到位的问题，导致商业银行的资源得不到充分的利用，多家银行正在实行任务双计的考核标准。

3. 矩阵型组织架构（以客户为中心）

矩阵型组织架构是职能型、事业部型组织架构的进一步演变，旨在发挥职能型组织的专业水平，集中资源加快商业银行金融产品和服务的创新，构建强大的 IT、产品、运营等支撑系统；同时发挥事业部贴近客户和区域的优势，集合职能体系的专业优势，响应客户个性化和多样化的追求。矩阵型组织架构在形式上构建了双向或者多向的管理架构（见图 4-3）。

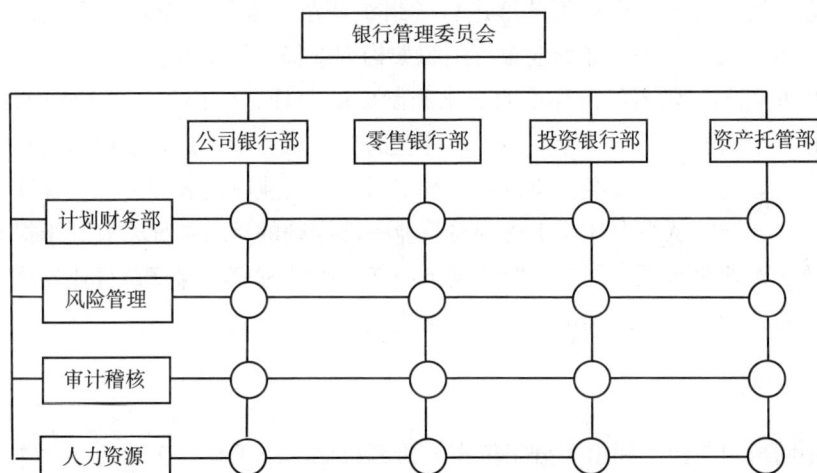

图 4-3　矩阵型银行组织架构

矩阵型组织架构可以分为以块为主、条块并重，以及以条为主、以块为辅三种组织模式。

（1）以块为主的组织模式。该模式主要以"块块"为主，地区总部、国家总部和城市分行甚至支行的主要负责人集行政管理权和业务管理权（人权、事权和财权）于一身，上级机构对下级机构下达整体经营指标和考核指标，分行各部门负责人与分行实行实线汇报，而对口专业的上下层部门实行虚线汇报。大多数发展中国家、亚洲地区的银行都采用该模式。

（2）条块并重的组织模式。在该模式下，部门设置以客户为中心，但管理是双向的，根据业务条线和地区板块实现并重管理。同类业务的下级机构负责人对上级机构负责人、同一机构各业务部门负责人对该机构主要负责人实行实线汇报。无论前台、中台或者后台，业务开展和人员任免既要接受竖向管理也要接受横向管理，由业务条线上的上级负责人和分行负责人共同决定。这种模式有利于分散个人承担的责任风险和提高决策的正确性。但是，决策层太多会导致客户满意度下降,当地域的利益与业务条线上的利益发生冲突时容易引起争议,责任划分不清不利于业绩评价,且会加大业务人员的工作量。只有德国的银行采用该模式。

(3)以条为主、以块为辅的组织模式。该模式旨在构建以纵向架构为主、区域横向架构为辅的组织模式,原因在于客户的竞争已经不再局限于单个客户的竞争,而转向供应链的竞争,而供应链竞争必须赋予业务上游、中游、下游等全局的竞争。美国银行、花旗银行、摩根大通银行、渣打银行、汇丰银行、德意志银行、劳埃德银行等陆续进行了组织变革,推行"条块为主、以块为辅"的组织模式,为全球商业银行组织架构创新提供了借鉴。

21世纪初,随着经济环境的变化和制度的变迁,国内外商业银行的组织架构经历了从职能型向事业部型、矩阵型的转变。其中,矩阵型组织架构能够让分行、事业部等一线经营单位贴近客户需求,快速响应客户需求,实现以客户为中心,又能从纵向体系上得到总行业务部序列的垂直指导,有利于提升经营单位的专业化水准;同时,矩阵型组织架构能从制度上保证总行业务序列的人力资源,为经营一线的员工提供足够的支撑。

4. 相同点和不同点

不同组织架构之间由于分工依据、协调机制、决策权、企业边界、非正式架构的重要性、政治架构和权威的基础不同而呈现出不同的特点(见表4-1)。

表4-1　　　　　　　　　　不同组织架构之间的比较

项目	职能型	事业部型	矩阵型
分工依据	根据投入	根据产出	根据投入和产出
协调机制	分层式监督、计划和过程控制	通过事业部总经理和总部职员协调	双重报告制度
决策权	高度集中	战略设计和具体的决策分离	共享
企业边界	核心、外围	内部、外部市场	多个界面
非正式架构的重要性	很低	较低	较高
政治架构	职能部门内部	事业部之间和事业部内部	沿着矩阵几个方面
权威的基础	职位、专业特长	管理层职权和资源	谈判的技巧和资源

资料来源:Ntin Norhria,Note on Organization,Case 9-491-083,Boston,MA,Harvard Business School,Copyright 1991 by the President and Harvard College.

而不同的组织架构由于资源利用效率、时间效率、反映性、适应性、责任心、适用的环境和战略不同而呈现出不同的特点(见表4-2)。

表 4-2 不同组织架构的优缺点比较

指标属性	职能型	事业部型	矩阵型
资源利用效率 时间效率	最高	很低	较高
反映性	很低	较高	很高
适应性	很低	很高	较高
责任心	很高	较高	很低
适用的环境	稳定的环境	受外界支配的环境	多重需求的复杂环境
适用的战略	重点、低成本战略	多元化战略	响应性战略

资料来源：Ntin Norhria, Note on Organization, Case 9 – 491 – 083, Boston, MA, Harvard Business School, Copyright 1991 by the President and Harvard College.

（二）私人银行组织架构

私人银行组织架构一般具有以下四种模式：独立的私人银行部门模式；作为零售银行的一部分模式；作为企业银行或投资银行的一部分模式；混合型模式。私人银行以客户为中心的理念要求专业化的体系建设，以指导经营机构在日常业务中落实对客户差异化的价值主张。具体的组织架构模式选择和总部垂直管控程度与价值主张、分支机构能力、业务规模三个因素有关。

私人银行业务模式主要有以下三种：一是隶属大零售业务的"大零售"模式，采用这种模式的银行如巴克莱银行、桑坦德银行；二是事业部制模式，采用这种模式的银行如瑞银银行、美林银行和汇丰银行；三是隶属大资管部门的"大资管"模式，采用这种模式的银行如摩根大通银行、德意志银行。目前，我国银行根据自身业务发展的需要，主要采用"大零售"① 模式和事业部制②模式。

1. 独立的私人银行部门模式

如图 4-4 所示，独立的私人银行部门模式，就是将私人银行业务同零售

---

① "大零售"模式隶属零售银行业务，在零售银行内设私人银行部，服务零售业务的高端客户，是商业银行发展的初始阶段，也是我国私人银行业务的主要模式。主要有以下三个方面特点：获客简便、资源协调和整合。

② 事业部制模式主要是指在零售银行外单独设立私人银行部或中心，一般在总行设立私人银行部，在分行设立私人银行部直接对其负责。事业部制模式由于初期投资大、需要重新开拓市场、独立核算、垂直管理，并且需要强大的客户拓展能力、后台支持体系、产品和服务体系、内部控制和风险管理体系，造成部门之间抢夺客户资源、协同性差、产品交叉设计等问题。因此，很多私人银行不采取事业部制模式，更多是通过"大零售"模式进行产品设计和划分，完善私人银行业务。

银行业务、投资银行业务和公司银行业务并列，成为一个独立的部门体系。这种服务模式称为独立事业部管理模式①或"M"型结构模式，是指按照产品和地区设置事业部，每个事业部都有自己比较完整的职能机构。在总行设立私人银行部，拥有独立的人力和财务权限，在分行设立私人银行部，由总部直接负责管理。例如，中国民生银行最早实行了事业部改革。

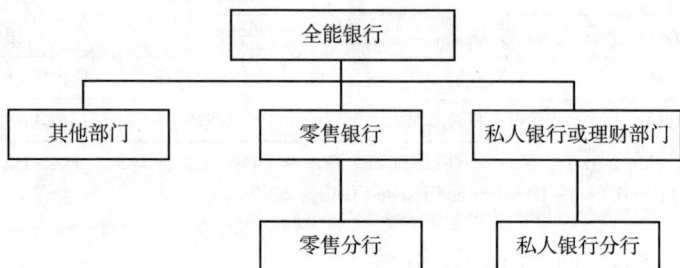

图 4-4 独立的私人银行部门模式

（1）优点。这种模式的优点是具有独立的资源配置、人才配置、风险控制、业务发展和绩效考核机制，对整个市场具有较强的分析能力和认知能力，有利于提升整体服务能力和水平；执行独立核算的运营机制，私人银行部自成系统，相当于一个完整的体系，有利于培养全面的人才，为企业未来的发展储备干部；作为利润中心，又便于衡量事业部和管理者工作效率的高低，进行规范考核，筛选出每种产品对公司总利润的贡献度，为企业进一步的发展提供战略依据。

（2）缺点。需要通过重新整合协调独立组织、资源以及人才，对整个市场进行挖掘、营销和服务，具有较大的难度。强调独立经营，机构设置重复，在一些方面造成资源浪费；独立的事业部制容易导致部门在协调方面的困难，形成不必要的内耗，影响业务的发展。

2. 作为零售银行的一部分模式

如图 4-5 所示，作为零售银行的一部分，主要是指依托零售业务进行资

---

① 典型的事业部具有独立经营、单独核算、垂直管理三个明显特征。事业部实行业务条线的垂直管理，在内部经营管理上具有独立自主性，并在事业部之间实现独立核算，事业部总部的负责人要负责整个条线的业务发展规划、风险管理、人力资源管理、营销管理、产品研发、经营疾患与考核、合规经营、专业化经营管理，并为应对条线内部所有业务负责，分散在各自区域的分行要按照事业部管理架构组织开展本区域的业务与服务。

源配置和展业活动，是大多数金融机构的进行模式。在"大零售"模型下，私人银行部门和"大零售"业务范围内的个人信贷、电子银行、贵宾理财属于同一级别，共同占用零售银行内部的资源，如人力资源、市场拓展、IT技术等，私人银行部门通过整体规划、账户前移等方式，将零售银行内部私人银行标准的客户升级为本行的私人银行客户。采用此种模式的如招商银行、兴业银行等。

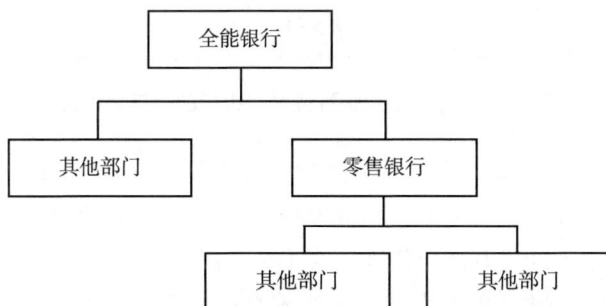

图 4-5　作为零售银行的一部分模式

（1）优点。"大零售"模式功能来自部门，且各个部门职责划分清晰，有利于控制风险、提高效率。其最终控制权来自零售银行总部，下属部门垂直式领导，有利于实现中央统一领导。这种模式能够较好地利用零售业务的渠道、产品、服务、营销和队伍，通过客户分层体系能够较快发展私人银行业务，使私人银行业务能在短期内成熟和发展起来。

（2）缺点。权利分割、部门分割不利于部门的团结和行动，工作决策需要通过同部门之间的反复沟通才能进行有效协作；同时，缺少对私人银行客户的独特性需求（安全性、私密性和独立性）的满足，私人银行客户不仅要求财富的保值、增值，还有其服务需求。因此，作为零售银行的一部分模式很难有效形成差异化的服务体系，缺少增长的动力和创新性。

3. 作为企业银行或投资银行的一部分模式

如图 4-6 所示，私人银行部门作为企业银行或投资银行的一部分模式主要是考虑高净值客户个人及其合作伙伴工作业务的发展需求，不仅提供国内对于公司业务的一些服务，如融资业务（股权、并购、贸易和结构化）、结算和现金管理业务，还通过对接海外机构来对接国内外业务，加大海外私人银行业务并购、融资、海外基金和海外保险平台的相关配置，满足私人银行高净值客户投资银行业务的相关需求，提升高净值客户的黏性和满意度。

全能银行

其他部门　　　企业银行或投资银行

私人银行或理财部门　　　零售银行业务

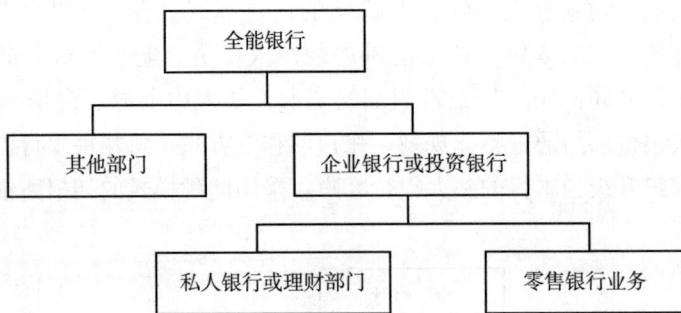

图 4 - 6　作为企业银行或投资银行的一部分模式

（1）优点。该模式的优点在于能够充分发挥投资业务的优势和资源，能够有效整合融资业务、投资业务和资金结算业务，满足私人银行高净值客户群体的工作需求，不断提升高净值客户对于私人银行业务的黏性和满意度。

（2）缺点。该模式的缺点在于更注重高净值客户及其合作伙伴事业的发展，欠缺对高净值客户自身及其家庭需求的满足，没有充分挖掘私人银行高净值客户自身的金融需求和增值需求。

4. 混合型模式

如图 4 - 7 所示，混合型模式是一种集聚银行业务的综合模式，涵盖银行业务所有经营范围，形成金融机构集团。

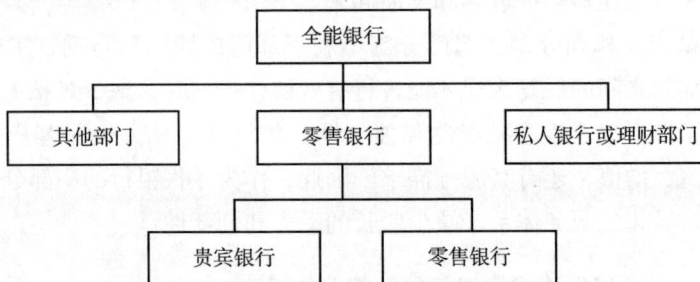

全能银行

其他部门　　　零售银行　　　私人银行或理财部门

贵宾银行　　　零售银行

图 4 - 7　混合型模式

（1）优点。该模式的优点是能够充分发挥金融机构集团优势、牌照优势、业务优势、产品优势和服务优势，整合集团资源为高净值客户提供多角度、多层次和多范围的产品和服务，满足其财富保值、增值和其他金融需求。

（2）缺点。该模式的缺点是无法有效整合资源配置和人力安排，无法充分领导、沟通和协调整体资源以及整合资源合力，无法充分发挥资源效能。

（三）方案设计

1. 总体设计思路

不同的结构模式具有不同的资源配置、人员配置、产品配置和服务配置机制，其出发点都是通过不同层次、不同角度的产品服务满足高净值客户、家庭及其合作伙伴的财富保值、增值和其他金融需求。组织架构的设计在一定程度上体现了该金融机构对于其高净值客户群体的服务态度、服务模式和服务方式。能否有效整合集团优势、客户优势、人才优势、产品优势和市场优势，为高净值客户提供更加符合其需求的服务模式，具有非常重要的作用和意义。

一是考虑分支机构的能力现状。对于零售业务发展时间较长、分支机构能力较强的机构（潜在私人银行客户多、渠道广、人员素质较高），不建议直接采取事业部型模式。总部应该集中精力对分支机构进行专业化支持，包括知识和能力的输出和培训，以最大限度利用分支机构的零售资源；切勿与分行争利润，伤害分行的业务积极性，造成内部资源损耗。如果分支机构零售基础非常薄弱，可以采取事业部型模式，加强对私人银行相关人员和财务资源配置的话语权，确保私人银行业务发展获得足够的保障。

二是考虑目标客户的集中度、规模和特点。如果私人银行客户数量较少，但是集中度和户均资产高，则选择总部直接服务模式，采用高度专业化体系，如区域性城市商业银行、信托公司和券商机构。而对于全国性机构，如果私人银行目标客户地域分布较广，具有很大的增长潜力，则应当更多依靠现有的分支机构来展业和维护。

三是考虑私人银行业务发展阶段。如果私人银行客户已经积累到一定量级、业务盈利模式较好，私人银行有能力调配更多的资源并自负盈亏，可以加快推进专业化进程，采用准事业部制或者独立的利润中心模式进行业务运营。

2. 分行、支行设计思路

结合总行对于私人银行业务的需求，根据独立的私人银行部门、作为零售银行的一部分、作为企业银行或投资银行的一部分和混合型四种模式选择相匹配的业务模式，而具体分行的架构设立和岗位设置，则根据以下情况进行选择（其中的指标可以参考具体资源禀赋）。

一是未设独立私人银行部门的分行，可以在分行相关机构设置私人银行科（室），负责分行私人银行业务营销服务和管理推动工作，并与总行私人银行部门实现业务对接，内设私人银行专属理财经理岗和投资顾问岗。

二是存量私人银行客户数量超过 300 户（根据机构自身业务情况而定）的分行，可以根据需要设立单独的私人银行中心，作为辖区内私人银行业务的服务中心、管理中心、利润中心，承担客户拓展、关系维护、产品销售、服务推广等工作；并可以根据需要设立投资顾问岗、私人银行专属理财经理岗、产品经理岗和营销服务岗。

三是存量私人银行客户数量超过 500 户（根据机构自身业务情况而定）的分行，可在私人银行客户密度较大的区域设立至少一家私人银行专营网点，实现集中服务，提供辖区内私人银行客户标准化服务共享平台，同时作为所在分行私人银行业务的集中签约点、"一对一"顾问咨询服务的接待点、服务营销与宣传的载体以及私人银行客户圈层交流平台。

四是二级分行可以根据需要在相应部门设立二级分行私人银行中心，并接受一级私人银行分中心的指导。根据需要，私人银行投资顾问岗、产品经理岗、营销服务岗为产品经理类岗位，而私人银行专属理财经理为营销类岗位。

（四）案例分析

1. 国有银行

（1）中国银行。中国银行私人银行组织架构如图 4-8 所示。中国银行私人银行部在建立初期实行事业部制，即私人银行事业部是中国银行内特设的独立经营、独立核算的实体，拥有相当独立自主的经营管理权限，包括组织架构、人力资源管理、财务管理、产品管理等。

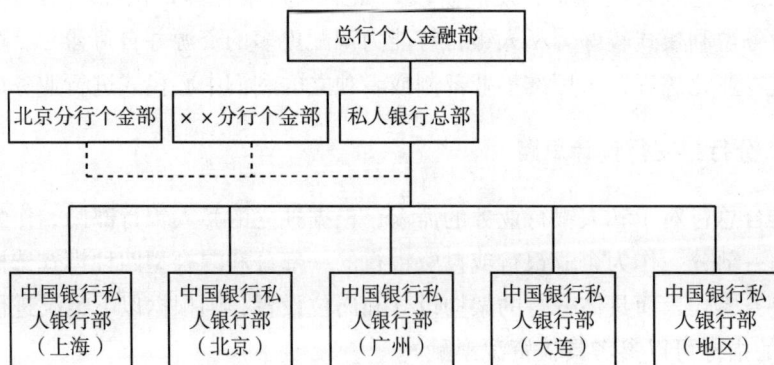

图 4-8 中国银行私人银行组织架构

　　中国银行私人银行部门共设置渠道开发、客户关系管理、专家支持和产品管理四大模块，从而形成客户初步开发与营销、客户维护与深度挖掘、客户终生财富规划建议以及产品开发组合等四位一体的模块架构。各分支机构归属总行直管，总行投入，分行承建。私人银行分部向总部和分行双线汇报，在分行内部实行财务单独核算，并实行总分部管理体制，力求加大总行的投入和专业化管理。分行将私人银行部门定位为省行部门，作为个人金融板块的组成部分，与分行个人金融部平级，将私人银行业务的营销管理职能统一划归私人银行部，牵头负责全辖区私人银行级客户的维护和拓展，同时省行本部保留自营职能，负责分行本部私人银行客户的直接维护和拓展工作。

　　（2）中国建设银行。中国建设银行私人银行的组织架构如图4－9所示。中国建设银行在各地建立私人银行业务中心，为个人金融部所属的二级部，具体的组织架构采取矩阵型架构模式，即采取由分行私人银行业务中心和所在支行对各地区的私人银行业务团队、营销团队、专岗进行共同管理的矩阵模式，相应的梯队服务由此而形成。

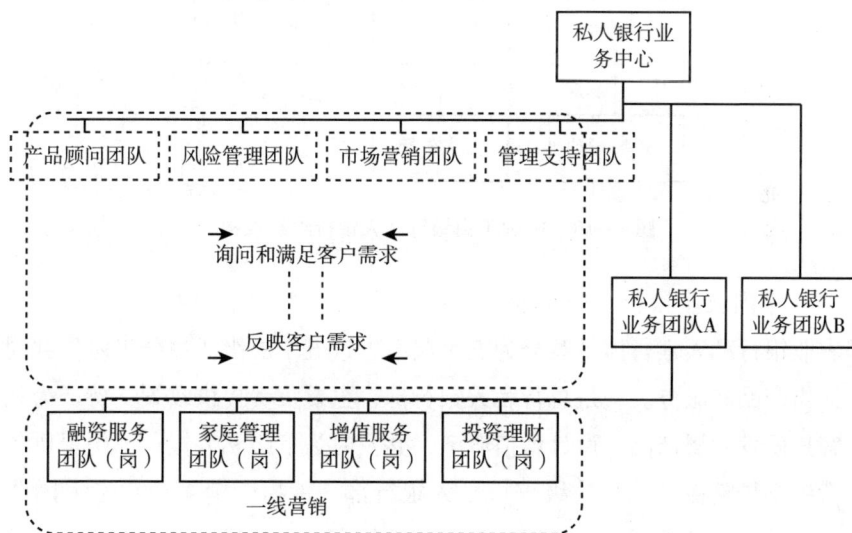

图4－9　中国建设银行私人银行组织架构

　　对于全行的私人银行业务发展规划和实施策略，通常是由分行私人银行部门负责制定，开展专属产品和增值服务的定制以及产品和服务品牌建设。总行为分行提供全方位的营销支撑，负责拓展全分行高净值客户的营销业务，并对高净值客户进行服务维护，负责保障中国建设银行客户数量的增值和利益最大化。而下一级分行主要负责自己所在地区客户数量和营销收入的最大化，并且对辖区内的客户负责，尽自己最大的努力为他们提供方便、快捷、周到的服务，并使他们尽可能多的获得合法的利益。

（3）中国工商银行。中国工商银行私人银行组织架构如图4－10所示。中国工商银行私人银行的组织架构采取总分部垂直管理，在各地私人银行中心设立专门、独立的部门，这个部门与零售银行平级。中国工商银行总行的私人银行部门主要进行金融资产服务的产品开发，重点工作是提供产品供给。中国工商银行的组织架构体现出具有一定规模后客户专业化管理需求与总分部管理需求的和谐统一。一方面，需要强有力的中枢指挥；另一方面，要充分调动分支机构的业务积极性，因为分支机构是面对客户的经营单位，拥有大量的客户和资源。

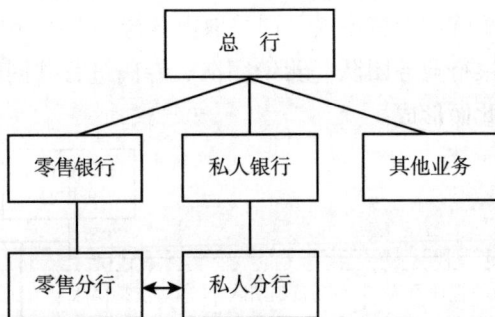

图4－10　中国工商银行私人银行组织架构

（4）中国农业银行。中国农业银行私人银行组织架构如图4－11所示。中国农业银行私人银行体系共分为五个层级，这五个层级通过分工协作共同为客户提供产品和服务。一是总行私人银行部，主要负责提供政策支持，为私人银行客户研发专属产品、设计增值服务，并及时为下级私人银行部门提供各项客户营销维护模板；二是一级分行私人银行部，承担营销支持和专家团队职能，衔接总行私人银行部门资源，为私人银行客户服务提供专业支持；三是二级分行私人银行部，主要负责为私人银行客户提供资产配置等顾问服务，为支行理财顾问团队和营业网点客户经理开展客户营销、维护以及潜力客户的升级、培育提供业务指导和专业支持，策划、组织客户活动，实施专属产品、服务的营销推广；四是一级支行理财中心，主要负责配合二级分行理财顾问为私人银行开发提供资产配置专业顾问，为营业网点管理客户经理开展客户营销、维护以及潜力客户的升级、培育提供专业指导和专业支持，策划、组织客户活动，实施专属产品、服务的营销推广；五是网点，主要负责对客户进行日常维护，尤其是为客户提供业务办理、及时收集客户需求并汇总上报。

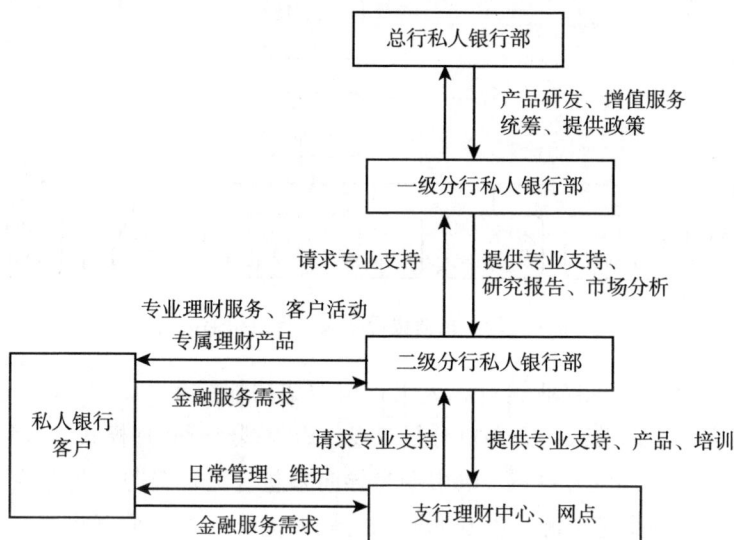

图 4-11　中国农业银行私人银行组织架构

2. 股份制商业银行

（1）招商银行。招商银行私人银行组织架构如图 4-12 所示。招商银行属于明显"大零售"模式下的地域式运营模式，私人银行部隶属于总行零售金融总部，下设市场企划室、策略与经营分析室、投资顾问室、全权委托室、业务支持室和投资研究室，负责全行的策略制定、产品开发和业务推动，各分行零售部下设私人银行中心，负责当地私人银行钻石客户的拓展以及经营，并由当地分行进行考核。在该模式下，各分行贵宾理财业务可以给私人银行中心提供较好的客户资源支持和政策倾斜，有利于私人银行中心在当地的发展。该模式在成立之初能够较好地把符合条件的高净值客户转移到私人银行中心，凭借基础优势快速发展。但是，这种模式在发展过程中也存在一些问题：一是如果总部的相关发展策略与分行的重点策略有所冲突，则很难落实实施；二是若当地分行受到不良资产的影响，则私人银行中心的薪金水平会受到很大的影响。

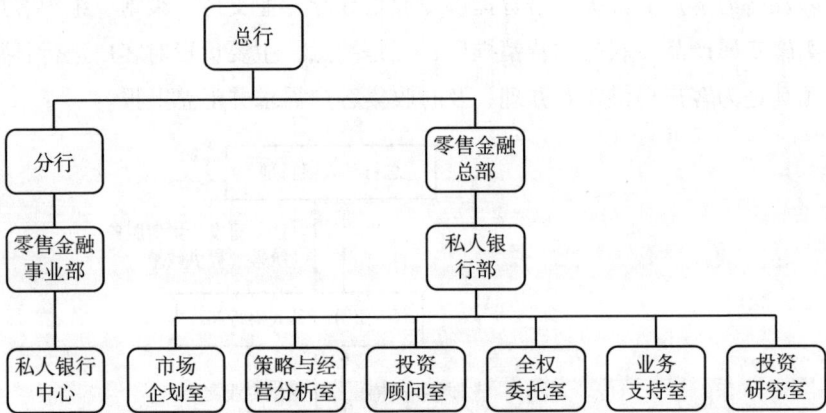

图 4 - 12   招商银行私人银行组织架构

（2）兴业银行。兴业银行私人银行组织架构如图 4 - 13 所示。兴业银行在总行成立了管理总部，采用总分行双线、矩阵型经营管理模式。这种模式以产品线为主、以客户为中心、以市场为导向来整合配置资源，包括人力资源、财务资源和各项渠道资源，以发挥资源的最大优势。总行垂直管理产品创设、渠道管理、高端客户增值服务的资源整合、人员培训，属地化管理客户的营销和服务。

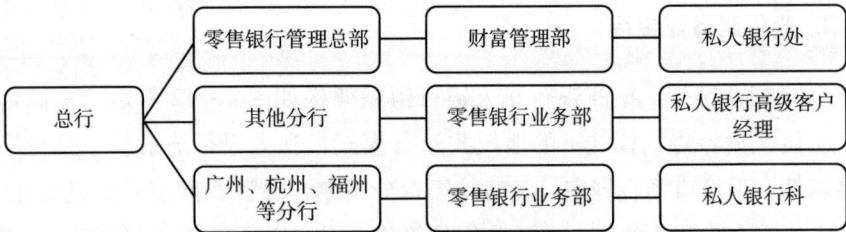

图 4 - 13   兴业银行私人银行组织架构

（3）中信银行。中信银行私人银行组织架构如图 4 - 14 所示。中信银行私人银行服务主要是采取事业部型模式，在部门建设中把私人银行部建设成为独立于零售银行部的（准）事业部，内部设立建设银行产品与服务开发部、私人银行业务发展部和综合管理部三个部门。中信银行通过设立投资者俱乐部、健康养生俱乐部、未来领袖俱乐部、悦动人生俱乐部、旅行家俱乐部五大俱乐部，逐步形成多元化的增值服务体系，为客户搭建新的生活社交圈。

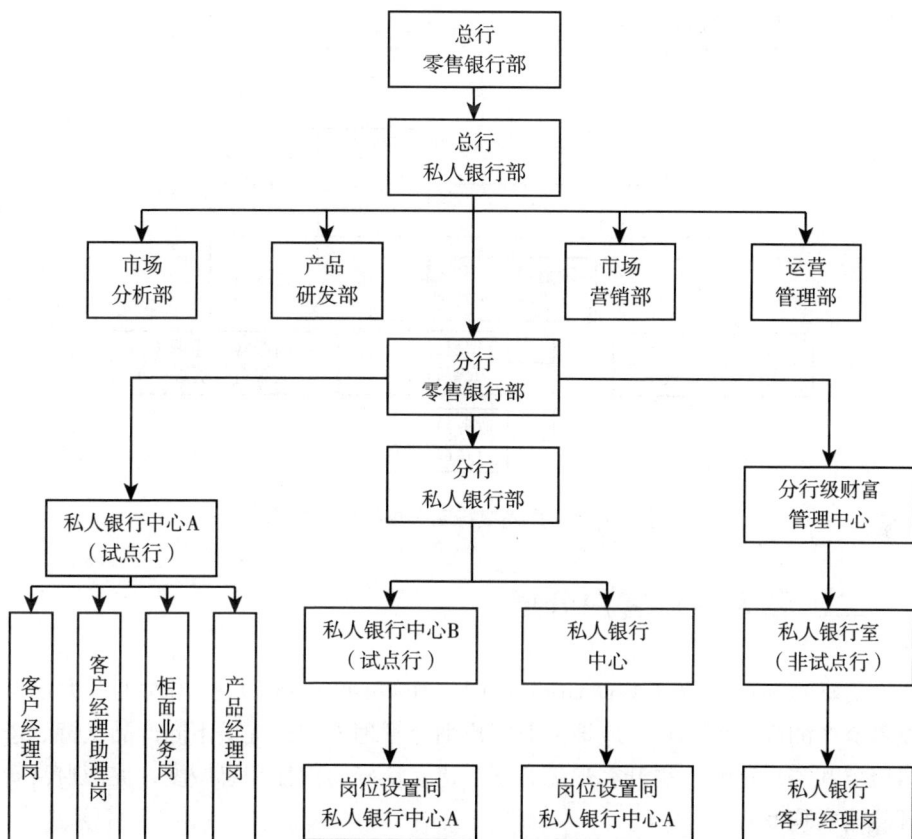

图 4 - 14　中信银行私人银行组织架构

（4）广发银行。广发银行私人银行组织架构如图 4 - 15 所示。广发银行的私人银行业务主要依托分行私人银行部/中心进行管理，分行私人银行部/中心一方面接受总行个人银行部管理，另一方面接受分行行长及分行个金分管副行长的管理。在分行私人银行部/中心下设具体的客户经理、理财经理和高级客户经理，直接对高净值客户进行管理和服务。

广发银行私人银行独创"1.1 + 1 + N"专家服务团队，私人银行理财经理聆听客户需求，寻求投资顾问和跨领域专家团队的支持，集合集体智慧，为客户提供整体解决方案。跨领域专家团队包括产品经理、私人银行专线座席、内部专家（企业、中小企业、现金管理专家）、第三方专家（税务、法律、财务、教育、移民专家）。理财经理（私人银行理财团队管理）为客户提供专业理财顾问、投资顾问、资产管理等服务。

```
   ┌──────────────┐              ┌──────────────┐
   │  总行个人银行部 │              │   分行行长     │
   └──────┬───────┘              └──────┬───────┘
          │                             │
          │                      ┌──────┴────────┐
          │                      │ 分行个金分管副行长 │
          │                      └──────┬────────┘
          │                             │
          │                      ┌──────┴────────┐
          └──────────────────────┤ 分行私人银行部/中心 │
                                 └──────┬────────┘
                                        │
          ┌───────────────┬────────────┴──────────┬────────────────┐
          │               │  ┌──────────────┐     │                │
          │               │  │ 理财经理（私人银行 │    │                │
          │               │  │  理财团队管理）  │    │                │
          │               │  └───┬──────┬───┘     │                │
   ┌──────┴──────┐   ┌────┴──────┴─┐  ┌┴─────────┴─┐  ┌──────┴────────┐
   │ 客户经理（私人  │   │ 理财经理（私   │  │           │  │ 高级客户经理（私  │
   │ 银行业务发展） │   │ 人银行理财）  │  │           │  │ 人银行投资顾问）  │
   └─────────────┘   └─────────────┘  │           │  └───────────────┘
                     ┌─────────────┐  │           │
                     │ 业务员（私人银 │  │           │
                     │ 行理财助理）  │  │           │
                     └─────────────┘
```

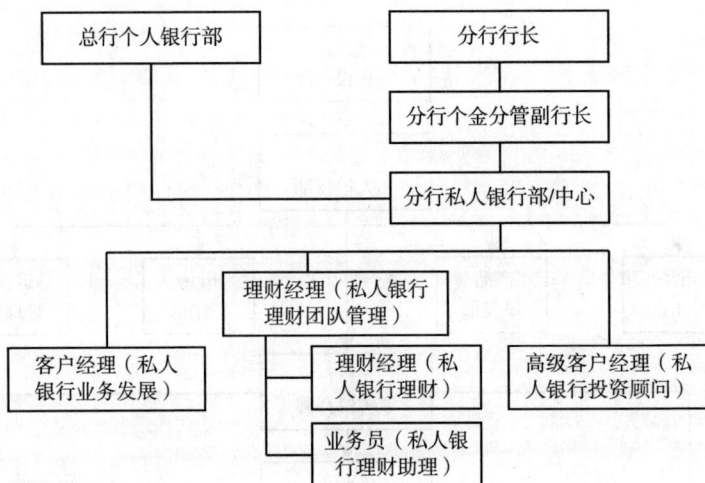

图 4 – 15　广发银行私人银行组织架构

二、私人银行客户分层

奥马尔和莫利纳（A. Omarini and P. Molineux, 2005）提出对拥有大量可投资资产的高净值客户，应该采取客户细分管理方式，提供不同产品支持、增值服务和需求定制，提升客户满意度，建立良好的信任和忠诚度，促使财富管理战略实现双赢。

根据《中国私人银行 2019》数据，截至 2018 年底，我国居民可投资金融资产总额达到 147 万亿元，相比 2017 年增长 8%。我国个人可投资金融资产 600 万元（含）以上的高净值人数达到 167 万。而随着中国经济发展，客群结构不断发生变化，创富一代企业家比例已经降至约 40%，二代继承人和职业"金领"占比不断提高，因此，提升客群分层、加强客群研究对于私人银行业务的发展具有非常重要的意义。

（一）中国私人银行客户特点

中国特有的制度环境和经济运行特点，造就了中国高净值客户自身的独特特点，中国私人银行客户经营同其他国家既有相似点也有不同点，中国私人银行业务模式也具有自己的特色。

1. 中国私人银行客户财富积累背景

中国的高净值人群是在 1978 年改革开放之后出现的，主要出生在 20 世纪

50~60年代，在80~90年代开始"下海"经商，开启了个人财富的快速积累，财富积累的时间最长不超过40年，现在的年龄约在40~60岁。财富主体主要是中小企业家，部分"金领"阶层也逐步跨入高净值人群行列，其财富主要来源于创办企业和在资产（房产）价格上涨之后的变现获利，并且制造业、房地产、互联网等行业的周期性轮动也加速了高净值人群的成长。

2. 中国私人银行客户需求特点

一是财富增值需求强烈。中国高净值人群财富积累时间不长，有一部分处于事业发展、财富创造和积累持续加速的阶段。这些人群的财富增值和产业投资需求大于财富保全需求，即渴望将手中现有的资金作为生产资料，通过再投资达到自身财富水平的显著提高甚至跨越。同时，中国高净值人群对于自身财富具有较强的信息，凭借其自身对宏观大势的准确判断，以及勇于突破传统企业家精神，实现了事业腾飞和财富的快速积累。

二是资本市场投资有限。由于中国资本市场处于发展初期，市场有效性还不高，2008~2018年，和投资实业、房产所能得到的收益相比，金融机构所提供的绝大部分金融产品收益相形见绌，客观上造成了高净值客户对金融产品的关注度低。中国高净值客户通过庞大的个人关系网络，能够获得更好的投资机会，实现回报率增长。

三是高净值人群具有较强的私密性需求。由于目前中国财富管理机构人才匮乏、专业团队水平参差不齐，因此金融机构和客户经理通常很难在短期内与高净值客户建立起紧密、信任的关系。

（二）私人银行客户分层的原因

客户分层能够将客户分别归类为特性相对一致的群体，通过精细的客户分层，客户经理才能有效把握私人银行客户的需求，并最大限度予以有效满足。

1. 适应客户群体变化

如表4-3所示，高净值客户主要类别包括私营企业家、高级管理人员、专业人士、既有财富人群，其知识水平、财富水平、风险收益特征、产品偏好、风险偏好、投资偏好都不尽相同，不同的金融机构应该根据其业务资源禀赋属性进行专业配置和完善，提升其产品配置的丰富性和全面性。

随着宏观经济发展和财富积累的阶段变化，中国高净值客户结构正在不断发生变化，超高净值人群逐步崛起，"富二代"、专业人才等新兴类别人群不断涌现，具有以下三个方面特点。

表 4－3 高净值客户主要类别

类型	内容
私营企业家	这些企业家具有丰富的人生阅历和实践精神，文化教育水平中等，具有较为鲜明的开源节流和量力而行的风格，擅长稳健性投资，偏好固定收益理财产品。但是，由于其自身的私营企业性质，其更加注重财富流动性管理，具有较高的私密性要求
高级管理人员	高级管理人员具有较好的教育基础、极强的业务能力和技术水平，多为在大型企事业单位或者跨国公司任职的高薪管理人员，在金融领域具有一定的知识积累。但是，这类人群日常公务繁忙，更加倾向于通过委托专业化的私人银行进行投资理财，风险偏好中等，资产管理更加均衡地分布在各类投资产品上
专业人士	这类人群主要是在自身领域中的专家，如知名律师、高级教师、主治医师、高精科研人员等。这类人群具有非常优秀的教育背景，收入来源稳定，对投资理财具有一定的兴趣，更加倾向于同银行专业人员共同探讨投资理财，其风险偏好属于中等
既有财富人群	这类人群已经拥有不菲的资产，有些财产是通过财产继承获得的，有些财产是通过炒房、炒股获得的，赋闲在家。他们主要依靠资产重复投资来获得收入，这类人群具有较高的生活享受和消费体验，更加倾向于从私人银行获得投资顾问建议，进行自主投资

资料来源：作者根据相关资料收集整理。

一是财富持续积累带来超高净值客户群体的成长。根据波士顿咨询公司中国财富市场模型（2018）数据显示，2018 年中国个人可投资金融资产达到 147 万亿元，预计 2023 年有望达到 243 万亿元。2018 年中国个人可投资金融资产 600 万元（含）以上的高净值人士达到 167 万人，预计 2023 年将增长至 241 万人。对于财富管理机构而言，超高净值客户在财富管理需求上的复杂程度远高于普通私人银行客户，通常需要为其提供专业人才、产品和服务。

二是"富二代"正逐步成为私人银行机构的目标客户。"创一代"大多出生于 20 世纪 50～60 年代，其子女正逐步步入成年，开始参与家族财富甚至家族企业管理。目前，很多"创一代"仅是将部分财富的管理权交给成年子女，为他们提供练兵场。未来随着"创一代"年龄的增长，财富传承是大势所趋，"富二代"成为中国私人银行越来越重要的客户群体。

三是"知识型"人才也开始登上高净值人群舞台。根据相关机构调研数据，目前约有两到三成高净值人士为企业高管和非投资类的专业人才（如医生、律师、会计师）。企业高管和专业人才需要依靠自己的专业知识获得财富，其更良好的教育背景将催生出与企业家不同的财富管理需求和偏好。

2. 符合客户需求变化

如图 4-16 所示，高净值人群不同年龄阶段的财富管理需求和产品服务需求是不同的。中国高净值人群以"创一代"企业家为主，多将财富增值或者帮助企业事业发展作为首要财富管理目标。随着财富的不断积累和个人年龄的增长，财富安全和财富保障成为其财富管理的首要目标，同时，由于其子女逐步成年和国家政策信号的刺激，财富的传承需求开始被提上日程。家族资产梳理、家族财富的保全和增值、继承相关的税务筹划、安排后辈合理支取和运用资产等需求逐步显现。

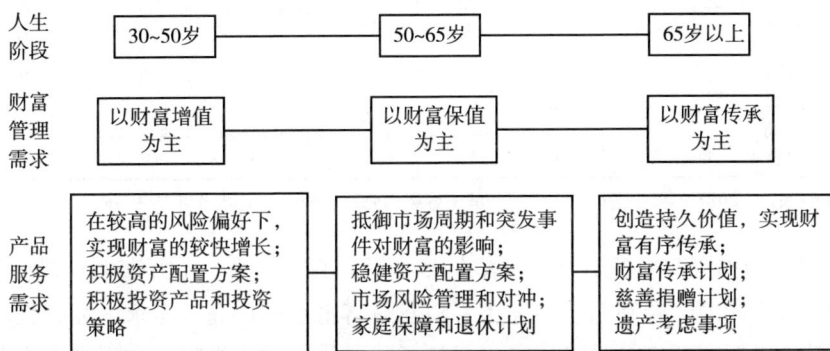

图 4-16　不同人生阶段的财富管理需求和产品服务需求
资料来源：2018 年中国建设银行和波士顿咨询公司开展的私人银行客户调研；BCG 分析。

高净值人群的财富管理需求和产品服务需求发生变化，从推崇自主投资到信赖专业机构，从仅关注投资产品收益率到寻求资产配置建议与综合金融服务。一方面，随着宏观经济步入新常态，"创一代"意识到过去能够自主找到的超额回报投资机会正在显著减少；另一方面，中国财富管理专业水平也在持续进步，更多的高净值人士在财富管理上逐渐接受让专业的人做专业的事的理念，超高净值客户积极寻找更加综合、定制和复杂的产品服务，如关注财富传承客户对家族信托产品的需求。需求的变化也要求中国的私人银行市场从"粗放生长期"进入"精耕细作期"，根据个性化客群特点提供差异化的产品和服务，跟上高净值客户成长的步伐。

（1）根据年龄需求划分。经历了股市债市波动、经济增速放缓等多重洗礼，中国的高净值客户对宏观经济形势、金融市场变化和各类投资产品有了更深刻的理解，对风险收益概念有了更深刻的认识。根据相关统计，已经有50% 的高净值受访者表示能够接受一定程度的本金损失，超过 60% 的受访者对信托公司、券商机构、保险公司等非银行机构的预期收益率产品没有刚性兑付预期。高净值人群结构的变化，也带来了内部风险偏好的变化和分化。对于大部分"创一代"而言，随着年龄增长和财富积累速度的下降，其风险偏好日渐保守，更关注财富保值而非增值。而年轻人群和"知识型"高净值人士通常拥有更多的金融及财富管理专业知识，加上年纪较轻，还处于积极积累财富阶段，往往拥有较高的风险承受意愿，对于权益类、净值型产品的接受度也更高（见表4-4）。

表4-4	高净值客户财富管理的主要目标分布				单位:%	
分类指标	整体	20~29岁	30~39岁	40~49岁	50~59岁	60岁及以上
财富增值，创造更多财富	53	61	62	59	48	31
有效安排财富传承	6	3	3	6	8	9
财富安全，财富保障	37	36	30	31	42	56
帮助企业，事业发展	4	1	5	4	2	4

资料来源：2017年兴业银行私人银行和波士顿咨询公司联合开展的高净值客户调研。

（2）根据资产规模划分。如表4-5所示，百万富豪、千万富豪和超高净值富豪具有不同的金融和非金融需求。随着财富水平的提高，需求的复杂性也不断上升。百万富豪只需要同一家公司甚至同一位咨询师为其生命周期各个阶段提供咨询服务就可以，但随着客户从最初的财富积累阶段转向财富管理阶段、财富规划阶段和财富转移阶段时，他们就需要商业家族办公室①来为其提供服务。

表4-5	不同高净值人群对服务类型的需求		
指标	百万富豪	千万富豪	超高净值富豪
公司类型	多元化投资的整合步骤	金融投资计划的实施	完全投入自身所有资源
价值主张	通过单一投资咨询师管理所有资产； 通过半开放结构获得多元的金融服务提供商； 为更多的金融服务提供商提出服务标准	在深度和广度上表现出连续投资服务的专业性； 更好的风险管理方案； 运用更优质的信息去提供更好的投资决策； 提供更专业的服务和保持更高的服务连续性	综合的服务范围； 将各方面知识尽可能整合以为客户量身定制所有策略； 监督任何特殊项目； 用最广泛的方式定义资本； 客观公正地处理代际问题

---

① 商业家族办公室提供高水平的个人协助和广泛服务的大型投资公司，其服务包括金融、税收规划、资产配置和经理选择、账单支付、财务报告和税收合法性等。

	指标	百万富豪	千万富豪	超高净值富豪
服务类型	投资建议的提供	自我导向、经纪人、银行和金融规划者	个人银行和多元家族办公室（MFO）	投资顾问、多元和单一家族办公室（SFO）
	慈善	没有或混合工具	混合或家庭基金	慈善事业
	税收准备	自己或CPA	CPA或与投资提供者整合而成	MFO、SFO或熟练的CPA公司
	投资整体	适度	良好	巨大
	人寿保险	当地机构或经纪人	高端提供者与资产规划整合	由众多专家建议的代际间的保险计划
	资产规划	当地代理人	区域性或国家机构	与众多专家提供的保险、投资和税收计划相整合
	生活方式/礼宾服务	没有	适度	大量
服务方式		通常是由单个的来源提供服务，如商业家族办公室的私人银行		通常是由不同企业或单个或多元家族办公室的专业团队提供服务

资料来源：Michael M. Pompian. 家族办公室超高净值客户与资产配置指南 ［M］. 北京：电子工业出版社，2017：6.

（3）根据地域水平划分。截至2018年底，随着中国私人财富快速增长，高净值客户总数超过5万人门槛的省（市）已经达到10个①。其中，北京、上海、广东三省（市）高净值人群可投资金融资产总量占比分别达到或超过全国的10%，合计占全国的42%；浙江、江苏、山东、河北、福建是第二梯队，高净值人群可投资金融资产合计占比超过全国的25%。随着中西部地区经济的快速发展以及房地产投资的快速积累，湖南、湖北和四川高净值人群增长速度较快。未来随着国际贸易摩擦加剧，东南沿海传统产业出口占比较大的省份和城市会面临私人财富增值的压力。而产业承接、新兴产业崛起或区域人口流入明显的地区和城市将拥有更大的财富聚集效应。

3. 适应机构组织模式

传统上中国很多大型商业银行都采用零售升级的业务模式，这与其服务主

---

① 分别为辽宁、北京、河北、山东、四川、江苏、上海、浙江、福建和广州。

体客户实际的财富管理需求不复杂有关。随着客户的成熟和机构能力的提升，部分高净值客户越来越呈现出与零售客户迥异的财富管理需求，机构也需要在价值主张设计上进行相应的调整和升级（见表4-6）。

表4-6 大众私人银行与专属私人银行的比较

指标		大众私人银行：超高端零售品牌	专属私人银行：独立私人银行
目标客户		普通高净值客户，财富管理需求简单；要求资产额≥100万美元	成熟的高净值考核，拥有复杂的金融需求；要求资产额≥300万美元
核心价值主张		为高端客户提供差异化的零售产品和服务	为私人银行客户提供专属、定制的财富管理与综合金融服务
具体体现	渠道	依托大中型零售网点的专属服务中心，具有更豪华的装修和一定的私密性；在小型网点，可能与普通零售客户共享服务渠道	专属私人银行中心，装修豪华、私密安全
	产品服务	使用原有零售账户，享受更优先和高端的零售服务；提供普通零售客户无法得到的专属投资机会；拥有专属的高级礼宾服务	完全独立的私人银行财富管理账户，该账户无法享受零售银行服务；提供复杂、定制的产品，综合财富管理与金融服务；由专业机构和私人银行家提供的定制服务
	服务模式	零售体系下的"1+N"，其中1为专属超高端零售客户经理，N为与零售共享的专家顾问（包括投资专家和保险专家）；标准化的高端服务	私人银行专属的"1+N"，其中1为私人银行专属客户经理，N为包括财富规划师、信用专家、投资专家在内的专业服务团队；定制化专属服务

资料来源：兴业银行私人银行；波士顿咨询公司。

私人银行业务模式具有多种选择，因此，根据客户需求准确分层并提炼出相应的组织模式非常重要。例如，在一个金融集团内部，可能同时存在不同的价值主张选择，以及多套体系差异化的、服务更加广泛的客户机构：一是隶属于零售体系下的超高端零售品牌；二是完全独立于商业银行的私人银行品牌。超高端零售品牌的目标服务人群为可投资金融资产100万美元（含）以上的高净值客户，能够满足其主流的综合金融需求（日常结算、财富管理、融资服务等）；而独立私人银行则专注于服务可投资金融资产 300 万美元（含）以上的高净值客户，旨在满足其复杂、多样化的金融需求，如定制化投资产品设计、全球股票市场投资、特殊市场投资等。

（三）私人银行客户分层的模式

1. 理论模式

高净值客户由于其资产规模和数量不同，具有不同的财富需求偏好（见表 4-7）。私人银行对客户进行划分的标准主要是根据客户当前资产、潜在资产、地理区域、投资风格、风险偏好、盈利能力、收入水平和生命周期等维度。优秀的财富管理市场的参与者往往拥有完备的客户价值管理体系，重视基于客户生命周期的长期财富规划，能够根据客户的不同属性推荐相关的财富管理方案；针对客户全生命周期价值需求对客户进行分层管理，同时结合客户金融和非金融一体化需求为客户提供深度管理方案。

表 4-7　　　　　　　　　　高净值客户需求分析

需求属性	需求内容
资产配置	更加倾向于将资产配置到权益类、外汇类和大宗商品类，更高程度的分散化投资，并以更加稳健的方式实现资产配置目标。机构应该强化投资研究能力，为客户提供更加全面和适当的资产配置方案和服务
财富传承和保障	财富传承目标需要整合子女教育、移民留学、法律税务等资源，并提供与传承目标相配套的金融工具和服务
跨境金融服务	留学、移民、境外投资和融资活动成为高净值客户近年来的主要需求，需要机构提供相应的产品和服务
法律咨询和税务咨询服务	客户在其事业发展和生活中会面临各种各样的涉及其财产和人身的法律问题，同时在财富增长过程中也会面临税务方面的问题，机构通常通过购买服务或在战略合作方面为客户提供全过程、系统化、多层次的法律咨询和税务咨询服务
企业管理咨询	随着经济发展和企业经营规模的扩大，企业经营管理过程中出现的战略规划、经营计划、组织结构安排和公司治理等方面问题会影响私人银行客户个人或其家庭财富的保全和增长，需要机构为其提供相关的咨询服务

资料来源：作者根据相关资料收集整理。

（1）客户生命周期管理案例——摩根士丹利全生命周期的财富管理服务。
如图4-17所示，摩根士丹利全生命周期的财富管理服务通过对客户青年、中
年和晚年财富管理的安排和分配，使客户的生命周期和财富管理周期有效地融
合发展。将客户财富管理业务划分为财富管理计划、财富保值增值、财富使用
分配和财富传承服务四个阶段，根据不同阶段匹配不同业务发展模式，通过四
个阶段提升客户生命周期财富管理的连贯性和一致性，通过不同阶段策略重点
满足客户不同阶段的财富管理需求。

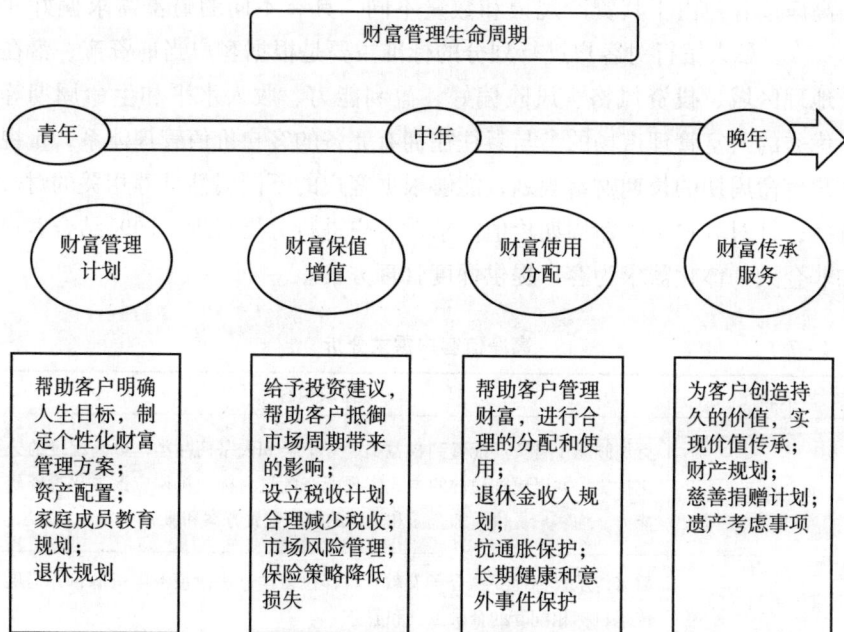

图4-17 摩根士丹利全生命周期的财富管理服务
资料来源：作者根据相关资料收集整理。

（2）深度经营客户案例——招商银行。招商银行是零售转型的典型案
例，其私人银行业务是零售转型的排头兵（见图4-18）。招商银行通过大
数据深度挖掘，形成对现有客户的全面视图，精准定位客户行为改变、人生
阶段的变迁、产品生命周期变化和外部事件刺激四大类产品。招商银行结合
内外部数据，利用产品组合（超过7000个），实现"千人千面"的有效展
示，利用"事件驱动"的大数据效果对客户进行精准营销，提升客户服务
舒适度和满意度。

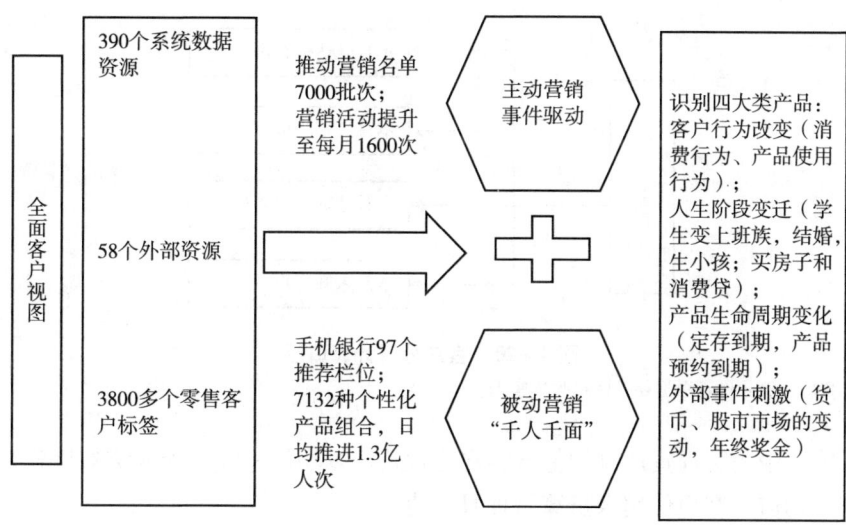

图 4-18 招商银行大数据深度营销

资料来源：作者根据相关资料收集整理。

2. 业务模式

从理论上说，由于私人银行客户具有安全性、私密性和稳定性要求，因此其服务需求和服务黏性同一般的财富客户具有显著的区别。

（1）服务等级分类及计算口径。客户服务管理资产是指在客户管理资产的基础上，通过一定的计算法则，将零售客户项下的信用卡和贷款折算成管理资产并汇总，从而以客户的"服务管理资产"确定客户的"服务等级"（见图 4-19、图 4-20）。

图 4-19 客户权益等级及权益

资料来源：作者根据相关资料收集整理。

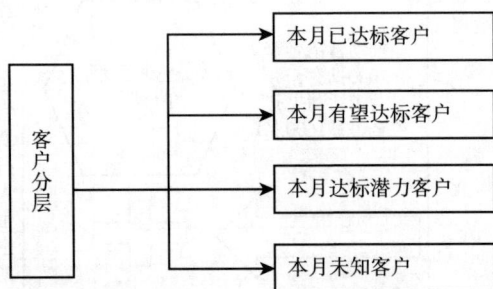

图 4 – 20　客户分层计算口径

资料来源：作者根据相关资料收集整理。

客户服务管理资产日均值 = 客户管理资产日均值 + 客户个人贷款折算管理资产月均值 + 客户信用卡折算管理月均值

客户个人贷款折算管理资产月日均值 = $\sum$ 每类个人贷款月日均余额 $\times t_i$

其中，i 为贷款种类：个人住房、汽车、消费、其他消费、个人经营，以及信用卡贷款。每类个人贷款余额月日均值与管理资产月日均值的折算系数分别记为 t_i。

客户信用卡折算管理资产月日均值 = a + 信用卡月日均消费金额 $\times b$ + 信用卡额度 $\times c$

其中，a 指客户信用卡等级可折算的管理资产余额；b 指信用卡月日均消费金额折算成管理资产的系数；c 指信用卡额度折算成管理资产的系数。

对于客户分层的不同指标，具有不同的计算公式。

本月已达标客户：（本月 1 号到统计日的 AUM 累计数/当月天数）≥层级标准要求。即截至统计日即使当月剩余日期内客户的 AUM 为 0，客户也可能达到该层级。

本月有望达标客户：（本月 1 号到统计日的 AUM 累计数/当月过去天数）≥层级标准要求，去掉已经达标客户。即当月剩余日期内客户 AUM 维持现有水平，客户有望达到该层级。

本月达标潜力客户：（客户从开户日到统计日的 AUM 累计数/开户日到统计日的天数）≥层级标准要求，去掉本月已达标客户和本月有望达标客户。即客户下月保持此 AUM 水平，将会达到该层级，本月可指定为该等级，以便客户提前享受相应服务，提升客户体验。

本月未知客户：除以上三类客户外，其他客户为本月未知客户。

（2）客户归属管理流程。在客户归属管理之前关键是要通过客户统一视图（见图 4 – 21）详细了解客户的全景信息，有利于对客户进行识别、确认、划分和提供服务。

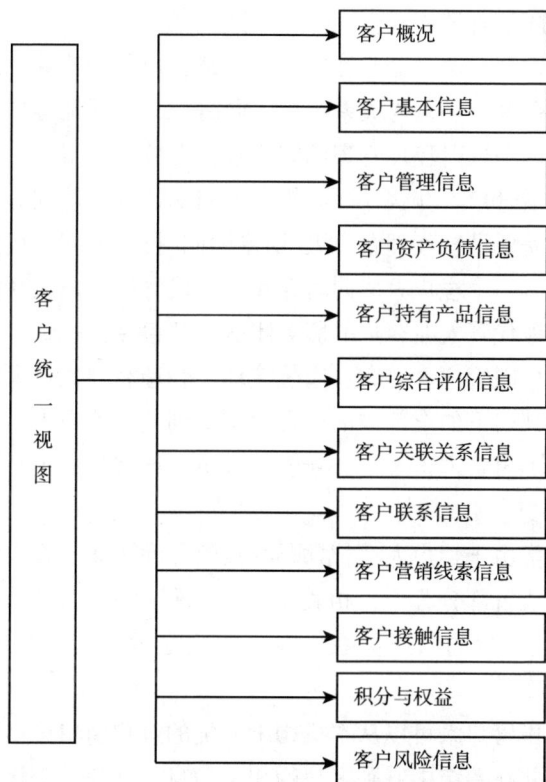

图 4 - 21　客户统一视图

资料来源：作者根据相关资料收集整理。

客户归属管理是指维护客户与客户服务团队的归属关系，包括客户分配、客户代管、客户移交、客户上收、客户申领、客户转移等方面内容（见图 4 - 22）。

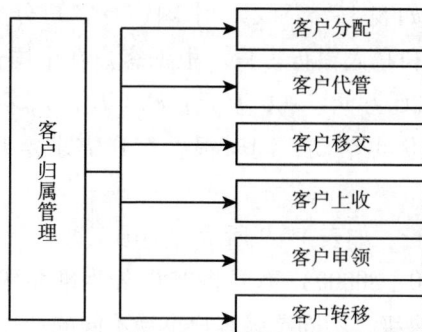

图 4 - 22　客户归属管理流程

资料来源：作者根据相关资料收集整理。

客户归属管理是指为了有效提升客户服务黏性和舒适度，对于不同资产规模的客户采取不同的管理模式。

客户分配是指客户达到分配标准之后，将客户分配给管户人/财富顾问/投资顾问，由其进行客户经营与关系维护。同时，为了保证客户能够得到充分维护，贵宾理财经理和理财经理管理的客户数量有数值上限。

客户代管是指管户人/财富顾问/投资顾问因休假、培训等原因较长时间不在岗位，可根据需要设置代理管户人/财富顾问/投资顾问，代为进行客户关系维护工作。但是，一个客户只能同时存在一个代管的管户人/财富顾问/投资顾问，且代管人与被代管人在客户的服务团队中角色保持一致。

客户移交是指因管户人离职、岗位变动、管理客户数量太多等原因，各级主管根据需要将其名下的全部或部分客户移交到其他管户人名下。客户移交之后，原管户人将不再管理该客户，新管户人负责该客户的关系维护，其他服务团队人员保持不变。

客户上收是指由于管户人/财富顾问/投资顾问离职、客户太多或者其他原因需要转出全部或者部分客户，相关主管可以利用客户上收解除管户人/财富顾问/投资顾问和客户的归属关系。客户上收之后，这些客户将变为未分配客户。

客户申领是指管户人可以从本机构未分配的客户清单中申领客户，使其成为自己的客户，并在系统中看到客户的相关信息，获得维护该客户的权限。

（四）案例分析

1. 国有银行

（1）中国银行。如表4-8所示，中国银行客户分类主要有三种：理财客户、财富管理客户和私人银行客户。根据客户在中国银行月日均金融资产额度划分不同标准（20万元、100万元、800万元），不同客户等级享受不同的专业服务模式和优惠活动，同时根据客户需求定制相应的服务产品和种类。

（2）中国工商银行。如表4-9所示，中国工商银行根据客户星点值（0、50、500、2000、10000、80000）不同将客户分为准星级、三星级、四星级、五星级、六星级、七星级，不同星级客户享受不同的卡片、服务内容、服务渠道，同时根据星级水平提供相应的增值服务体系。

表 4 - 8   中国银行客户分类及权益

客户种类	客户标准	客户的权益
理财客户	在中国银行月日均金融资产达到等值人民币 20 万元（含）以上；或在中国银行月末个人正常类贷款余额达到等值人民币 50 万元（含）以上；或前 12 个月信用卡消费额达到等值人民币 10 万元	（1）多元化的理财产品及服务渠道。客户可通过电话银行、流动银行、网上银行和微信银行处理存款、贷款、外汇、全球汇款、股票、债券、基金、保险、结构性产品、黄金等交易。 （2）提供理财专业服务。为客户不定期举办涵盖基金、股票及外汇等不同市场的专业投资讲座。 （3）理财中心。理财中心为客户提供便利、及时的银行优先服务。 （4）尊享优惠服务。"中银理财"为客户提供多项尊享的存款利率，以及银行业务费率优惠
财富管理客户	在中国银行月日均金融资产达到等值人民币 100 万元（含）以上	（1）全面的财富规划服务。客户经理为客户提供更专业的金融服务支持，根据客户的投资目标和风险偏好做出符合客户需求的理财建议，努力满足客户对银行业务方面的各种需要。 （2）提供财富管理信息。客户经理会根据客户个人的投资情况，通过多种不同的渠道，为客户提供环球金融信息、市场动态，以及最新的产品、服务和业务信息。 （3）财富管理中心。设计舒适、典雅的"中银财富管理中心"，客户可享受便捷及高效的银行服务，包括大额现金、存款、贷款、银行卡、全球汇款、股票、基金、债券、结构性投资产品、贵金属及外汇交易、保险等。 （4）尊享的财富优惠服务。"中银财富管理"为客户提供多项尊享的存款利率和银行业务收费方面的优惠，让客户尽享超然权益
私人银行客户	在中国银行月日均金融资产达到等值人民币 800 万元（含）以上	量身定做解决方案，提供风险管理、资产配置、个性化融资和投资咨询、税务及法律咨询、子女教育及留学移民规划、信托等一系列的深度专业服务，帮助客户实现财富的长期保值、增值与世代传承

资料来源：作者根据相关资料收集整理。

表 4 - 9   中国工商银行私人银行客户分类及权益

客户种类	客户标准	客户的权益
七星级客户	星点值在 80000（含）以上	在六星级的基础上，还为七星级客户提供私人银行服务，在全面满足七星级用户现金管理、投资理财、贷款融资、银行卡等金融服务需求的基础上，重点为客户提供委托资产管理、遗产、房地产、退休、保险咨询与计划等特色服务，以及优先服务、优惠服务、专属国际金融理财师客户经理服务、高级特惠商户等增值服务
六星级客户	星点值 10000（含）~ 80000	在五星级的基础上，还提供四大系列十类财富管理专属服务，包括财富规划、资产管理、账户管理服务、理财顾问、财富资讯服务、贵宾通道、专享费率、专属介质服务、环球金融和增值服务等
五星级客户	星点值 2000（含）~ 10000	在四星级的基础上，还提供个人消费信用贷款额度自动授信服务，各行自行设置各星级基础授信额度，客户根据自身需要决定是否使用该额度，进一步拓宽客户融资渠道
四星级客户	星点值 500（含）~ 2000	在三星级的基础上，还配发信用卡普卡，客户可享受信用卡普卡特惠商户优惠等增值服务
三星级客户	星点值 50（含）~ 500	（1）服务内容。提供储蓄存款、个人消费贷款、投资理财产品、银行卡、代收代付、结算汇款、电子银行等个人金融服务。 （2）服务渠道。主要通过金融便利店、网上银行普通版、95588 服务专线、手机银行（WAP）、自助银行等渠道为三星级客户提供服务
准星级客户	星点值 0（不含）~ 50	普通客户权益
客户不予评定星级	星点值为 0	普通客户权益

资料来源：作者根据相关资料收集整理。

（3）中国农业银行。如表 4 - 10 所示，中国农业银行根据年日均金融资产数额不同划分不同标准（50 万元、100 万元、500 万元）将客户分为金卡客户、白金卡客户、钻石卡客户。不同客户享受不同优惠服务，同时，随着等级提升可以享受不同的投资产品、顾问服务和增值服务。

表 4 – 10 中国农业银行客户分类及权益

客户种类	客户标准	客户的权益
金卡客户	年日均金融资产 50 万元及以上的客户	（1）异地存取款、转账手续费 8 折优惠，贵宾卡异地互转免手续费； （2）金卡办理开卡、挂失免收工本费； （3）金卡排队取号 VIP 能优先办理； （4）金卡客户专项理财产品到期短信提醒服务； （5）其他增值服务
白金卡客户	年日均金融资产 100 万元及以上的客户	（1）异地有卡存现（存入方为白金卡）手续费全免； （2）异地柜台转账存入（转入方为白金卡且当场刷卡）手续费全免； （3）白金卡工本费、卡片挂失费和密码挂失费全免
钻石卡客户	年日均金融资产 500 万元及以上的客户	私人银行通过投资产品、顾问服务和增值服务满足客户不同类型、不同层次的需要

资料来源：作者根据相关资料收集整理。

2. 股份制商业银行

（1）浦发银行。如表 4 – 11 所示，浦发银行根据上个自然月日均金融资产额度划分不同标准（30 ~ 100 万元、100 ~ 500 万元、500 ~ 800 万元、800 万元以上）将客户分为白金客户、钻石客户、私钻客户/私人银行 V2 客户、私人银行 V1 客户。不同客户享受不同的增值服务体系。

表 4 – 11 浦发银行客户分类及权益

客户种类	客户标准	客户的权益
白金客户	上个自然月日均金融资产达到 30 万(含) ~ 100 万元	（1）专属贵宾理财经理。为白金客户安排专属贵宾理财经理，照顾客户的理财需要。客户可随时联系专属理财经理，获得及时、全面、周到的全方位金融服务。在专属贵宾理财经理之外，还有专业化、国际化的理财智囊团队，为客户在财富管理方面全面出谋划策，助客户实现财富增值。 （2）专属贵宾理财中心。在全国各地设立卓信理财贵宾中心，为客户提供优雅舒适的环境和私密安全的专属空间。 （3）专属贵宾通道。在全国超过 400 家营业网点专设卓信理财贵宾通道，白金客户能够享受优先柜台服务。 （4）专属贵宾热线。95528 全国服务热线特设贵宾通道，为白金客户提供独有、快速、专业的热线服务。客户只需输入贵宾卡号，即可享受专属服务

续表

客户种类	客户标准	客户的权益
钻石客户	上个自然月日均金融资产达到100万(含)~500万元	(1) 高尔夫球畅打服务。客户享有平日6次免费击球、24次练习场免费畅打及12次练习场免费培训。 (2) 国内航班指定机场贵宾服务。成功申请钻石卡的客户可免费得到钻石卡客户专享的"龙腾卡",内含赠送的服务点数,供客户享用机场贵宾服务。 (3) 个性化医疗服务。个性化医疗专为浦发卓信钻石贵宾客户开放资深专家预约、全程陪同就医等单项服务项目,客户可以根据需要自行选择,享受标准价格的8折优惠。 (4) 用心陪护。持浦发钻石卡客户自驾行车、出境旅游,无论何时何地,浦发银行一路随行、陪伴左右,用心为客户保驾护航
私钻客户/私人银行 V2	上个自然月日均金融资产达到500万(含)~800万元	(1) 全国三甲医院"导医导诊"服务。可获享国内180家指定城市三甲医院、特色医院专家门诊和特需门诊的挂号和就诊陪同服务。 (2) 高端体检预约服务。可享国内64家指定城市三甲医院高端体检预约服务。 (3) 机场/高铁商务休息室服务。可在境内外400多个全球机场、国内近30家高铁站享受商务休息室服务。 (4) 机场礼宾通道服务。可享国内39个机场礼宾通道送机服务。 (5) 境外WiFi租赁服务:可享境外WiFi免费租用服务。 (6) 道路救援(百公里拖车、路边紧急快修)服务。可享国内免费紧急拖车和路边快修服务
私人银行 V1	800万元(含)以上	(1) 私人银行客户可享国内500家指定城市三甲医院住院和手术预约服务。 (2) 私人银行境内家族信托服务。甄选优质机构为客户私人定制家族信托方案,架构专业资产管理;为客户提供专属财务顾问、交易结算支持、专业系统支持投资交易结算管理;提供资金安全保障专户保管服务、监督信托财产运用等服务

资料来源:作者根据相关资料收集整理。

(2) 招商银行。如表4-12所示,招商银行根据其同一分行所有个人账户资产总额划分不同标准(50万元、300万元、1000万元),将客户分为"金葵花"贵宾客户、钻石卡客户、私人银行卡客户。随着客户层级提高,其所属服务融合境内境外、金融服务和非金融服务,享受更高层级的服务品质。

表 4 – 12　　　　　　　　　招商银行客户分类及权益

客户种类	客户标准	客户的权益
"金葵花"贵宾客户	招商银行同一分行的所有个人账户资产(指本币定期、活期存款以及"第三方存管"、"银基通"、受托理财产品、凭证式国债账户等市值总和),折合人民币总额达到50万元	财富管理顾问; 投资理财产品; 财富管理资讯; 财富理财渠道; 尊享贷款服务; 手续费率优惠; 除了招商银行全国统一客服热线95555外,还为客户提供"金葵花"贵宾服务专线40088 – 95555
钻石卡客户	招商银行同一分行的所有个人账户资产(指本币定期、活期存款以及"第三方存管"、"银基通"、受托理财产品、凭证式国债账户等市值总和),折合人民币总额达到300万元	年费3600元,下卡即扣除年费;附属卡免年费,最多申请两张。 钻石卡持卡人只要在礼遇周期(核卡或续卡后一年)之内就可以享受4次境内任意直达航线儿童经济舱机票全免的权益。 钻石卡拥有全年本人不限次数的机场贵宾厅权益,而且每次可以携带一人;附属卡也可以独立享受机场贵宾厅权益
私人银行卡客户	招商银行同一分行的所有个人账户资产(指本币定期、活期存款以及"第三方存管"、"银基通"、受托理财产品和凭证式国债账户等市值总和),折合人民币总额达到1000万元	专属理财产品; 全球连线理财服务; 全球机场贵宾服务; 全方位私人医疗服务

资料来源:作者根据相关资料收集整理。

(3)兴业银行。如表4 – 13所示,兴业银行根据客户个人账户折合人民币资产总额(10万元、100万元、600万元)的不同,将客户划分为小客户、金卡客户、白金客户、黑金客户和私人银行钻石客户。随着客户层级的升高,客户所享有的金融服务不仅涵盖国内国外市场,同时还可以通过增值服务体系提升客户黏性和舒适度。

表4-13　　　　　　　　　兴业银行私人银行客户分类及权益

客户种类	客户标准	客户的权益
小客户	只需凭借身份证即可办理	普通权益
金卡客户	个人账户中折合人民币总额达到10万元	专属客户经理，优先优质服务； 免费精灵信使，账户变动通知； 贴心人文关怀，真情温馨速递； 各项贴心提醒服务； 业务优先办理，享受优惠服务
白金客户	个人账户中折合人民币总额达到100万元	绿色通道服务； 专属客户经理； 附赠商旅保险； 白金卡尊贵礼遇； 时尚高尔夫行； 免费精灵信使； 机场贵宾服务
黑金客户	个人账户中月日均金融资产折合人民币总额达到100万元，或家庭成员月日均综合金融资产达到80万元	家庭理财顾问； 时尚高尔夫行； 机场贵宾服务； 全国道路救援； 免费精灵信使
私人银行钻石客户	客户在本行的月日均金融净资产已达600万元（含）以上	全程商旅特权、全能超值保障、全程专属服务，通过整合兴业银行高端服务资源平台，涵盖境内外机场免费接送、境内机场贵宾厅畅行、专人机场内送机的国际航班快速通关等服务，充分满足客户特色化增值服务需求

资料来源：作者根据相关资料收集整理。

（4）中国民生银行。如表4-14所示，民生银行根据客户在银行的月日均金融净资产额度不同（10万~50万元、50万~100万元、600万元），将客户划分为金卡客户、标准白金卡客户和钻石卡客户。随着客户等级提升，其不仅可以享受各种优惠，同时还可以享受特色资产管理服务、特色产品服务、研究咨询服务、投资银行服务、综合融资服务和便捷金融服务。

表4-14　　　　　　　　　中国民生银行客户分类及权益

客户种类	客户标准	客户的权益
金卡客户	客户在银行的月日均金融净资产达到10万~50万元及以上	免首年年费； 免取现手续费； 免溢缴款领回手续费； 送航空意外险并提供优惠汽车现场紧急求援服务

续表

客户种类	客户标准	客户的权益
标准白金卡客户	客户在银行的月日均金融净资产达到 50 万~100 万元及以上	享受全国 40 个主要城市 700 余家三甲医院的全科室快捷挂号、专家门诊优先预约，享受高效、贴心、热情的就医服务； 在自然年内兑换里程限额为 5 万千米，服务价格（积分：千米）2 万千米（含）内为 15：1，且不收取手续费； 2 万~5 万千米为 45：1，且每年收取 150 元的手续费
钻石大客户	客户在银行的月日均金融净资产达到 600 万元（含）以上	资产管理服务； 特色产品服务； 研究资讯服务； 投资银行服务； 综合融资服务； 便捷金融服务

资料来源：作者根据相关资料收集整理。

（5）中国光大银行。如表 4-15 所示，光大银行根据客户个人金融资产连续 3 个月日均资产额度（10 万~50 万元、50 万~100 万元、100 万~500 万元）或在光大银行办理个人贷款金额额度（30 万~80 万元、80 万~150 万元、150 万~500 万元）的不同，将客户划分为黄金客户、白金客户、财富钻石客户（尊享），而日均个人金融资产在 600 万元及以上的客户则为财富钻石银行客户（私享）。对于黄金客户、白金客户、财富钻石客户（尊享），光大银行提供类似的金融服务，且随着客户层级的升高，服务内容更加全面、丰富；财富钻石银行客户（私享）则享有更加丰富的增值服务（健康医疗、出国留学、投资移民等）。

表 4-15　　　　　中国光大银行私人银行客户分类及权益

客户种类	客户标准	客户的权益
黄金客户	在光大银行个人金融资产连续 3 个月日均为 10 万（含）~50 万元；或在光大银行办理个贷金额为 30 万（含）~80 万元，且还款正常	享有阳光金卡（借记卡） 其他权益包括： （1）理财中心客户经理服务； （2）金融资讯服务； （3）资产配置建议； （4）积分兑换及特惠商户； （5）目前在境内通过自助设备同城和异地跨行存取款免收手续费（暂不支持他行自助设备存款）

续表

客户种类	客户标准	客户的权益
白金客户	个人金融资产连续 3 个月日均为 50 万（含）~ 100 万元；或在光大银行办理个人贷款金额为 80 万（含）~ 150 万元，且还款正常	享有理财白金卡（借记卡） 其他权益包括： （1）专属理财空间（阳光财富中心）； （2）资产配置建议； （3）金融资讯服务； （4）优先办理业务； （5）部分业务手续费减免； （6）积分兑换及特惠商户
财富钻石客户（尊享）	个人金融资产连续 3 个月日均为 100 万（含）~ 500 万元；或在光大银行办理个人贷款金额为 150 万（含）~ 500 万元，且还款正常	享有尊享钻石卡（借记卡） 其他权益包括： （1）专属理财空间（阳光财富中心）； （2）资产配置建议； （3）金融资讯服务； （4）贵宾服务专线； （5）多项业务手续费减免； （6）积分兑换及特惠商户
财富钻石银行客户（私享）	日均总资产在 600 万元及以上	享有私人银行钻石卡（借记卡） 其他权益包括： （1）私密理财空间（阳光财富中心）； （2）专属理财产品定制； （3）"一对一"理财经理服务； （4）贵宾服务专线； （5）多项业务手续费减免； （6）积分兑换及特惠商户； （7）健康医疗服务； （8）出国留学、投资移民服务； （9）全国多家机场贵宾登机服务； （10）集贤汇俱乐部活动

资料来源：作者根据相关资料收集整理。

三、私人银行产品配置

关于高净值客户产品配置方面的研究很多。张泰睿（2012）研究了国外私人银行高净值客户资产配置的成熟经验，并将资产管理配置理论和技术运用到我国私人银行财富管理中。徐兴（2013）认为产品创新和功能优化等手段

是私人银行资产管理业务的内生发展动力，通过拓展全权委托业务平台为业务
模式，建立全市场的产品遴选平台，并通过构建跨境金融服务建立高素质的理
财团队作为私人银行业务管理模式的主要方式。伊莫拉·德里加、多丽娜·妮
塔和阮可可（Imola Driga，Dorina Nita and Ioan Cucu，2009）认为私人银行客
户需求在不同周期具有不同变化，应加强其资产保值增值、金融方案专业化、
退休计划和遗产安排，根据新的金融工具发展和金融服务模式的需求，加强私
人银行业务的创新发展。

（一）金融产品设计理论

1. 客户价值理论

产品设计主要通过客户价值实现产品价值。业界比较认可的是伍德拉夫
（Woodruff）的客户价值理论，该理论强调客户价值来源于客户所获得的感知
和评价，并与产品属性、使用环境和导向结果形成紧密联系。伍德拉夫将客户
价值分为实际价值和期望价值两类，客户价值是对客户在一定环境下使用环境
指标所感受到一切价值的综合评价，主要包括自身目标相关的属性、使用过程
中所体验的感受，以及最终的使用结果等。谢斯（Sheth）等将客户价值分为
功能价值、市场价值、心理价值、认知价值和条件价值五类。伯恩斯（Burns）
通过关注客户评价过程，将客户价值分为产品价值、使用价值、拥有价值和综
合价值四类。

2. 客户价值层次

客户价值分为三个层次：一是核心是基于客户对产品服务的主观判断，即
客户价值与产品服务密切挂钩；二是核心是感知利益与感知代价之间的均衡，
即付出与得到之间的均衡；三是实现载体是产品属性、产品效用、期望目标和
期望结果等一系列内容。

3. 客户价值模型

金克（Jeanke）、罗恩（Ron）和欧荣（Onno）三位学者提出了客户价值
模型（见图4-23），分别从企业和客户两个角度，使客户价值随着业务发展
从一个模糊的概念发展成为有形的市场产品。该模型主要有以下五个价值模
式：期望提供的价值（企业）、期望获得的价值（客户）、设计价值（企业）、
折衷价值（客户）、得到价值（客户），由于企业自身的条件不足、产品开发

研究能力有限、期望产品和市场需要相脱节，以及市场的客观环境、技术能力和价格成本等因素，导致客户产品的最终价值和客户自身得到的价值之间出现严重的落差。

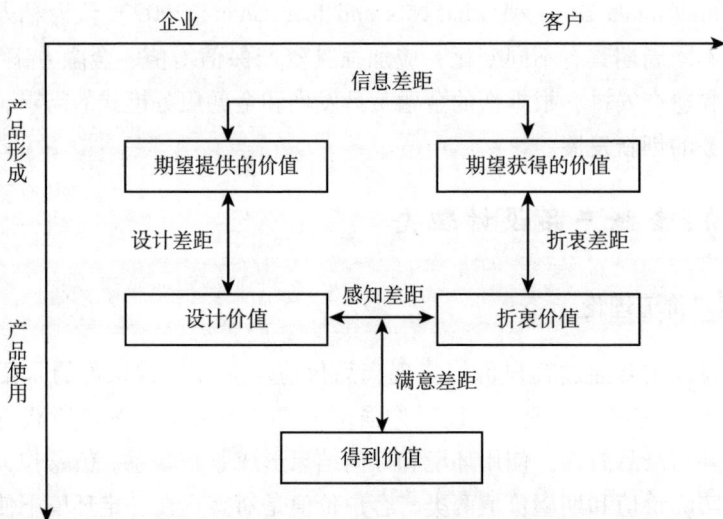

图 4 - 23　金克、罗恩和欧荣的客户价值模型

　　伍德拉夫利用客户价值层次模型对客户如何感知从企业所获得的产品进行阐述（见图 4 - 24）。该模型的核心是客户通过"途径"与目标之间的关联形成期望产品价值，一方面，客户通过自己的期望目标形成预期成果，并评估产品属性和效用的相对重要程度；另一方面，客户通过产品属性、效用和期望效

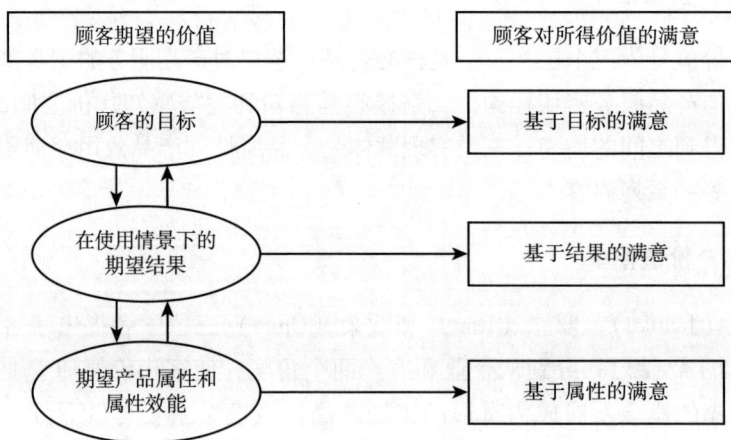

图 4 - 24　伍德拉夫客户价值层次模型

果形成对产品的期望值。综合产品属性、效用、使用效果和期望目标形成最终满意和不满意的成果，并随着环境变化重新整合产品属性、效用、使用结果和期望目标，形成有效的期望价值和现实价值，并形成有效的价值预期。

伍德拉夫（2004）提出"手段—目的"（means and chain）原理，以此来解释客户价值的形成过程。客户价值是指客户参照某种商品和服务的性能，通过自上而下的研究，利用情景指标对产品属性、时间和结果三个指标进行比较，并通过使用前后的感受对比，形成对某种商品和服务是否满意的评价。

菲利普·科特勒（Philip Kotler）研究认为，客户以价值最大化为前提，即在购买商品和服务时，用最低的成本获得最高的收益，以最大限度地满足自身需求。该研究的基础是客户将从预期能获得最高价值的企业购买服务和产品，并认为客户价值是由客户让渡价值和客户满意度组成的，其中，客户让渡价值是指客户所获得的总价值①和付出的总成本②之差。

（二）私人银行产品配置策略

资管新规和配套政策的落地，给中国财富管理领域带来了极为重要的影响。资管新规致力于让资产管理和财富管理行业回归"受人之托，代客理财"的本源，让财富管理客户逐步接受"风险收益"概念。金融机构需要真正了解客户的差异化需求和真实风险偏好，提升投研和资产配置能力。并且，随着高净值客户财富需求的不断完善，其投资范围和产品选择更加多元，因此，私人银行产品配置应逐步摆脱过去的简单销售模式，转向销售代理模式。

1. 产品配置方法

（1）客户需求有效分析。目前，私人银行业务主要集中于货币市场和债券市场，产品服务主要集中于固定收益产品（同信贷资产和票据资产相挂钩）和挂钩类的理财产品。③ 对于对冲基金、另类投资、结构化产品和财产信托的私人银行主流产品，中资私人银行机构较少出现，应通过加强产品创新提升产品服务能力。

---

① 总价值是指客户在产品和服务中所获得的全部收益。
② 总成本是指客户在购买产品和服务的过程中所付出的时间成本、货币成本和精力成本。
③ 这些产品的技术含量低、可复制性强、投资组合和解决方案简单，容易出现同质化，同时缺乏较强的核心竞争力。

资产配置决定了客户投资组合的资产类型和资产权重，包括战略资产配置①和战术资产配置②两种方式。客户资产配置过程中需要考虑的因素有回报目标、风险忍受度、流动性、时间范围、税收、法律和制度环境以及特殊的环境等。

其一，回报目标。高净值客户在最初进行资产配置时，回报目标可能是第一目标。但是，随着资产配置服务的深入，为了保证资产安全性、稳定性和流动性，回报目标可能放在最后。

其二，风险忍受度。私人银行应该有效评估客户承担风险的能力。随着风险忍受度逐步提升，会有更多风险资产被选择，应通过标准差衡量收益波动率水平接受程度来量化风险忍受度。

其三，流动性。流动性的需求限制投资者忍受风险的能力，流动性是指接受风险资产配置的程度，包括流动性、半流动性和非流动性的资产配置三种模式。不同的资产配置具有不同的资产收益特征。

其四，时间范围。时间范围影响客户能够承受的波动率和客户的投资风格。时间范围包括两部分：一是投资周期（短期、中期和长期）；二是投资额率（单一时段还是多时段）。

其五，税收。税收的组成比较多，税收的影响主要是周期性和累积性的，客户咨询服务要考虑在合法的情况下最小化或者消除投资过程中发生的税收负担。主要有两个策略：一是纳税延迟策略。纳税延迟是指在合法和合理的情况下，使纳税人延迟纳税而相对节税的税收筹划。在实践中，可以采用低营业额策略和税收损失策略。低营业额策略就是通过买更多、增加平均的持有期限来延迟纳税；税收损失策略就是用资本损失去抵销应纳税的利润。低营业额策略和税收损失策略都是通过实现资本收益最小化形成延期税收支付的效果。二是税收减少策略。如果纳税不能延迟，还是有机会来减少税收的影响。投资组合的税后回报最大化是进行资产配置的最重要的方法，对不同的投资产品有不同的税收政策，可以根据不同的税收政策匹配有效的风险收益，提升客户服务的满意度和黏性。

其六，法律和制度环境。想要有效规避法律和制度环境的风险，信托是一个不错的选择。信托是根据特殊指导原则来管理资产的业务模式，信托利用投

---

① 战略资产配置强调资产类别权重的分析，通过与客户见面、调查实际情况和召开投资组合会议，列出一系列适合客户的资产配置，通过有效匹配风险和收益，使顾客获得相应的收益预期。

② 战术资产配置是指通过客户投资组合中相关资产的表现情况来预测之后的短期或者中期情况，通过进行市场调整以获得投资组合之外的资产类别，从而获得短期回报。

资工具和建立策略方法，有效匹配受益人和不动产继承人的有效权益，具有融资速度快、可控性强的特点。大多数信托管理人接受现代投资组合理论，并采取总收益回报方法，包括资本利得以及产生收入的投资。

其七，特殊环境。有些特殊环境会限制投资的选择，如集中的股权配置、特定的商业利益、持有的房地产和流动性投资组合以及社会责任等，客户经理在进行资产配置的同时需要考虑到这些特殊环境所带来的影响，可以通过减少或增加某种投资产品来确保整个投资组合的稳定性和流动性。

（2）产品配置具体步骤。私人银行产品是指进行资产配置时所使用的各类金融工具的合约，具体表现为产品的发行、管理、申购、赎回、转让或者流通等相关方面的具体约定。但是，鉴于监管和法律的限制，同样的投资项目通过不同的投资主体进行产品设计时往往呈现不同的形式，如商业银行和信托机构所设计出来的产品具有不同的表现形式。

一是主动管理和被动管理。主动管理是指理财产品发行之后，管理人会将资金投资于特定的领域，期望通过管理人的交易策略或者技能使产品业绩高于一定的基准水平。被动管理是指发行人或者管理人按照既定不变的构成和比例来将资金配置于产品所约定的资产组合中，以期望获得与该组合相对应的资产业绩。由于管理人在策略研究以及开发上的投资比例不同，管理费用也相应呈现出不同的形式。

二是封闭与开放。产品的封闭或者开放是针对投资者申购、认购、赎回以及转让产品的时间而言的，属于产品流通的范畴。产品的封闭与开放以及是否存在二级市场同产品流动性密切相关，而产品流动性应该是资产配置过程中重点考虑的因素之一。

三是最低交易额度。产品最低交易额度是指投资者购买该产品所需要投资资金的最低额度，投资者通过可投资资金规模的大小反映其风险承受能力的大小，使投资者的风险承受能力同产品风险敞口相互匹配。有时候最低交易额度也是一种价格歧视，部分对冲基金或者信托计划在产品供不应求时会通过提高最低交易额度保证产品的购买者是高净值客户。

四是收益型产品或者净值型产品。收益型产品是指发行的时候即确定明确的预期收益率。在产品存续期内，发行者通常不会向投资者发布关于产品的实际价值的准确信息，只在到期结算的时候根据确定的收益计算方式来计算最终的交易额度。而随着产品净值化的影响，越来越多的私人银行产品采取净值化的产品形式进行产品设计和销售。净值型产品的设计、发行和管理，需要发行者或者管理人具有比较强的估值能力、较强的资产管理能力和交易能力，才能应对产品的定期赎回和申购，这些能力大多会受到投资标的的影响。投资收益来自申购和赎回产品时产品净值的差异。

2. 产品配置特点

私人银行客户具有较强的财富保值、增值和传承等方面的需求，会对财富管理机构的产品和服务提出更加全面化、专业化的要求。由于资源禀赋限制，单靠财富管理机构难以满足高净值、超高净值客户需求（见表4-16），因此可以借助金融集团资源优势或引入第三方合作机构，来满足高净值、超高净值客户需求。通过大的平台机构，采用"开放式平台"模式，财富管理机构依据自身的资源禀赋、产品禀赋和服务能力进行模块化的经营和管理，通过对客户的细分和权限管理，更有针对性地服务客户，提升客户满意度和舒适度。

表4-16　　　　　　　　　　高净值和超高净值客户资产配置需求

产品属性	高净值客户	超高净值客户
委托产品	绝对回报、基金管理组合	绝对回报
银行业产品	高级报告	全球托管
金融规划	私人和家族信托	定制化信托
另类投资工具	对冲基金：基金的基金	对冲基金：单一经理
结构化产品	业绩增强	杠杆

资料来源：作者根据相关资料收集整理。

私人银行产品主要包括传统的不动产基金、资产基金、私募基金、对冲基金、QDII共同基金、结构性产品、信托产品以及其他指数类挂钩的投资工具。部分中资私人银行还提供艺术品、贵金属、红酒等另类投资产品；提供包括医疗保健、投资顾问、子女教育留学、海外移民、尊贵生活体验、商务旅行、奢侈品消费等方面的咨询服务和支持增值服务；通过与其他金融机构和服务机构的代销服务模式丰富产品货架，为客户提供一个多元化的产品选择平台，满足客户"一站式"组合不同类型的产品以实现特定的风险收益和流动性配置的需求。

产品服务尚存在以下不足之处：一是主要还是以产品作为服务导向，根据已有的产品库进行推荐和销售，难以提出一个完整的资产配置方案；二是客户经理单个服务客户比较多，迫于业绩压力，难以对客户进行深入的了解和服务，难以达到有效的服务效果；三是商业银行主要限于提供房产规划、银行、信用等领域的专家服务，难以对复杂的需求提供有效的对策和建议。服务质量和时间是提升服务效果的重要因素，有利于提升高净值和超高净值客户的服务黏性。因此，需要通过持续监控客户需求及时有效地把握客户需求变化，根据客户需求提供有针对性的产品和服务。

（三）私人银行产品配置模式

私人银行金融业务主要是个性化的资产管理服务，产品设计涉及银行、证券、保险和外汇等多个市场。私人银行业务需要涉及多个市场、多个渠道、多种组合、多个牌照①。国外成熟私人银行为其客户提供的产品类型非常丰富，且不限于本行产品，以开放式平台吸纳和筛选多渠道、多品类产品。例如，汇丰银行私人银行为客户提供的服务中仅投资理财产品就包括账户服务、银行卡服务、贷款服务、保险服务和投资服务②五大类。

中资私人银行所需要扮演的角色不仅仅是单纯的产品提供者，还要基于对全球经济大势的判断和对中国私人银行客户需求的理解，为客户筛选出或共同设计出适合的产品，并提出合理的资产配置建议。以全球领先私人银行为例，该机构长期与最负盛名的全能型银行、投资银行深度合作，通过严格以及标准化的筛选流程（包含交易对手查核、产品表现筛选、服务质量审核、执行效率检查等环节），旨在从每一个风险收益偏好类别、资产类别和特殊要求中，找出最适合私人银行客户的产品，而自行创设的产品仅作为补充。相应地，境外产品的引入对中资私人银行整体产品管理体系有更高的要求，无论是在产品遴选标准和流程上，还是在风险评价和存续管理上，都需要严格的规范。

1. 完善现有的产品体系

根据高净值客户个人、家庭及其合作伙伴对私人银行产品和服务的需求，从以下三方面完善产品体系：一是优化现有的零售银行产品服务，如货币市场管理账户、多币种联合账户、贷款创新，进一步优化现有的信用卡融资便利服务；二是提升高端产品的供应货架，根据高净值客户的融资服务需求，提供现

---

① 包括银行牌照、信托牌照、金融租赁牌照、第三方支付牌照、公募基金牌照、基金销售牌照、券商牌照和保险牌照，不同类型的牌照具有不同产品和准入属性。

② 投资服务包括证券投资、信托基金投资、外汇市场投资、股指投资、住宅物业投资、黄金投资、市场咨询等，以及房产、物业等不动产投资和收藏品、艺术品等投资。

金管理、以私人财产作抵押的融资便利，提供远期、期货、期权等基础性衍生工具以及以它们为基础的复杂的衍生产品、不上市交易证券、新兴市场投资基金、国际股票基金等；三是优化现有增值服务并提升服务水平，通过数据以及相关研究，结合客户自身的财富保值增值需求，增加投资机会，提升投资附加值；四是加强同业机构的合作共赢。

2. 提升投资研究能力

私人银行业务的重点在于资产配置能力，而资产配置能力提升的关键在于平台投资研究能力的提升。

一是加强对客户需求的了解。高净值客户的财富管理需求会随着年龄、资产、心态等诸多因素的变化而发生改变，应该加强对高净值客户需求的了解，前提是做好投资研究顾问工作。

二是加强对市场和大类资产走势的判断。金融机构必须加强对市场和大类资产走势的判断，形成明确的机构观点和大类资产配置建议。首先，需要构建完善的投资研究团队，包括宏观研究、大类资产研究、具体投资策略研究和产品研究等具体职能。其次，要加强数字技术的应用和推广。一方面，数字技术能促使财富管理团队更加全面、及时地把握市场动态，梳理出不同的市场观点、规律和趋势；另一方面，通过加强数字技术的应用和发展，能够把市场观点和资产配置建议有效传递给投资者。

三是加强对市场和投资者的培育。传统的财富管理机构由于刚性兑付需求，投资者更多关注产品发行方、期限和收益率，缺乏资产配置的意识，而财富管理机构更多充当产品销售渠道的角色。未来在严监管趋势下，财富管理业务回归本源，财富管理机构需要帮助客户抵御风险，促进多元产品销售和服务落地。

（四）案例分析

1. 国有银行

（1）中国银行。中国银行私人银行根据客户的个性化需求，量身定做解决方案，提供风险管理、资产配置、个性化融资、投资咨询、税务和法律咨询、子女教育和留学移民规划、信托等一系列的深度专业服务，帮助客户实现财富的长期保值、增值与世代传承（见图 4-25 和图 4-26）。

```
            ┌─────────────────────────┐
            │  中国银行私人银行产品      │
            └────────────┬────────────┘
         ┌──────┬────────┼────────┬──────┐
         ▼      ▼        ▼        ▼
      ┌────┐ ┌────┐  ┌────┐  ┌────┐
      │负  │ │资  │  │代  │  │保  │
      │债  │ │产  │  │销  │  │障  │
      │类  │ │类  │  │类  │  │类  │
      │产  │ │产  │  │产  │  │产  │
      │品  │ │品  │  │品  │  │品  │
      └────┘ └────┘  └────┘  └────┘
```

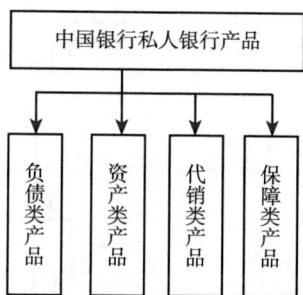

图 4 – 25　中国银行私人银行产品

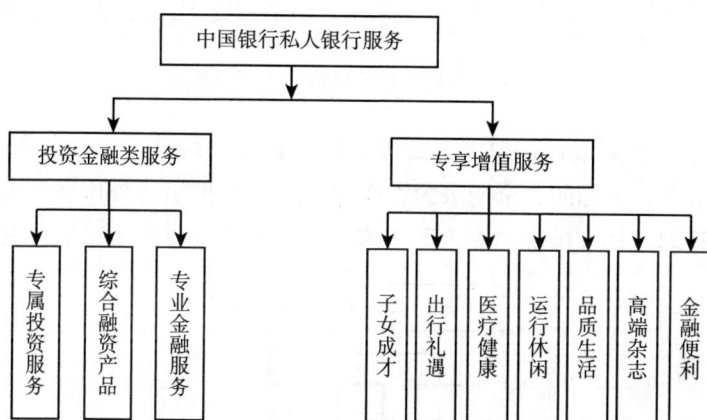

```
              ┌──────────────────────────┐
              │   中国银行私人银行服务      │
              └─────────────┬────────────┘
          ┌─────────────────┴──────────────────┐
          ▼                                     ▼
   ┌──────────────┐                    ┌──────────────┐
   │ 投资金融类服务 │                    │  专享增值服务  │
   └───────┬──────┘                    └───────┬──────┘
      ┌────┼────┐              ┌───┬───┬───┬───┼───┬───┐
      ▼    ▼    ▼              ▼   ▼   ▼   ▼   ▼   ▼   ▼
   ┌──┐ ┌──┐ ┌──┐           ┌──┐┌──┐┌──┐┌──┐┌──┐┌──┐┌──┐
   │专│ │综│ │专│           │子││出││医││运││品││高││金│
   │属│ │合│ │业│           │女││行││疗││行││质││端││融│
   │投│ │融│ │金│           │成││礼││健││休││生││杂││便│
   │资│ │资│ │融│           │才││遇││康││闲││活││志││利│
   │服│ │产│ │服│           └──┘└──┘└──┘└──┘└──┘└──┘└──┘
   │务│ │品│ │务│
   └──┘ └──┘ └──┘
```

图 4 – 26　中国银行私人银行服务

（2）中国建设银行。中国建设银行私人银行致力于打造满足客户个人、家庭、企业多元化服务需求的产品，持续优化"金管家"服务，构建开放式产品平台，推出消费品信托、全权委托投资服务等产品，打造家族信托拳头产品（见图 4 – 27 和图 4 – 28）。

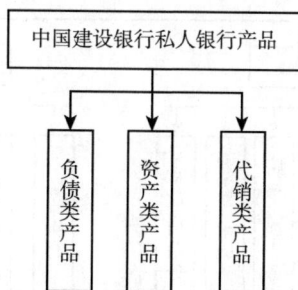

```
         ┌──────────────────────────┐
         │  中国建设银行私人银行产品   │
         └─────────────┬────────────┘
           ┌───────────┼───────────┐
           ▼           ▼           ▼
        ┌────┐      ┌────┐      ┌────┐
        │负  │      │资  │      │代  │
        │债  │      │产  │      │销  │
        │类  │      │类  │      │类  │
        │产  │      │产  │      │产  │
        │品  │      │品  │      │品  │
        └────┘      └────┘      └────┘
```

图 4 – 27　中国建设银行私人银行产品

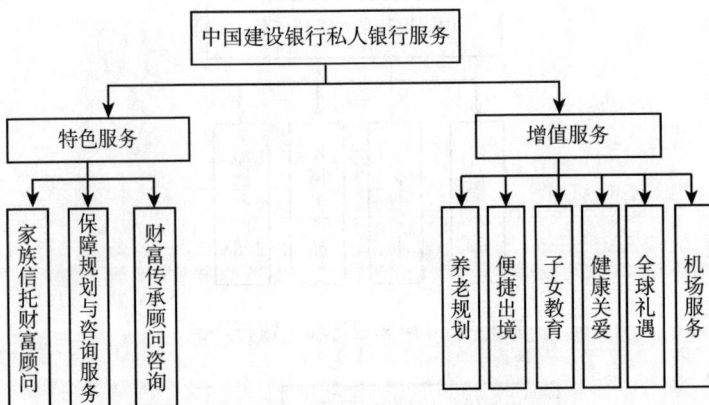

图 4 - 28　中国建设银行私人银行服务

（3）中国工商银行。中国工商银行私人银行围绕客户个性化需求，为客户提供全市场、全标的、全期限的资产配置，陆续推出境外服务、专户服务、家族财富管理、私人银行"黑卡"等多项创新服务（见图 4 - 29 和图 4 - 30）。

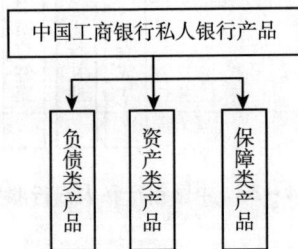

图 4 - 29　中国工商银行私人银行产品

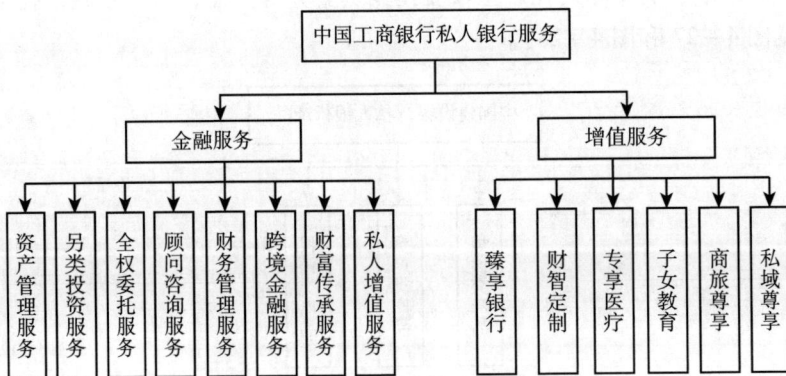

图 4 - 30　中国工商银行私人银行服务

（4）中国农业银行。中国农业银行私人银行以客户满意度作为检验服务的最高标准，依托强大的集团资源优势，为客户提供涵盖资产配置、委托资产管理、优选产品代销、家族信托、增值服务、资本市场与跨境金融服务于一体的财富管理解决方案，准确契合了高净值人士的财富管理诉求（见图4-31和图4-32）。

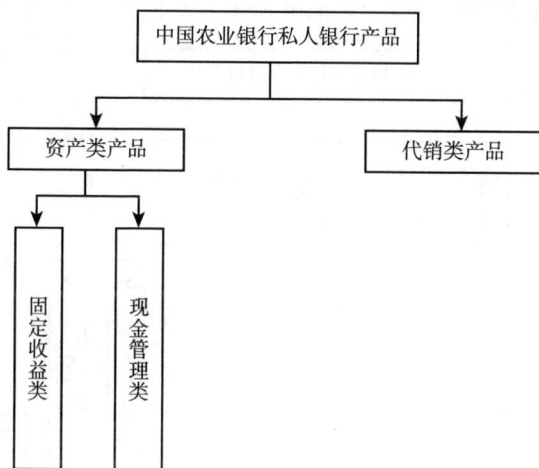

图 4-31　中国农业银行私人银行产品

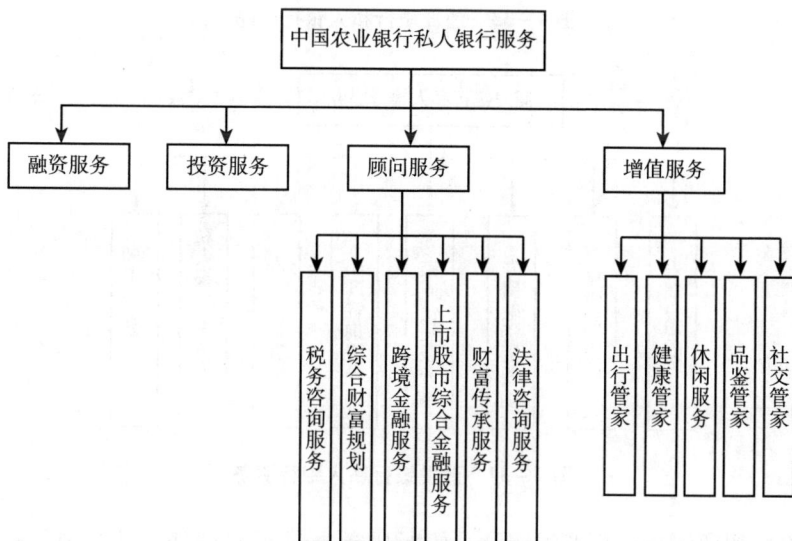

图 4-32　中国农业银行私人银行服务

2. 股份制商业银行

（1）浦发银行。浦发银行私人银行已经建立完备的以资产管理和顾问咨询服务为特色的私人银行专属产品和服务体系，并依托私人银行美国运通信用卡建立国际领先的增值服务项目，为每位私人银行客户配备一名专业的财富顾问贴身服务，满足客户的综合金融服务需求（见图4-33和图4-34）。

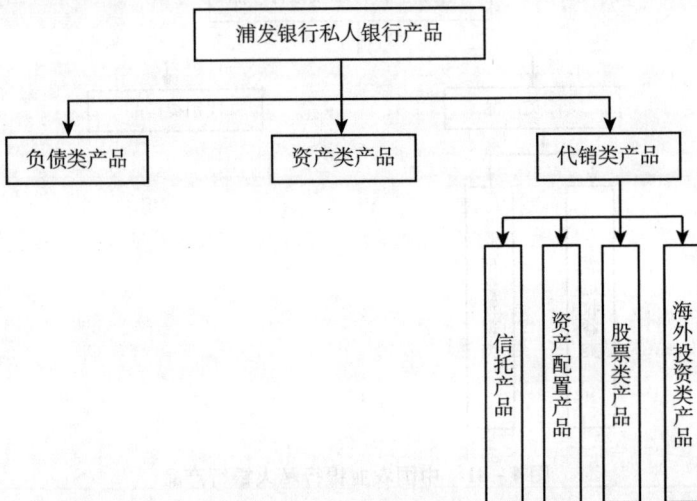

图4-33 浦发银行私人银行产品

浦发银行私人银行产品
- 负债类产品
- 资产类产品
- 代销类产品
  - 信托产品
  - 资产配置产品
  - 股票类产品
  - 海外投资类产品

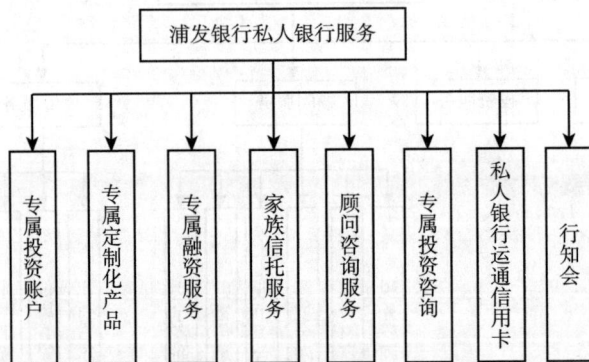

图4-34 浦发银行私人银行服务

浦发银行私人银行服务
- 专属投资账户
- 专属定制化产品
- 专属融资服务
- 家族信托服务
- 顾问咨询服务
- 专属投资咨询
- 私人银行运通信用卡
- 行知会

（2）招商银行。招商银行私人银行服务立足于"助您家业常青，是我们份内的事"的经营理念，以"打造最佳客户体验私人银行"为目标，正在向"轻型银行"进行战略转型（见图4-35和图4-36）。

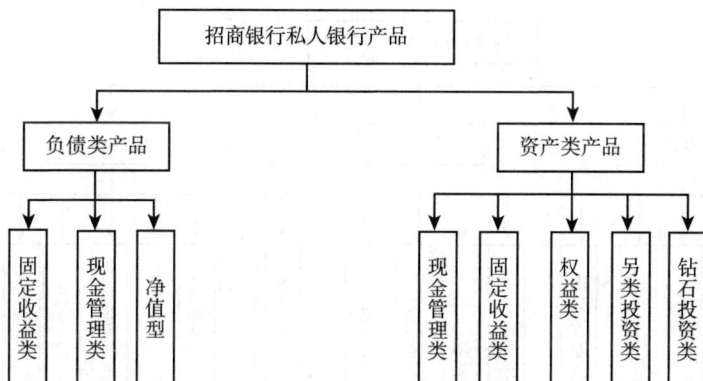

图 4 – 35   招商银行私人银行产品

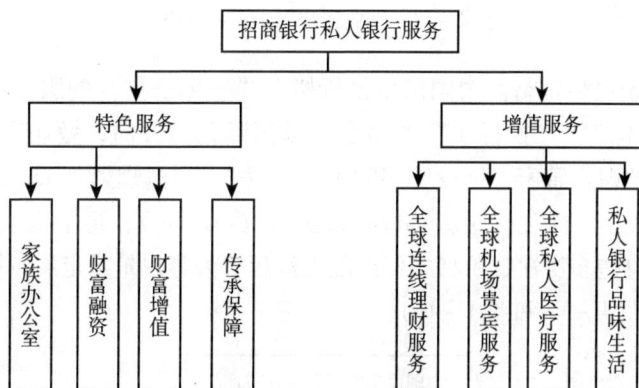

图 4 – 36   招商银行私人银行服务

（3）兴业银行。兴业银行私人银行在零售业务的发展方向和产品功能上，重点是以按揭贷款为主，以信用卡、自然人生理财卡、财富管理作为旗舰产品，争取在这些领域中取得突破（见图 4 – 37 和图 4 – 38）。

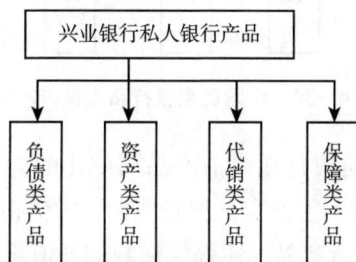

图 4 – 37   兴业银行私人银行产品

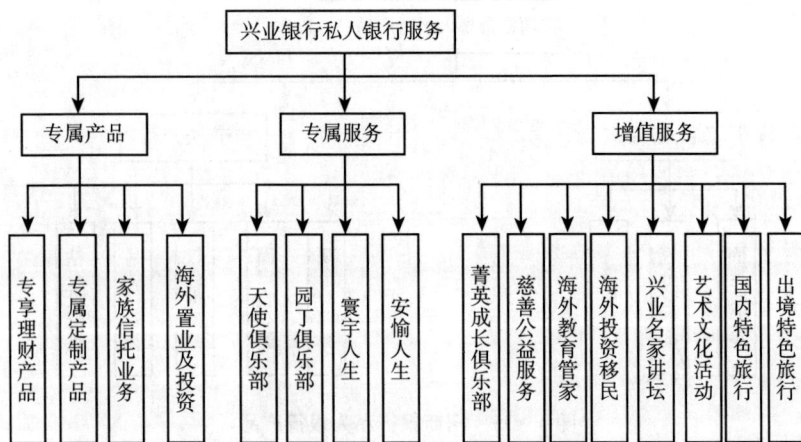

图4-38 兴业银行私人银行服务

（4）中国民生银行。中国民生银行树立"一体三翼"的服务理念，以财富管理为主体，以"投行+"为特色，以国际化为方向，做让客户信得过、让客户放心的财富管家，创设"UPPER工作法"，通过理解（understand）、建议（propose）、个性化（personalize）、执行（execute）、再平衡（rebalance）五个环节，打造多层次、阶梯式资产配置流程，为客户量身定制专属的资产配置方案（见图4-39和图4-40）。

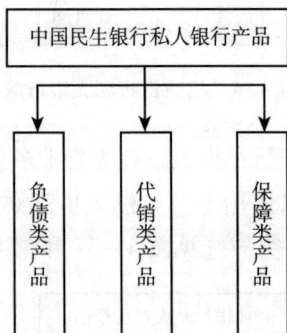

图4-39 中国民生银行私人银行产品

（5）中信银行。中信银行在当前产品同质化的背景下，通过设立五大俱乐部为客户提供"金钱所不能及"的稀缺资源。中信银行不仅为财富客户及其家庭提供多元化的金融投资产品，还提供稀缺的增值服务资源（见图4-41和图4-42）。

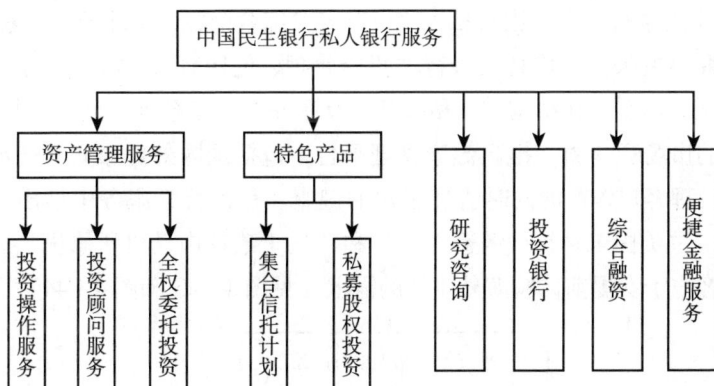

图 4 - 40　中国民生银行私人银行服务

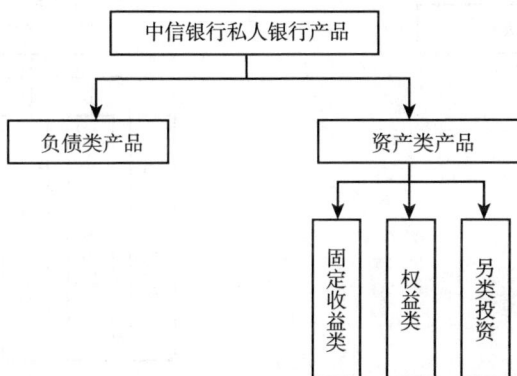

图 4 - 41　中信银行私人银行产品

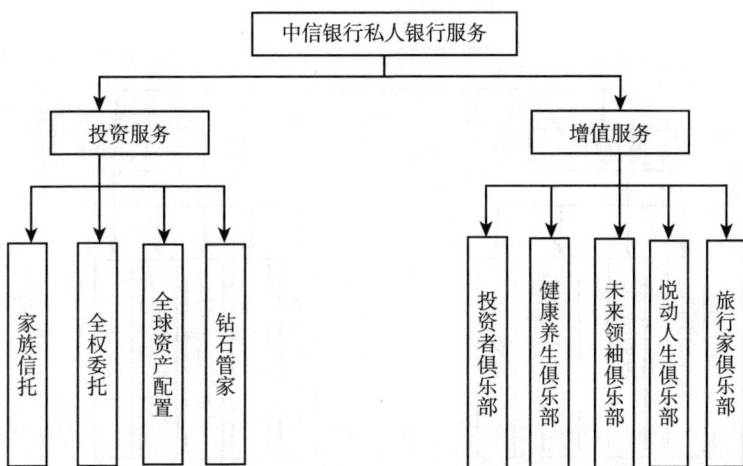

图 4 - 42　中信银行私人银行服务

（6）平安银行。平安银行私人银行夯实"综合金融、全球配置、家族传承"三大价值客户主张，深化私人银行"投资管理、健康管理、移民留学、家族保障"四大服务体系。在结构类、私募类以及海外产品体系等方面不断推陈出新，强化产品的市场竞争力，推出健康管理平台，包括国内外健康管理、海外就医等项目，管理客户资产的同时管理客户的健康。移民留学服务中推出"伊顿暑假研修班"、"美国未来领袖锻造之旅"和"瑞士玫瑰山动机研修班"等系列活动，满足客户子女提前体验海外生活的需求（见图4-43和图4-44）。

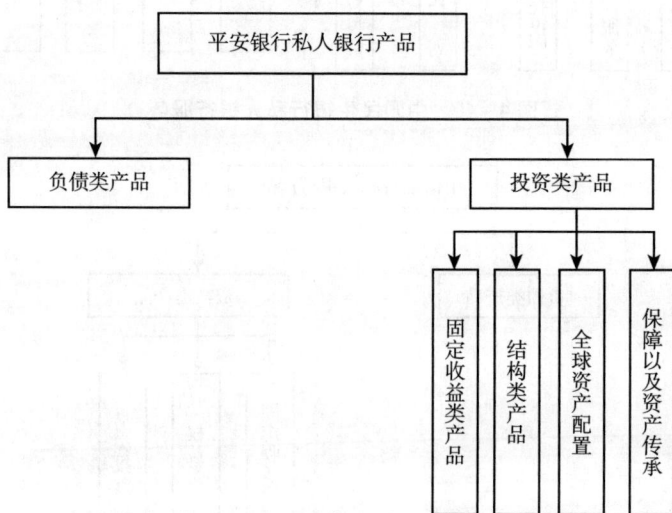

图4-43　平安银行私人银行产品

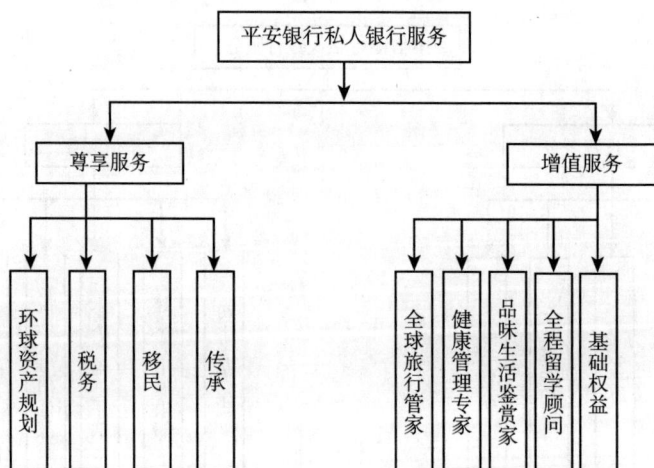

图4-44　平安银行私人银行服务

（7）中国光大银行。2017 年，中国光大银行将"突出财富管理特色"设为最新战略之一。光大银行私人银行为客户搭建了个性化增值服务和资源整合平台，先后推出健康医疗、机场贵宾、子女教育、投资移民、旅游定制、艺术品鉴赏、财税规划、高端保险、家族信托等增值服务，满足客户个性化服务需求，实现财富保值、增值、传承（见图 4 - 45 和图 4 - 46）。

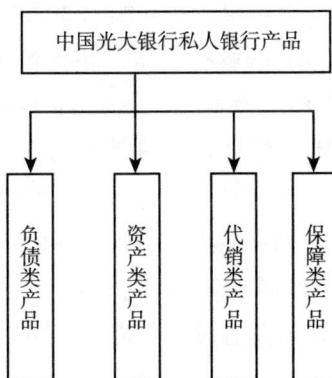

图 4 - 45 中国光大银行私人银行产品

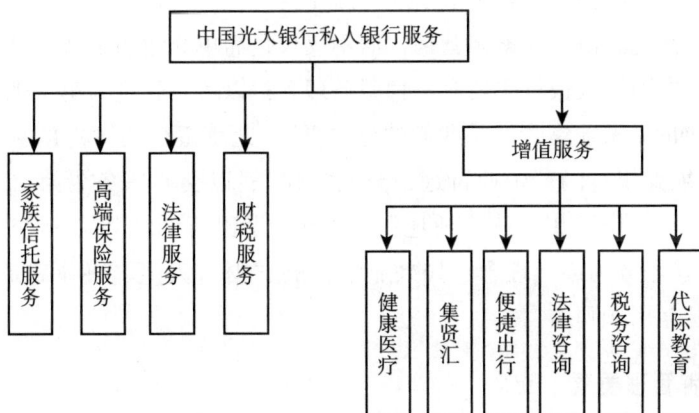

图 4 - 46 中国光大银行私人银行服务

四、私人银行品牌构建

私人银行品牌是市场上客户对品牌形象给予的综合评价，包含机构属性、企业个性和品牌标志等。品牌不仅反映机构的市场声誉，同时也反映客户的信赖感觉。强势的品牌可以提升私人银行行业领导地位，维护客户关系并吸纳新客户，提升销售满意度并增加销售机会。大部分私人银行会朝着专业、可信赖等私人银行客户关注的业务属性需求来建立自己的品牌，如加入国际社会关心的全球变暖、环境保护、公平贸易等公益项目，提升私人银行品牌的正面形象和国际影响力。

成熟的私人银行通过历史积累或者并购整合实现规模积累，建立私人银行品牌。全能型私人银行以并购整合为主，快速扩张规模、拓展全球市场，快速建立品牌。根据斯格纳合作伙伴（Scorpio Partnership）数据，2015～2017 年全球私人银行 AUM 排名前 10 位未发生变化，2012～2015 年前 10 位中仅有 3 位发生市场变化，市场格局日趋稳定。这种稳定格局主要来自成熟私人银行品牌的外溢作用和规模经济效应，国外成熟私人银行品牌一经建立后，稳定性强，"护城河"作用显著。国外成熟私人银行的品牌"护城河"，对于中国私人银行业务的拓展具有较强的借鉴作用。

（一）私人银行品牌管理

私人银行品牌构建应具有特色鲜明的品牌、可持续营销和批量开发的客群，采用个性化和情感元素来营销，而不仅仅是简单介绍历史和产品。

目前，中国私人银行主要有三种服务理念：以家业管理为第一理念，如招商银行的"助您家业常青，是我们的分内事"、北京银行的"您的家业，我们的事业"、农业银行的"恒业行远，至诚相伴"；以交心服务为第二理念，如中国银行的"倾您所想，达您所愿"、中国建设银行的"以心相交，成其久远"；以智慧服务为第三理念，如兴业银行的"财智人生、兴业有道"、上海银行的"智慧引领财富"。

1. 品牌管理要素

加强品牌管理主要可以从以下三个方面着手：一是展现品牌特色，明确品牌的"精髓"，通过事实和数字描述展现客户细分、从业人员的素质、战略合作伙伴的实力等。二是展现私人银行品牌的感性因素。品牌的核心包括历史文化、社会责任、消费行为。私人银行品牌的感性因素包括母银行品牌的文化内涵、私人银行客户期望、私人银行对客户的责任等。三是展现私人银行品牌的灵魂。私人银行的品牌灵魂是传递给客户的信任感、责任感以及作为尖端金融行业的使命感。四是维持品牌形象。长期维持好的品牌，需要很好的品牌管理和战略，要随时关注客户需求和市场的变化，保持曾经的承诺，建立客户的信任感，增强客户对品牌的忠诚度。

2. 品牌管理内容

品牌就是实力，品牌就是影响力。提升品牌影响力可以从以下三个方面着手。

一是建立信誉和信任度。一方面，要加强市场研究，根据客户需求推出适应客户需求的产品和服务，提升客户的黏性和适应性；另一方面，要通过市场宣传、软硬广告提升品牌的影响力和辐射力，提升客户对私人银行业务的认可度和信任度。

二是加强品牌规划、沟通和宣传。加强对私人银行的品牌设计、宣传和服务，加强服务手册制作、宣传片的设计和推广，设计私人银行统一的品牌形象，通过网络平台、电视媒介进行广泛宣传和指导，提升品牌的规划、沟通和宣传水平。

三是加强外部合作。一方面，要完善自身品牌，提升客户对品牌的辨识度、认可度和黏性。另一方面，要加强同外部渠道的联系和拓展。私人银行业务外部合作要加强同政府、媒体、专家、权威人士以及业务链条相关企业合作者的沟通联系。

3. 品牌管理方法

一是加强品牌规划、沟通和传播。品牌规划是指品牌根据市场形势，结合自身优势和特点，以及产品和服务名称选择、LOGO 设计、软硬广告投放、新闻发布、品牌宣传、品牌定位、品牌架构设计和品牌危机管理等因素，体现品牌旗下产品和服务的统一理念，形成相互促进和协同效应。在品牌沟通方面，对内统一设计形象标识、形象宣传等，形成有个性的品牌形象文化；对外提供良好的产品和服务，积极组织或参与有价值、有影响力的品牌推广活动，组织满足客户增值服务需求的市场活动，满足客户需求，提升品牌形象。在品牌传播方面，实施不同维度、不同渠道、不同形式的品牌传播策略，充分运用广告、公关、新闻宣传、事件营销、组织活动等渠道，全方位打造立体完整的品牌形象。

二是建立品牌管理的危机应对体系。私人银行发生危机事件会导致品牌的信任度受到质疑，导致私人银行的声誉风险，为品牌带来负面影响。首先，要建立完善的品牌危机处理预案，在日常品牌管理过程中，高度关注可能影响私人银行品牌价值的潜在风险或者突发因素，正确监测、判断各种危机可能的信号，并在私人银行内部建立危机处理机制，制定严谨、有效的应对方案。如果发生危机事件，要采取有效措施，掌握主动，化解品牌危机。其次，从私人银行管理层到执行层都需要建立对品牌的危机意识，鼓励并充分调动全体从业人员参与品牌建设的责任感，做好品牌维护和发展。最后，私人银行机构应该加强与政府宣传管理部门和金融监管部门的沟通联系，争取外部机构对私人银行工作的支持，并借助政府和监管部门的力量取得正面舆论支持，为危机公关奠定基础。做好品牌管理，强化与主流媒体的合作，加强对私人银行业务特色产品和服务的正面宣传，与媒体建立良好关系，达成新闻保护的共识，做好品牌维护工作。

（二）私人银行品牌服务

1. 品牌服务内容

私人银行品牌服务的主要内容就是管理好客户关系。私人银行客户关系管理是指银行通过数据挖掘建立信息库，利用相关的数据模型帮助商业银行在市场、销售、服务、公共关系等方面有效改善和发展与客户的关系，培养客户忠诚度，提高私人银行的市场营销能力、客户服务能力和经营管理能力，构建商业银行核心价值，提升银行的竞争力。

做好私人银行客户关系管理需要做到市场细分、目标市场选择、市场定位三个方面。对于市场细分来说，高净值客户具有安全性、私密性和稳定性需求，要将客户资产规模、风险偏好、客户职业特征、财富来源和地域市场作为进一步细分的标准。对于目标市场选择来说，要根据战略规划、资源禀赋、客户特点进行市场细分，选择合适的产品和市场。对于市场定位来说，要结合对手企业的市场定位和自身优势，提高市场认可度，增加对客户的了解，增强核心客户黏性。

2. 品牌服务性质

创造品牌形象，体现品牌价值，强化对目标客户的集中关注，是私人银行成功的关键性因素。品牌同产品和服务之间相辅相成，在品牌成立之初，品牌力量不够强大，通过较好的产品和服务进行品牌培育、推广和巩固；在品牌成熟之后，通过品牌构建一些精神的、心理的、社会的价值或信息，使之更加具有竞争力，形成产品和服务的灵魂。私人银行高净值客户是一个具有相对类似特点的群体，因此，很多私人银行品牌服务会选择奢侈品（手表）、贵族血统、经典建筑、古典音乐和游艇等代表其品牌形象。长期以来，私人银行通常将这些形象与继承得来的财富和私人银行业务联系在一起。而对于初次接触私人银行业务的客户来说，他们的个性特征、背景和品味是多样的，他们通常想要享受金钱所不能达到的感觉，私人银行的品牌服务应该提供类似的服务产品，用以作为服务亮点，打造品牌形象。

（1）重要性。私人银行品牌的建立和管理在其全面管理体系中具有非常重要的作用。在私人银行领域中，品牌通常需要一段长时间的经营才能建立，通过历史和传统积淀、经营思路和文化展示，彰显私人银行的全方位服务能力和历史业绩表现。私人银行品牌具有高辨识度和较强的品牌溢出效应。品牌内部客群相互传导作用强，利于从内部拓展客群；品牌外溢效果显著，利于外部开拓市场并延展至银行其他业务品种。品牌一经建立，则会形成较强的品牌稳定性。《中国私人银行 2019》报告显示，在高净值客户选择金融机构的主要因素中，品牌的比重已经从 2012 年 33% 上升到 2018 年 57%。品牌和专业受重视的程度反映了行业头部效应正在逐步形成，客户更加期待专业服务。

（2）必要性。品牌形象是企业或者某个品牌在市场上、在社会公众心目中所表现出来的个性特征，品牌形象与品牌不可分割。品牌形象是有形和无形的统一，包括品名、包装、图案广告设计等。私人银行品牌给人的感觉是私密、尊贵、稳重、严谨的，并体现内在的专业性和严谨性。私人银行也可以通过其他品牌定位彰显其与众不同，便于吸引特定客户，如综合型的私人银行会在母银行的品牌下建立子品牌体系，以吸引不同的客户群体。

一是品牌有形内容。品牌的有形内容主要指品牌的功能性，即与品牌产品或服务相联系的特征。对私人银行来说，有形内容即全方位金融服务，它是联系品牌提供给消费者的产品与服务的纽带，使消费者可以通过品牌将私人银行的功能性特征与品牌形象联系在一起，并直接把抽象的品牌转化为消费者的真实感受和认知。

二是品牌无形内容。品牌的无形内容即所谓的"体验经济"，其实质是消费者对商品更深层次的需求，即无形感受，包括满足感、荣誉感等。品牌的无形内容包括产品或服务形象、提供者的形象、使用者的形象。针对不同的产品、文化和个性特征，会有不同的品牌理解，高净值客户希望品牌能被赋予成功、自主、专业的形象特征。

3. 品牌构建策略

（1）跟随国际性、国家性银行。跟随其主要的国际性或国家性私人银行部。例如，花旗集团私人银行、瑞士信贷私人银行具有典型的主品牌优势，主品牌所具有的高知名度和市场美誉度能够对其业务拓展起重要作用。又如，瑞银集团全能型的品牌服务能够为瑞银私人银行提供较好的资本市场运作和资产管理方面的业务支持。

（2）创办人名字命名。创办人的名字作为品牌名称，如顾资、百达、嘉盛莱宝，具有较为悠久的历史和文化传统，使投资者对其有天然的信任感，相信通过品牌服务能够享受到非常好的品牌传承。例如，苏格兰皇家银行的子公司——顾资成立于1692年，其主要是为英国皇室打理资产，这使投资者对这家机构具有天然的信任感，相信通过它的服务能够享受到皇家服务一般的礼遇，从而提升客户心理满意度。

（3）结合主品牌及创始人品牌。结合主品牌及创始人品牌进行私人银行品牌构建，如荷兰银行和汇丰银行。采用这种品牌构建方式必须考虑主品牌和传统品牌的优势和劣势。主品牌具有较高的知名度和市场认可度，通过交叉销售和联合开发，能够有效扩充市场范围；但是，沿用传统品牌会失去一些吸引力，同时集合品牌还会增加品牌信誉度风险，由于不同品牌具有不同战略规划和细节，在执行销售服务的过程中可能由于品牌服务不同而造成不同的影响和美誉度。

（三）案例分析

招商银行于2007年8月推出私人银行业务。招商银行以零售业务起家，其零售业务占比已经超过一半，具有轻资产的特性。"金葵花"品牌为招商银行积累了众多高端客户，也在市场上树立了品牌优势，很多招商银行私人银行客户正是从"金葵花"中筛选升级而来，其标准与权益如表4-17所示。招商银行通过"金葵花"积累了大量的优质客群，这为招商银行发展私人银行提供了核心竞争力：一是为招商银行提供了更多资金；二是通过资源整合，创造出私人银行与零售银行的交叉销售。

表 4 – 17   "金葵花"贵宾客户标准及权益

客户标准	招商银行同一分行的所有个人账户资产（本币定期、活期存款以及"第三方存管"、"银基通"、受托理财产品和凭证式国债账户等市值总和），折合人民币总和达到50万元
客户权益	财富管理顾问；投资理财产品；财富管理资讯；财富理财渠道；尊享贷款服务；手续费率优惠；提供95555服务热线以及40088 –95555贵宾服务热线

资料来源：作者根据相关资料收集整理。

五、私人银行科技转型

2016年初，金融稳定理事会（FSB）对金融科技做出了定义：金融科技（Fintech）是指技术带来的金融创新，它能创造新的业务模式、应用、流程或者产品，从而对金融市场、金融机构及金融服务提供方式造成重大影响。金融科技强调将技术作为服务金融产业发展的手段，在具体应用和发展过程中，仍需要遵循金融市场运行的基本规则。金融科技的快速发展离不开科技创新能力的提升和金融制度的完善。

科技创新离不开底层技术、场景和业务模式、资产配置对象、客户管理与产品服务、运营管理与开放合作。在此背景下，私人银行科技服务能力是指通过新技术有效链接私人银行产品、市场、客户，提升私人银行客户服务进度和效率，真正实现"智能服务"。

（一）财富管理科技转型

1. 财富管理的技术

私人银行业务模式创新分为两个方面：一是借鉴金融科技公司的产品和服务，提升整体服务效果。例如，智能投顾通过自身算法和相关应用程序，自动为高净值客户提供相应产品和服务。二是丰富场景内容，为高净值客户提供更好的服务内容和产品。对于形态创新来说，一方面，根据高净值客户需求整合资源，丰富产品种类和数量；另一方面，通过应用科技手段，提升服务模式舒适度。金融科技同金融业务深度融合主要集中在画像与分析、规划与配置、交易与执行以及组合管理四个方面，其中，大数据、人工智能、区块链和机器人流程自动化运用的最为广泛、最为深入（见表4–18）。

表 4 – 18   四大科技在财富管理业务上的应用

技术手段	画像与分析	规划与配置	交易与执行	组合管理
大数据	精准营销； 反欺诈； 客户标签； 客户分层； 智能客服； 远程开户； 反洗钱	产品分析； 组合产品	资金安全； 反洗钱	组合诊断优化； 市场信息分析； 资产异动管理； 交叉销售
人工智能	反欺诈； 客户分层； 远程开户； 智能客服	投研投顾（智能读取、智能生成、智能预测）； 产品分析； 组合产品	语音识别； 图像识别	组合诊断优化； 市场信息分析； 自动调整与再平衡； 一体化账户管理； 交叉销售
区块链	加密信息存储	—	交易效率； 智能合同	—
机器人流程自动化	通过跨系统连接、多系统解构和数据实时调取，实现流程简化和作业自动化			

资料来源：《全球数字财富管理报告 2018：科技驱动、铸就信任、重塑价值》。

2. 财富管理的类型

从全球财富管理业务模式转型方式来看，根据目标客群、提供产品、服务模式、技术价值等特性，可分为流量型互联网机构、垂直型互联网机构、传统机构的数字化转型，以及综合型互联网机构四类财富管理机构（见表 4 – 19）。

表 4 – 19   主要财富管理机构类型及特点

项目	流量型互联网机构	垂直型互联网机构	传统机构的数字化转型	综合型互联网机构
目标客群	流量平台存量客户以长尾客群为主	对某一种特定类型的资产或者服务有显著黏性的客户	传统金融机构存量客户	对金融专业化能力有要求，且针对科技接受度较高的中产财富客户
提供产品	钱包/现金管理； 高流动性固定收益类产品； 以流量为基础，具备数字化管理基础	高频交易型产品； 提供及时咨询、论坛等服务	半开放产品平台； 投资组合建议，投资资讯	开放产品平台； 投资组合建议； 投资资讯

项目内容	流量型互联网机构	垂直型互联网机构	传统机构的数字化转型	综合型互联网机构
服务模式	自助式服务	以自助式服务为主	以"人机结合"为主	自助式服务； "人机结合"
技术价值	体验优化，多维客户标签	精准营销、体验优化、投资组合建议；产品设计	了解客户，资产配置，风险控制，体验提升，投顾赋能	精准营销，了解客户，资产配置，风险控制，体验优化，替代投顾
企业举例	蚂蚁金服； 理财通	Wealth Front； 雪球； 天天基金网	UBS Smartwealth； Fidelity Go	Charles Schwab； 陆金所

资料来源：作者根据波士顿咨询公司投资分析资料整理。

一是流量型互联网机构。该类型机构主要集中在中国市场，以 BATJ［百度（Baidu）、阿里巴巴（Alibaba）、腾讯（Tencent）、京东（JD）四大互联网公司简称］为代表。流量型互联网机构多为互联网跨界机构，凭借电商平台、社交应用的背景，通过支付、钱包管理、现金管理业务获取海量客户和数据资源，并通过对数据资源的多维度分析来理解客户的购买逻辑并提供最佳销售策略。一方面，有利于数据资源的积累，通过丰富的场景和流量累积大量的客户数据、交易数据和社交数据；另一方面，可以通过场景切入交易活动提升客户黏性和适应性。

二是垂直型互联网机构。该类型机构通过数据和技术重构重塑客户购买需求和购买体验。根据国际交易经验，该类平台针对客户追求效率和低费率的诉求以及更强的自主性需求，凭借数据和技术的核心手段提供更快、更加精准的一手信息，通过信息资源整合，重构资源配置和交易流程，满足客户需求。

三是传统机构的数字化转型。该类型机构是在数字化浪潮下建立的未完全脱离传统体系的数字化平台或子品牌，集中了大量存量客户，凭借对金融专业能力的理解和线下网点渠道核心竞争优势，通过"人机结合"的方式为高净值客户提供基于数据和技术的资产配置与产品组合，能够在一定程度上降低服务高净值客户或超高净值客户的成本，赋能投资顾问。

四是综合型互联网机构。综合型互联网机构具有互联网基金和金融机构背景，以专业性、低成本和便捷性的有机平衡为核心优势。该类型机构主要针对金融机构想服务好却没能服务好的中产阶级客户群体，运用数据和技术对客户进行深度画像，利用开放平台为客户提供多样化产品配置。综合型互联网机构中比较成熟的如美国的嘉信理财（Charles Schwab）和中国的陆金所，但是该类型机构需要通过在科技和专业人士的相互替代中不断寻找平衡点，从而提升客户服务能力。

3. 财富管理的模式

（1）智能获客。金融行为的低频与隐性造成获客的成本高、难度大。最初的获客策略机械地采用高利率、用户返现补贴等方式，然而客户留存率低、活跃度低。智能获客以关系数据、身份信息、消费数据、网络行为等多层次数据为基础，通过神经网络等技术进行特征表达和转化，建立刻画全面、定位精准、触达实时的金融画像，立体刻画个人用户的风险模型和需求模型，真正做到"千人千面"，发现价格敏感的用户。

（2）智能客服。基于金融业务的强安全要求，身份验证作为准入环节依赖线下人工校验，烦琐耗时，用户体验差、安全隐患大，无法完全嫁接到互联网线上服务流程中。声纹识别、人脸识别、虹膜识别、手写识别等身份识别技术的发展突破了实时、准确验证身份的难题，适用于远程登录、场景支付、远程开户和授信、安全校验、公章识别、票据验真等多个应用方向，大幅提高了用户身份鉴别的准确性和效率。智能客服的核心是自然语言处理和语音技术，借助 AI 驱动定制化客服平台，通过语音文本转换、语气识别、问题预测、问答检索和交互会话等技术，使智能机器人能自主地与客户进行互动交流，覆盖常见业务问题，减少客户等待时间，强化针对用户的安全保证，增强用户黏性。

（3）智能投顾。智能投顾起源于美国。2008 年全球金融危机之后，以贝特曼（Betterment）和威尔福兰特（Wealthfront）为代表的智能投顾公司成长起来，而后传统金融机构加入布局。智能投顾，又称为"机器人投顾"，大多数情况下，是指通过在线调查问卷获取投资者信息以了解投资者的风险偏好和投资偏好，从而结合算法模型为用户定制个性化的资产配置方案，包括动态调仓、实时监控等功能。相比传统的投资顾问，智能投顾试图为投资者提供具有更高性价比的投顾服务，在相同的服务等级下，资金门槛更低。国外智能投顾集中于目标日期基金和养老资产管理领域，国内智能投顾更偏重面向个人用户的理财产品组合化销售。目前，国内智能投顾发展尚处于初创期，面临着可配置资产种类、产品品种、用户习惯、市场成熟程度和监管政策等方面的难题，核心智能用户匹配能力和资产配置能力还需要更深入的挖掘和提高。

（4）智能反欺诈。网贷业务具有无尽调、无线下审核、无强质押物等突出特点，低壁垒和弱风控的弊端客观上催生了高利率、高违约率、重复授信、集团骗贷等问题。目前，从 BATJ 互联网巨头到规模较大的网贷平台，乃至现金贷、消费金融创业公司等，都在尝试通过大数据结合智能算法手段控制业务中的授信风控和反欺诈行为。

授信方面，以蚂蚁金服推出的芝麻信用为例。芝麻信用以阿里体系内的交易记录、金融数据为支撑，从最直接相关的客户资产、收入、借贷历史等数据扩充到电商、社交、搜索等与信用强相关的场景数据，将传统模型百以内的变量扩展到千、万级别，提升了用户的信息厚度，退出了针对个人消费者的蚂蚁花呗消费贷、蚂蚁借呗现金贷业务，积极拓展在租房、租车、社交、消费、生活服务和执法领域与信用场景应用的结合。

（5）智能投研。金融科技在投资领域的广泛应用和机构资管方式的普遍转型，将引发两个明显趋势：一是被动化、风格化投资工具型产品在市场中的广泛出现以及规模的迅速扩展；二是大量另类数据、因子、算法、技术和系统的应用拓展了资产类别和投资半径、解决了信息的二次不对称性问题，从而提供了新的阿尔法（Alpha）。

智能投研技术可以分为以下几个方面。首先，在投资标的调研构成中，可以借助舆情监控、大数据经济指数、市场行为热度数据和 LBS 数据描绘的微观主体或区域经济流量形态，获取更广、更深的信息；其次，在投资标的筛选阶段，应用企业经营性数据预测等手段形成差异化投资因子；再次，在投资组合建立阶段引入分类算法，如集成学习算法、排序算法和资产相关性分析等，利用机器学习技术，利用人工智能提升决策努力；最后，在组合运行风控阶段，利用结合情景分析的智能配置、市场动态跟踪方法从宏观和市场情绪角度挖掘多资产关联关系，完成智能配置和调仓。

（二）私人银行科技运营——智能投顾

1. 智能投顾的定义和主要模式

智能投顾又称机器人投顾，起源于美国，是指利用智能化算法和投资模型，根据客户风险偏好、财务状况和投资目标，运用云计算、大数据、机器学习等技术搭建数据模型，运用后台算法为投资者提供相关资产配置的建议和服务。其核心技术是人工智能技术①和大数据技术，通过大数据技术对采集的数据进行分析，运用人工智能技术在数据基础上搭建资产配置、交易优化等一系列算法，最终得出资产配置和再平衡均衡。

智能投顾公司主要通过问卷和算法实现个性化的投资建议，典型的过程为：（1）系统通过问卷调查评价客户的风险承受能力和投资目标；（2）系统根据用户风险偏好从资产备选池中推荐个性化的投资组合；（3）用户资金被转入证券经纪公司进行第三方托管；（4）系统代理客户发出交易指令，买卖资产；（5）用户定期检测资产组合，平台根据市场情况和用户需求变化实时监测并定时调仓；（6）平台收取相应的管理费。

2. 智能投顾在商业银行的应用

（1）智能投顾现状。2017 年 11 月 17 日，中国人民银行发布《关于规范金融机构资产管理业务的指导意见（征求意见稿)》②，正式将智能投顾纳入监管。2016 年以来，随着互联网金融监管逐步收严，智能投顾业务持续火爆，大型互联网公司、银行、券商、金融信息提供商、财经社区论坛纷纷推出智能投顾业务。凭借自身牌照优势以及客户沉淀、代销费率低等优势，商业银行发展较为顺利（见表 4 – 20）。

表 4 – 20　　　　　　　中国目前开展智能投顾业务的银行情况

商业银行	智能投顾产品	推出时间
招商银行	摩羯智投	2016 年 12 月
浦发银行	财智机器人	2016 年 12 月
兴业银行	兴业智投	2017 年 5 月
广发银行	广发智投	2017 年 9 月
平安银行	平安智投	2017 年 9 月

---

①　人工智能技术包括机器学习、智能语义分析、知识图谱分析。其中，机器学习是指在对交易数据建模之后，利用回归分析等传统机器学习算法预测交易策略；智能语义分析是指在数理回归模型基础上，引入新闻、公告、社交媒体中的文本信息，并运用自然语义处理技术将其解析为结构化数据，作为建立投资决策的重要参考消息；知识图谱分析即在语义图谱网络中加入相关专家设计的规则，将投资标的相关因子的逻辑关系以知识突破的形式表现出来，进行更深层推演处理。

②　意见稿中提出，金融机构运用人工智能技术，采取机器人投资顾问开展资产管理业务应当经过监管部门许可，取得相应的投资顾问资源，充分披露信息，报备智能投顾的主要参数以及资产配置的主要逻辑，同时不能借助智能投顾夸大宣传资产管理产品以及误导投资者。但是，目前很多智能投顾产品大多通过后台已经算好的组合呈现给投资者，只能做到智能调仓，机器学习的能力明显不足。

续表

商业银行	智能投顾产品	推出时间
中国工商银行	AI 投	2017 年 11 月
中信银行	信智投	2018 年 1 月
中国银行	中银慧投	2018 年 4 月
中国光大银行	阳光 AI 投	暂时未确认上线时间

资料来源：作者根据相关资料收集整理。

传统财富管理业务主要通过投资顾问或基金经理的专业能力和投资经验为客户提供成熟的资产配置方案，但由于投资人员有限、投资成本较高，很多新生的中产阶级无法得到有效的财富管理模式和服务手段。智能投顾一方面通过线上化的操作手段，形成透明化、便捷性的"人机交互"界面，降低了"人机交互"成本，整合了"人机交互"的渠道、信息和数据；另一方面通过分散化投资，以及将投资理论应用于实质性大数据和机器学习上，从而获得更快、更加精准的投资组合决策能力。全球智能投顾的四种主要方式如表 4 - 21 所示。

表 4 - 21 全球智能投顾的四种主要方式

服务内容	机器人投顾 （robo - advisor）	人机结合投顾 （cyborg - advisor）	纯咨询建议投顾 （pure advisory）	顾问平台 （advisory platform）
目标客户	个人投资者； 财富管理机构	个人投资者	个人投资者； 大型企业雇主	财富管理机构
核心价值	组合构建和交易执行	组合构建	规划与建议	机构顾问赋能
主要产品	以 ETF 为主的自主构建组合和税收损失收割等服务	机器和顾问共同提供资产组合配置	个人预算、财务规划和投资组合建议工具	针对顾问的购买和授权的系统工具
交易决策方	机器算法	理财顾问	个人投资者	理财顾问
收费方式	根据资产规模按比例收取管理费	根据资产规模按比例收取管理费； 人工服务按时间收取服务费	按月、季订阅制或者按次付费	买新或者授权一次性付费
人力参与	无	有	部分公司有	有
代表公司	Betterment； Nutmeg； Wealthfront	Learnvest； Personal Capital	Financial Guard； Marketsrides	Bambu； Dragon Wealth

续表

服务内容	机器人投顾 （robo – advisor）	人机结合投顾 （cyborg – advisor）	纯咨询建议投顾 （pure advisory）	顾问平台 （advisory platform）
案例	Wealthfront 公司根据客户的信息和调查问卷，通过量化交易决策模型自动生成 12 大类 ETF 底层资产的投资组合，同时通过计算机算法自动交易进行税收规划和合理避税，为客户节省大约税后 1%～2% 的收益。 中国工商银行在 2017 年推出的智能投顾品牌"AI 投"，通过利用人工智能、大数据技术和移动互联网平台，实现对客户的精准画像，通过择时以及行业配置的量化标准推荐投资组合，涵盖六类基金业务，形成"一键式"投资或者调仓合作，有效提升了投资效率、降低了投资风险	—	目前最大的智能投顾供应商 Vanguard Personal Advisor Services（VPAS）主打"人机结合"，结合自动化咨询平台和国际金融理财师（CFP）提供专业判断，其中，利用自动化平台和智能算法解决基础方案和沟通问题，受到广大高净值客户的欢迎	新加坡的 Bambu 公司已经为汤森路透、美国的 Drive Wealth 证券公司等机构提供定制化的白标智能投顾产品

资料来源：作者根据波士顿咨询公司资料收集整理。

典型智能投顾产品比较分析如表 4 – 22 所示。

表 4 – 22 　　　　　　　　　典型智能投顾产品比较

指标	Betterment	Wealthfront	Personal Capital	先锋基金 "个人顾问服务"	嘉信智能 投资组合
资管规模 （亿美元）	40	31	20	310	41
成立时间	2008 年 8 月	2012 年 12 月	2009 年 7 月	2015 年 5 月	2015 年 5 月
投资门槛 （美元）	0	500	25000	50000	5000
管理费率	0～1 万美元 0.35%；1 万～10 万美元 0.25%；10 万美元以上 0.15%	0～1 万美元免费；1 万美元以上 0.25%	0.49%～0.89%	0.30%	0

指标	Betterment	Wealthfront	Personal Capital	先锋基金 "个人顾问服务"	嘉信智能 投资组合
是否提供 人工服务	是，对投资额 达到 50 万美元 及以上的客户 提供人工服务	否	是，对投资额 达到 10 万美元 及以上的客户 提供人工服务	是，提供人工 面对面、电话 和邮件服务	是
投资范围	包含 12 个交易 型开放式指数 基金（ETF）， 其中包括大/ 中/小型价值基 金，但不包含 房地产和自然 资源类基金	通常包含 7~8 个 ETF，与 Bet- terment 相似， 但包含房地产 和自然资源 基金	投资包括股票 型、债券型和 现金在内的 资产	包含先锋基金 产品、股票型 ETF（国内和 国际）以及债 券型 ETF（国 内和国际）	投资 54 支嘉信 和其他公司的 ETF，涵盖股 票、债券、新兴 市场、房地产和 大宗商品
税收优惠	税收收割服务 涵盖所有账户	税收收割服务 涵盖所有账户， 同时针对投资 10 万美元及以 上的客户推出 更具有税收优 化的指引服务	认为税收服务 的价值被高估， 因而仅提供如 何运用相关账 户去减免税收 的策略性建议	认为既然投资 组合是充分分 散的，就没有 必要高估税收 收割服务的价 值，因此也仅 提供策略性 建议	针对投资 5 万美 元及以上的客户 推出税收收购 服务
投资理念	更关注投资 目标	更加关注风险 偏好	监管投资目标、投资期限和风险偏好		
资产再 平衡	在进行资产再 平衡的时候考 虑税收因素	在进行资产再 平衡的时候考 虑税收因素	在特定证券偏 离初始目标 5% 以上时再 行平衡	在投资组合偏 离初始投资目 标 5% 以上的 时候进行再 平衡	针对超过 5000 美元的账户进行 自动再平衡

资料来源：作者根据波士顿咨询公司资料收集整理。

（2）智能投顾优缺点。智能投顾在商业银行的应用具有以下优点：一是数据积累分析。有利于商业银行进行用户市场研究、精准营销。二是工具先进性。大数据和人工智能技术生产客户画像，有利于商业银行实现智能化精准营销。三是提升服务效率。通过智能手段感知客户金融需求，挖掘潜在新客户，提升服务能力和服务效率。四是提升平台建设。智能投顾平台通过智能化精准营销、执行资产配置方案带动一系列金融产品的销售，并对财富管理业务以及支付、存款基础业务的速度和效率起到重要的提升作用。

商业银行发展智能投顾具有以下缺点：一是技术欠缺。不能独立完成用户画像、资产配置方案设计以及配置方案定期跟踪，更多是通过外部机构输入。二是数据质量不好。智能投顾数据包括考核属性数据和金融产品属性数据。商业银行在掌握金融产品属性数据上不占优势，由于各大机构大数据技术发展的程度不同，其所占有的用户属性数据也有所不同。尽管用户沉淀较多，但用户数据质量差、数据分析处理程度不足，缺乏高质量的数据沉淀。

3. 智能投顾未来的发展

随着市场快速发展，传统智能服务方式和模式已经不能适应私人银行客户对智能投顾产品和服务的需求，商业银行不仅要有效对接各种数据资源（产品、客户、业务），同时还需要提升科技利用效果和转化能力，加强对行业的细分和品牌培育，提升专属智能投顾服务品牌形象，并结合监管情况和市场变化情况及时加以调整优化，提升智能投顾的有效性和针对性。

一是大力发展金融科技。智能投顾作为科技创新应用，同大数据、云计算、人工智能计算等技术高度相关。而商业银行目前还处于网络化、数据化过程，需要不断加大对科技人才的吸引和资源投入，构建专业技术团队，提升数据挖掘和分析能力以及数据质量和优势。

二是加强自身品牌塑造。商业银行纷纷开始着手智能投顾产品后续优化项目开发，实现差异化经营。智能投顾通过财富管理产品组合营销平台、嵌入多层理财业务场景促进用户流量进入和用户数据积累，增加用户参与度，采用联动社交媒体等多种形式扩大流量，塑造自身独特的品牌亮点。

三是根据监管要求有效调整。现阶段中国还没有出台专项法律法规对智能投顾进行约束，很有可能未来会对智能投顾行业相关牌照和资质做出规范要求。商业银行应该及时跟踪监管政策、调整技术和运营策略，确保智能投顾业务健康发展。

（三）私人银行科技运营重点

金融科技在私人银行业务中的应用，更多是应用于产品风险收益的有效匹配方面；而在私人银行产品销售服务方面，更多是运用于净值型产品的销售匹配方面。目前，在应用实践中，主要存在金融科技本身的成熟性以及资管业务与技术产品化的匹配度两个方面问题。

一是金融科技本身的成熟性。从技术本身看，金融科技本身所涵盖的大数据、人工智能、区块链技术尚处于起步阶段，尚有大量难题和未知领域。具体算法、技术在应用迁移通用性、复杂环境适应性、执行效率等方面发展参差不齐，需要有更大的突破才能"走出实验室"。

二是资管业务①与技术产品化的匹配度方面。在金融科技融入资管业务的过程中，技术体系以及全新的思想、架构、逻辑、方法论如何与已经成熟的资管业务相结合是决定金融科技成败的关键。传统金融理论体系是建立在逻辑关系、理论自洽性基础上的，而大数据科学、人工智能产出预测很大一部分是统计意义上的，很可能存在统计偏差，与传统计量模型不匹配，甚至出现因一致性预测行为改变市场行为而与预测结果相背离的问题。而现阶段金融科技尚处于寻找行业痛点、适应行业发展的过程中，金融科技的成熟过程必然是利用技术手段沉淀行业智慧的过程，必然是通过微观上解决行业痛点，逐步实现体系化、综合化的过程。

（四）案例分析

私人银行业务借助科技技术力量，从短期的产品设计、产品销售和风险控制，到长期的客户服务产品和服务模式重构，对整个金融机构来说都具有非常重要的意义。

中信银行私人银行以集团金融服务平台为核心，根据客户风险收益特征，为客户及其家庭定制财富保值、增值和家族传承等个性化服务方案；同时，通过组织投融资、医疗养生、子女海外教育、艺术品鉴赏和高尔夫等主题活动，为私人银行贵宾客户量身定制高端金融服务与非金融服务。

中信银行同文思海辉（Pactera）公司在客户关系管理和产品研发方面进行合作，以实现财富管理智能系统服务（见图4-47）。其客户与资产规模的匹配主要通过以下四个方面进行：一是确立客户关系管理体系。客户关系管理体系主要是通过客户的可投资资金、风险和收益的匹配性进行划分的。二是确立每个客户关系管理体系。客户关系管理体系主要是结合不同个人和体系的需

---

① 资管新规明确将智能投顾界定为"运用人工智能技术开展投资顾问业务"，并明确要求运用人工智能技术开展投资顾问业务应当取得投资顾问资质，非金融机构不得借助智能投顾超范围经营或变相展开资管业务。金融机构应该向金融监督管理部门报备人工智能模型的主要参数以及资产配置的主要逻辑，为投资者单独设立智能管理账户。金融机构应当根据不同产品投资策略研发应对人工智能算法或者程序化的交易，避免算法同质化加剧投资行为的顺周期性，并针对由此可能引发的市场波动风险制定应对策略。

求，通过大数据分析和处理系统、人工智能、产品咨询等技术支持，进行精准营销和产品供给，并结合日常销售情况和服务情况不断地加以总结完善。三是完善客户关系管理体系。通过结合纵向和横向关系体系完善客户关系管理体系。四是提升智能化服务效果。通过结合客户关系管理体系、产品管理体系和数据体系，应用大数据系统进行智能化销售和服务。

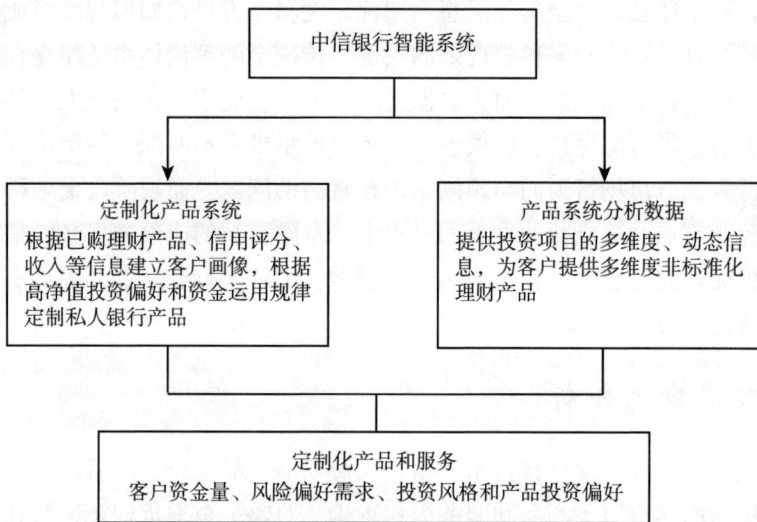

图 4 – 47　中信银行智能系统

六、私人银行营销模式

莫德（2007）指出，私人银行业务需要满足不同客户的差异化需求，进行客户细分和价值管理，建立新的分销渠道和统一的业务平台，进行组织方面的改革。私人银行客户具有价格不敏感特征，更重视服务品质与资产保障能力，可以通过合理定价、寻求价格边界、建立定价模型、培训私人银行客户经理等方式实现个性化定价。

（一）总体营销策略

随着市场的发展，市场营销策略也发生了改革变迁，从 1960 年 E. 杰罗姆·麦卡锡（E. Jerome Mccarthy）教授提出的 4P 理论、1990 年美国劳特博恩（Lauterborn）教授以客户战略为中心提出的 4C 理论，发展到 21 世纪由美国的唐·舒尔茨（Don Schultz）教授提出的以关系营销为核心的 4R 营销理论。4R

营销理论以关系营销为核心，重在建立客户忠诚度，从企业利润出发，既考虑企业利润也考虑客户需求，通过有效连接企业供给和客户需求之间的关系建立有效的营销形式。4R营销理论有关系（relationship）①、反映（reaction）②、关联（relevancy）③和回报（rewards）④四个要素。

根据4R理论，商业银行在具体营销中要加强以下做法。一是建立紧密的客户关系。银行需要在多种渠道上与客户形成关联，形成互助、互需和互求的合作关系，提升客户对银行的信赖感和忠诚度，减少客户流失，保证长期稳定的客户发展基础。二是关注客户反映。对客户反映快速、高效，研究、制定和实施相关的产品和服务。三是重视互动关系。把交易作为一种社会责任，打破原有的服务观念，全方位地向客户提供服务。四是加强综合回报。银行要把扩充客源及提升客户长期回报作为出发点和落脚点。

（二）业务营销策略

1. 整合营销策略

整合营销策略是指金融机构根据产品设计需求整合相关资源部门进行产品设计和营销。例如，整合产品研发、产品定价、销售渠道、宣传部门各部门资源，集中进行产品的设计和研发，使金融业获得综合经济效益。

2. 新产品开发营销策略

新产品开发营销策略是指金融机构以客户需求为导向，以客户获得最大利益为出发点，结合金融机构自身的发展需求组合研发、创新研究，设计出具有针对性、多功能、高收益的金融产品满足客户需求，并注重提升和优化服务。

3. 品牌经营营销策略

品牌经营营销策略是指金融机构在维持自身整体经营理念、企业文化、品牌特色基础上，塑造多种品牌经营特色的产品和服务，既能够满足不同客户群体对于不同产品服务的需求，同时通过资源整合提升不同层次客户的需求满意

---

① 关系包括长期合作交易、长期利益、客户主动参与产品和服务设计、共同发展、管理企业和维护客户关系等几个方面。
② 反映是指根据客户需求设计、提供产品和服务。
③ 关联是指企业建立和客户间的长期关联关系是企业发展的重要内容和核心战略。
④ 回报是指企业提供合理的产品和服务是营销流程的出发点和落脚点。

度和黏性，提升整体服务水平和服务能力。具体来说，就是根据客户分层进行分离服务，提升不同客户对不同产品的满意度和舒适度、整体服务效果以及金融机构的利润率。

4. 产品生命周期营销策略

产品生命周期一般分为引入期、成长期、成熟期和衰退期四个阶段，在不同的阶段产品发展销售量、盈利能力、现金流量和竞争者等方面都呈现出不同的特征（见表4-23）。

表4-23 产品生命周期不同阶段特征

项目	引入期	成长期	成熟期	衰退期
销售额	低	快速增长	缓慢增长	衰退
利润	易变动	顶峰	下降	低或无
现金流量	负数	适度	高	低
顾客	创新使用者	大多数人	大多数人	落后者
竞争者	稀少	渐多	最多	渐少

资料来源：作者根据相关资料收集整理。

（1）引入期产品营销策略。产品生命周期的引入期是指新产品从开始着手进行研发到研发成功再到初期引入市场的销售阶段。在该阶段，消费者并不了解新研发、销售的产品，企业应该采取促销手段提升客户对产品的认可度。主要有以下两种模式：一是缓慢渗透模式。这种模式比较适合大型国有商业银行在创新研发新产品时采用。大型国有商业银行具有较高的知名度、市场较为稳定，可以通过少量的产品宣传推介手段，以较高的服务费用将理财产品销入市场。二是快速渗透策略模式。这种模式比较适合中小型商业银行。中小型商业银行市场容量较大、消费者对理财服务价格较为敏感，可以凭借其较低的价格优势快速进入并占有市场，减少宣传成本。

（2）成长期产品营销策略。由于在成长期产品引入已经初见成效，处于快速扩大理财业务规模的过程，客户群体快速扩大，同时竞争对手也相继出现，商业银行在产品成长期采取的营销策略应该在保证产品的质量、强化市场细分、扩大销售渠道、保持适中的成长速度的基础上，扩大理财业务的规模并保证市场占有率，提升产品的规模。

（3）成熟期产品营销策略。在产品成熟期，理财产品发展迅速、市场竞争较为激烈，该阶段持续的时间较长。商业银行可以采取以下三个营销策略。一是市场修正策略。通过市场宣传和推广，寻找新的市场，扩大产品销售量并抢占市场。二是产品改良策略。通过结合市场需求特征、客户需求特征和机构自身的资源特征，对产品在合规的基础上进行改良，提升产品的风险和收益匹配性，满足客户的金融需求。三是营销组合调整策略。通过改变以后营销组合的一个或者多个因素，如产品价格、促销方式和服务方式等，刺激理财服务的需求。金融机构可以根据自身的机构特点、产品属性、客户需求和市场需求，通过一个或者多个策略的组合调整，从质和量两个方面提升私人银行财富管理成熟产品的销售数量和销售规模。

（4）衰退期产品营销策略。衰退期是指产品在整个生命周期已经处于不能有效满足客户及市场需求的阶段。此时商业银行可采取的产品营销策略有保持策略、缩减策略和撤销策略三种。商业银行应该根据产品的存量、增量以及客户需求变化、市场需求变化，采取不同的产品营销策略，提升客户的满意度和有效性，提升整体服务效果。

（三）私人银行营销策略

1. 理论基础

私人银行产品营销策略是指金融机构采取市场营销策略设计、开发、销售私人银行专属产品和服务方案。由于私人银行客户财富管理需求的特有属性（高度的安全性、私密性、专属性、丰富性），具体来说，私人银行营销策略具有以下三个方面特点。

一是私人银行客户自身属性。私人银行客户包括高净值客户个人、家庭及其相关合作伙伴，其金融资产不仅可以投资于传统业务范畴，也可以投资于对公业务范畴。

二是私人银行客户服务属性。私人银行客户自身对于财富管理的安全性、稳定性及私密性要求，决定了其对私人银行产品和服务具有更高的要求。

三是专项定制化服务。由于私人银行客户投融资需求具有资金量大、跨市场、周期长等特点，金融机构在服务私人银行客户时可以整合业务资源、产品资源、渠道资源，构建高净值客户专属的理财产品。

2. 模式设计

（1）"投资银行＋资管"模式。"投资银行＋资管"模式主要针对资本市场，通过资本市场有效对接机构自身的投融资功能和资本市场的投融资功能，根据私人银行高净值客户的资产配置需求，进行创新化、差异化财富管理。投资银行业务主要是为客户进行融资服务，而资管业务主要是保证客户的财富增值、保值。但是，限于目前商业银行的发展现状，难以有效对接客户投资银行业务和服务，而资管业务由于缺少产品创新，很难有效吸引客户。而"投资银行＋资管"模式一方面有利于扩大客户范围，有效对接高净值客户的投融资需求；另一方面有利于增强投融资业务服务效果，提升商业银行自身的投融资能力和资本市场的投融资能力。

商业银行现存资管业务主要包括债券承销、财务顾问、项目融资和资产证券化等项目，而对于投资银行业务 IPO 保荐和证券经纪等资本市场运作的高风险、高收益项目，商业银行还没有获得牌照许可。商业银行应该利用投资银行业务的热点，如兼并重组、并购金融、股权投资、结构化融资、另类投资和资产证券化等项目，通过适当方式对接资管业务，促进资管业务产品创新，满足市场各方的有效需求。

（2）代理销售模式。从大类资产配置的角度分析，商业银行代销产品主要包括权益类（基金等）、固定收益类、保障类、另类贵金属和外汇资产类产品。

中国私人银行业务的盈利主要来源于两部分：一是常规的私人银行业务收入费用，主要是资产管理产品费用、息差收入、咨询顾问费用、结算和产品销售费用；二是向合作机构收取的费用，一般是通过代销第三方理财产品或者渠道的销售费用。中国私人银行业务盈利中，顾问咨询服务费和信贷服务费目前所占比重较低，盈利主要是资产管理业务的管理费收入和产品代销的渠道费用。

（3）经纪业务和信贷服务。经纪业务和信贷服务是金融业务的基础业务，也是商业银行为私人银行高净值客户提供的一项最基本的服务。经纪业务是指通过较低的费率和便捷的交易渠道，提供包括期权、期货、股权等资本市场上的交易服务，以及固定收益、利率、信用、大宗商品等投资品种的交易服务。信贷服务主要是指提供全球市场范围内的存款产品、债券融资、抵押贷款和个人公司信贷服务。

（四）私人银行营销路径

1. 存在的问题

国际私人银行业务由于时代周期较长，因而发展的效果较好。国内私人银行业务一方面由于发展时间较短，业务体系不完善；另一方面由于监管的限制，业务仅局限于零售条线，处于零售业务体系财富管理分支，很难有效聚集资源、人力，很难得到有效的发展。

中国私人银行财富管理业务盈利模式具有以下特征。一是盈利结构单一。发达国家私人银行业务大部分属于中间业务领域，其利润远远高于传统业务；而中国的私人银行财富管理业务盈利主要是依靠存贷利差，受利率和信用风险的影响较大。二是盈利模式的限制。中国私人银行业务的盈利模式更多是以金融产品销售为基准，通过对客户的细分，最大限度地挖掘客户的潜在需求。

2. 解决的对策

（1）营销模式分析。随着金融科技与金融业务的融合发展，财富管理业务的盈利模式也不断发生改变（见图4-48）。

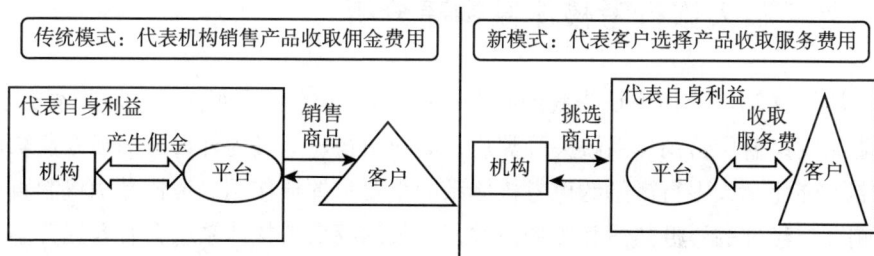

图4-48 传统营销模式和新模式的比较

一是机构所扮演的角色不同。在传统模式中，机构根据自身的资源禀赋配置产品，通过平台进行产品销售。而在新模式下，机构根据客户需求设计产品，并通过平台对接客户风险收益，有效匹配客户需求。

二是平台所扮演的角色不同。在传统模式中，平台主要提供货架，根据机构生产的产品进行产品销售，很少或者部分考虑客户的需求，更多是以机构为主导的产品生产和销售服务。在新模式下，平台主要是客户产品的选择方，机构根据客户自身的需求产生产品种类和数量，在平台上进行产品提供，客户根据自身的安排进行产品的选择和配置，提升了服务的满意度。

三是客户所扮演的角色不同。在传统模式中，客户更多的是被动选择产品和服务，主要是根据机构自身的资源禀赋进行金融产品和服务配置。在新模式下，客户具有更多的选择权和参与权，主要是根据自身的资源禀赋需求，通过平台的资源配置提升自身金融服务的满意度和舒适度。

（2）营销路径分析。一是构建开放的产品平台。财富管理的本质是资产配置，金融机构必须提供多层次、多种类的产品和服务，满足客户多样化、多层次的金融需求。构建开放式产品平台，一方面要建立多元的产品筛选和评估能力；另一方面要建立动态资产配置能力，帮助客户进行产品选择和产品匹配，丰富产品货架。

二是构建更为开放的投顾平台。投顾平台不仅包括专业人士对于资产配置的投资建议，也包括底层技术对资产配置投资的建议，通过两个方面的组合可以有效提升投顾平台的选择性和舒适性。开放投顾平台要构建两个方面的能力：一方面，赋予客户选择自己想要合作的客户经理的权利；另一方面，打造开放平台，吸引更多第三方客户经理入驻平台提供服务。例如，美国的嘉信平台主要是为外部独立注册投资顾问投资开发的经纪人平台，为经纪人和客户联系搭建平台，目前发展成为美国"一站式"财富管理平台。

七、私人银行考核体系构建分析

潘红（2015）研究认为我国私人银行存在内部管理缺陷、专业人才缺乏、监管制度束缚、营销体系缺失等弊病，商业银行应通过内外渠道加强专业队伍培养，强化私人银行激励约束考核体系的重要指挥棒作用。考核激励机制直接影响客户经理的服务热情和服务质效，有效的绩效考核体系也会有效提升整体服务效能。

（一）私人银行考核体系理论

1. 绩效考核环

虽然很多公司每年年初会编制年度预算编制方案，但更多只是同财务数据相关，而忽略了很多其他变动因素。如图4-49所示，绩效考核环通过一系列的报告和运行机制，对公司所采取的措施以及自我修复相关措施进行规制和划分，如采取哪些监测数据、考核指标和报告结果，并根据实际过程的相关情况进行相应的修复和调整。

2. 考核指标设定

罗伯特·卡普兰和戴维·诺顿（Robert Kaplan and David Norton，1992）强调了对不同水平绩效进行评估的重要性，并从四个维度鼓励公司/企业进行

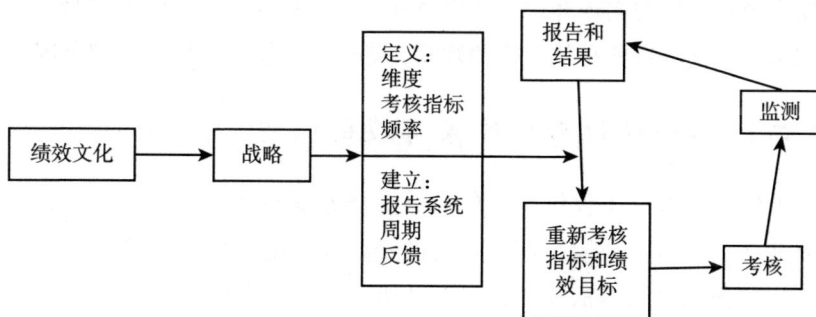

图 4-49　绩效考核环

资料来源：鲍里斯·F.J. 科勒迪. 私人银行［M］. 北京：中信出版社，2015：272.

考核：客户、内部预测、创新以及股东对公司的期望，财务数据要同其他数据相结合，对经营绩效进行统一的考核分析。

3. 考核指标设置

业绩是一项主要的指标，在私人银行业务中，用来评估一个客户经理绩效的关键指标是净新增资金，即所管理的可投资资产的占比。通过资金增量与存量的比例，可以清楚地了解客户经理目前的工作状况是在开拓新的业务还是在丧失业务。在短期内，管理客户资产规模的上下波动更多是与市场的表现相关的。

（1）内部竞争者。内部竞争者根据相同的经营环境，提供同样的产品和服务，接受同样的系统支持；不同的是每个客户经理的目标区域、人际网络和个人绩效。

（2）产品。销售更多产品的短期目标和实现长期客户满意度之间产生了利益冲突。因此，客户需要考虑短期的产品定制化销售成果，同时也要考虑长期的客户满意度之间的有效匹配和平衡，通过维护客户满意度实现盈利目标相统一。

（3）注重风险管理和合规行为规范。在市场受到冲击或者处于衰退期时，私人银行客户会更加保守，此时银行应确保精简高效运行并维护有效客户，尤其是对服务和业务支持部门的有效规范，银行应重视风险管理和合规行为的规范，通过监测相关指标使业务经营活动更好地适应市场环境的变化、竞争态势和客户需求的转变。

私人银行业务经营需要考虑长期的战略规划，不要局限于短期的盈亏平衡状态，特别是要加强对国际相关市场情况的了解，坚守诚实守信原则并保证投资长期有效；不仅要实现客户资产增值和客户数量提升，还要加强对宏观市场环境和微观市场环境的有效分析和判断，提升私人银行整体声誉和市场价值。

（二）私人银行考核体系存在的问题

私人银行和客户不仅仅是工作关系，还是亲密的"伙伴"，对于其相关的金融业务，一方面要满足客户自身的金融和非金融服务需求；另一个方面不能同国家强制性法律法规相冲突。从事私人银行业务的人员必须是复合型人才，需要具备多种才能以满足私人银行业务发展的需要。在业务上，从业人员要具有相当丰富的金融、法律、税务等知识；在个人品格上，必须谦虚、忠诚，具有良好的职业操守和长期维系客户关系的能力；同时，还必须拥有丰富的从业经验，如英国的巴克莱银行要求私人银行业务从业人员必须具有15年以上资产管理的资历，同时还要亲身体验过经济景气循环（延红梅，2008）。

专业团队是国外私人银行的核心驱动。国外一流私人银行注重私人银行员工的专业能力与综合素养，对私人银行的财富顾问和客户经理设置了非常高的准入门槛，实行严格的资格认证准入制度，在严格准入后即会通过完善的激励体系保障人员稳定性。

由于私人银行高净值客户具有较高的业务经营能力和开阔的国际视野，因此对服务人员层次要求也较高。目前，私人银行业务的"瓶颈"不仅仅局限于狭义的客户经理层面，还包括中高层管理人员、中后台支持队伍以及专家顾问全口径人才的缺失。客户经理是私人银行服务区别于其他服务的最为关键的影响因素。

一是客户经理缺乏全面的金融素质和广泛的技能组合。私人银行业务主要提供综合性财富规划，需要从业者具有丰富的法律、税务、企业金融、信贷和财富管理等方面的相关知识和技能，需要复合性人才。

二是客户经理缺乏丰富的人生阅历和生活阅历。私人银行财富管理客户属于高净值客户，他们具有不平凡的人生经历，积累了丰富的人生经验，需要通过有效交流提升他们对产品的认可度和满意度，增加交流的愉悦性和舒适性。

私人银行业务具备与传统财富管理业务不同的服务属性，因此要求服务人员具有较高的业务素质。商业银行想要继续深入发展，就需要培育私人银行人员，重点打造私人银行的客户经理、投资顾问、财富规划顾问、家族信托的核心团队，实现人才引入和人才培育，提升人才的服务能力和水平。

（三）案例分析

1. 国外案例

美国金融管理协会的戴维·斯宾塞（David Spence）介绍了苏格兰皇家银行财富管理的成功案例。苏格兰皇家银行虽然跟私人银行的组织架构差距较大，但其先进的管理模式可以为私人银行管理组织架构提供借鉴。苏格兰皇家银行只用了 15 年就从一个借贷银行变为以理财业务为主打的商业银行。苏格兰皇家银行的客户经理按岗位分为三个级别：负责发现销售机会并进行客户推荐的理财顾问、负责与客户建立良好关系并提供顾问式服务的理财专业顾问、负责整个团队营销业绩的销售管理人员。苏格兰皇家银行不是通过产品销售率而是以活动量为导向对客户经理进行管理，这对客户经理考核指标的设定和考核业绩的考评具有非常重要的意义。

2. 国内案例

中信银行在部门建设中将私人银行建设为独立于零售银行部的准一级事业部，内部建设有完整的中后台部门，即银行产品与服务开发部、私人银行业务发展部和综合管理部三个部分。在当前市场产品同质化背景下，中信银行通过设立五大俱乐部①整合智库平台资源，为客户提供"金钱所不能及"的稀缺资源。中信银行不仅为财富客户及其家庭提供多样化的金融投资产品，还提供稀缺的增值服务资源，其绩效考核体系通过链接产品、客户成为其私人银行业务发展的重要基础。中信银行主要通过私人银行经理需要具备的技能、考核业绩标准、管理程序、激励指标和原则、业绩报酬结构以及客户经理报酬计算方法来构建其业务考核管理办法。

（1）中信银行私人银行经理需要具备银行技能、销售技能和沟通技能。其中，银行技能指熟悉银行所提供的产品和零售银行的业务流程；销售技能主要指能迅速、准确地了解客户的需要并能找到、抓住销售机会；沟通技能主要指具有良好的职业道德、风貌和品行，能同客户建立相互信任的关系。

（2）中信银行私人银行经理考核业绩标准主要包括五大技能，即掌握技能（与基本工资挂钩）、保留客户（客户流失率小于 3% 可获得奖金）、扩大

---

① 投资者俱乐部、健康养生俱乐部、未来领袖俱乐部、悦动人生俱乐部和旅行家俱乐部五个俱乐部。

资产（管理现有客户资产年增长率不低于10%，就可以得到奖金）、获得新客户（私人银行经理每争取一位新的高净值客户就可以获得奖金）、特殊业绩（具体产品促销中表现突出且整体业绩名列前茅）。

（3）中信银行私人银行经理管理程序主要分为招聘、培训、业绩考核与激励、留用与淘汰四个部分（见表4-24）。

表4-24　　　　　　　　　中信银行私人银行经理管理程序

指标	内容
招聘	（1）确定要招聘的私人银行经理的技能要求； （2）制定招聘中对候选人的技能衡量标准和指标； （3）制定招聘渠道并发文公布招聘信息； （4）招聘和面试； （5）确定人选人员，办理相关手续
培训	（1）确定私人银行经理所需要的业务技能； （2）根据市场、产品的发展和银行需求，制定私人银行经理培训计划； （3）外请培训专家或内部有经验人员进行专题培训； （4）私人银行经理进行工作模拟，收集反馈信息，改进培训计划
业绩考核与激励	（1）确立业务发展目标； （2）确立有重大影响的关键业绩指标； （3）确立私人银行经理激励机制和具体奖励办法； （4）每月/每季/每年根据业务完成情况进行业绩考核与奖励； （5）每年进行工作总结，发现差距并选择改善领域，制定改善计划
留用与淘汰	根据私人银行经理的业绩考核结果确定留用与淘汰

资料来源：作者根据相关资料收集整理。

（4）中信银行关键业绩指标设计原则和激励机制设计原则。关键业绩指标设计原则主要是指以价值创造为出发点，并符合中信银行不同发展阶段的战略目标。KPI必须是能够被考核对象所影响、测量的或具有明确的评价标准；能够促进短期财务业绩以及与公司战略相符合的行为；必须有有效的业务计划及指标设置程序支撑，同时必须与激励机制挂钩。

激励机制设计原则主要包括以下三个方面：一是激励机制目标是最大限度地提高销售和营销人员的工作积极性，促进人员的行为；二是激励机制基于可测量或观测的数据和事实，易于理解、操作和监督；三是考核指标侧重于扩大客户资产量、减少客户流失率和获得新的高净值客户三个指标。激励组合每年应视中信银行业务战略的需要而改变，以平衡激励所产生的效益和所需要的成本。

（5）中信银行私人银行经理业绩结构包含报酬结构和计算方式两部分。如图4－50所示，私人银行经理业绩报酬结构分为基本工资和业绩奖金两部分，其中，业绩奖金根据高净值客户资产扩大和客户规模提升两个标准来确定。如图4－51所示，私人银行经理业绩报酬结构计算方法中，资产管理业绩奖金根据现有客户资产扩大/交叉销售、客户保留、获得新客户和特别奖金四个部分进行计算。

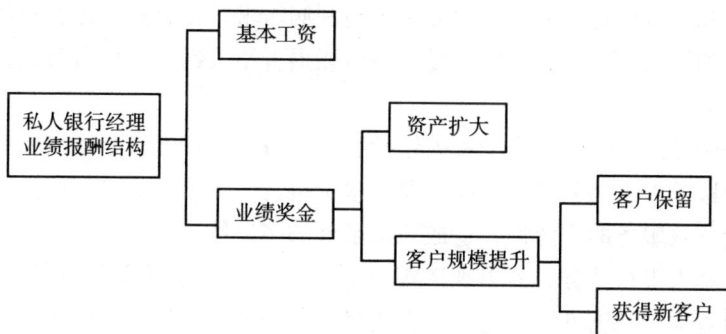

图4－50　中信银行私人银行经理业绩报酬结构

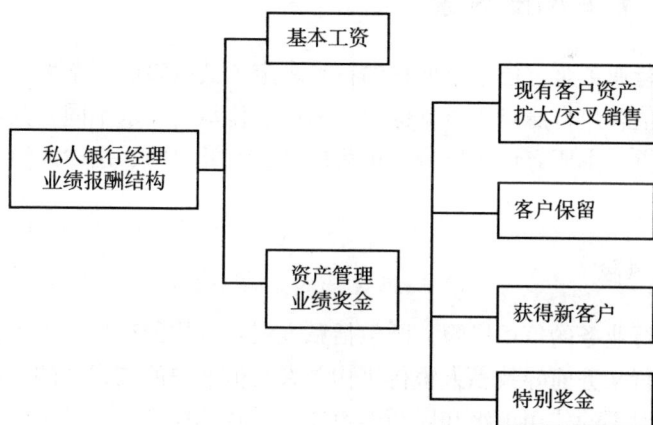

图4－51　中信银行私人银行经理业绩报酬结构计算方法

八、私人银行风险控制

一个有效的风险管理体系应包括组织结构、风险控制流程、基础设施和风险管理文化四个基石。在运营过程中，私人银行通过优化组织架构、完善风险管理技术、健全风险管理基础设施、提高员工素质四个方面来平衡、降低业务风险，提高盈利能力。

（一）产生风险原因

由于自身服务特性，私人银行风险来源主要有以下三个方面。

一是信息不对称。私人银行客户经理由于自身业务原因，一方面能够获得更多产品和资讯信息；另一方面面对更高利润需求，在有效匹配客户风险收益需求时更加倾向于自身利益的满足，这可能损害私人银行客户自身利益，造成一定的风险。

二是服务的广泛性。由于私人银行客户自身的独特性，金融机构在满足高净值客户服务需求的同时，可能需要与多个机构、多个产品进行广泛联系和沟通，这会导致服务的广泛性，造成风险事件的多发性。

三是私人银行业务容易出现违规行为。由于私人银行客户为高净值人群，具有资金量大、私密性强等特点，在满足其自身独特性需求的同时，可能会违反相关的法律法规。

（二）主要风险因素

私人银行业务全方位、个性化的特点决定了其风险的复杂性、多元化，但是由于高净值客户自身对于财富保值、增值、传承的需求不同，其风险也呈现出不同的特点，主要有信用风险、市场风险、声誉风险、法律风险、合规风险和操作风险等。

1. 信用风险

私人银行业务的信用风险，既包括私人银行机构的交易对手不能按事先达成的协议履行义务而导致私人银行机构或者其他客户面临损失的可能性，也包括由于交易对手的信用评级和履约能力变动导致其债务的市场价值发生变动所引起的损失的可能性。主要存在两个方面：一方面是财富管理类产品（银行理财产品、第三方合作机构产品）涉及信用风险；另一方面是向私人银行客户提供的信贷服务中存在信用风险。

2. 市场风险

私人银行业务的市场风险是指在商业银行向私人银行客户提供各类私人银

行产品和服务时，由于利率、汇率、股票价格和商品价格的变动而导致各类财富管理类产品的变动，从而使商业银行或客户利益发生潜在或者事实损失的风险。由于目前市场间的联系日趋紧密，同质性增强，风险易于跨市场传播，市场风险影响难以估计。

3. 声誉风险

声誉风险是指由私人银行的经营、管理和其他行为，或者由外部事项引致的利益相关方对私人银行负面评价的风险，其来源包括利益相关方的负面评价和其他风险的转嫁。一是负面评价。负面评价主要来自私人银行产品和服务的安全性和稳定性、内控制度的完善程度和执行情况以及经营特色和社会责任感；同时，客户与私人银行相互之间的利益冲突能否有效解决，也是影响私人银行服务品牌的重要方面。二是风险转嫁。声誉风险本质上是一种衍生风险，其他业务产生的信用风险、市场风险、法律风险都会直接影响私人银行的声誉。

对于声誉风险的处理，私人银行应该采用信用评级、品牌价值、客户忠诚度、风险事件的数量等指标评估，并建立公开诚恳的内外部交流机制、加强同媒体的沟通交流，建立动态的信息管理系统，对所有有关声誉风险的事件进行汇报和整理。

4. 法律风险

法律风险是指由于无法满足或违反法律要求，致使私人银行因不能履行合同发生诉讼、争议或者其他法律纠纷，从而给私人银行带来经济损失的风险。法律风险主要包括两个方面：一是监管风险。监管制度落后于金融创新、监管制度过于严格、监管制度缺乏稳定性等一系列问题都可能导致私人银行业务产生法律风险。二是违约风险。违约风险主要是指因私人银行或者客户违反合同条款而导致合同不能履行，产生法律纠纷，给私人银行带来经济损失的风险。私人银行可以通过流程分析法、历史经验分析法和情景分析法等识别和判定法律风险。

我国目前并没有出台针对私人银行业务的法律法规和监管细则，私人银行业务发展主要适用于《商业银行个人理财业务管理暂行办法》，与私人银行业务发展相配套的信托制度、税收制度和账户保密制度尚为空白。

5. 合规风险

合规风险是指因私人银行行为不符合所适用的法律、法规、监管制度、行为准则等，可能给私人银行带来的法律制裁、监管处罚和经济损失等风险。合规风险主要包括反洗钱、反恐怖主义融资、反偷逃税等合规风险。

其一，由于私人银行主要是对高净值客户提供全方位、个性化、私密性的金融产品和服务，在管理客户财富的过程中，客户经理和客户的关系以及产品和服务的复杂化与高级化，会使私人银行服务中存在较大的洗钱、恐怖主义融资的风险。其二，税务筹划、遗产规划是财富管理的主要内容，私人银行可以利用离岸信托、人身保险、慈善基金等一系列工具帮助客户合理避税，但随着美国推出《海外账户征税法案》，经济合作与发展组织（OECD）公布全球自动信息交换标准和《多边税收征管互助公约》，瑞士、开曼群岛、泽西岛等"避税天堂"也陆续签署了国际税收协议，私人银行账户信息逐步公开、透明，其面临的避税风险也越来越大。

6. 操作风险

操作风险是指因人为失误、技术缺陷或不利的外部事件造成经济损失的风险。私人银行操作风险主要来自职员、系统、流程和外部事件，分为内部欺诈和外部欺诈等表现形式。其中，投资适当性和欺诈风险是私人银行业务活动中两个比较重要的操作风险。

私人银行业务服务主体是高净值客户，在进行金融操作活动中，应该结合客户的财产收入状况、风险承受能力、投资经验、投资目标和投资需求等情况提供相匹配的产品和服务。但是，在市场操作中，由于私人银行客户经理同客户之间的利益存在冲突，有时候会因产品配置不当而导致投资组合遭受损失，致使私人银行面临法律风险和声誉风险。因此，在咨询服务过程中，私人银行要依赖于考核风险特征的精确性和合适的产品分级，向客户提供经法律合规部或者产品委员会批准的相关投资产品材料，并协助客户指定投资决策，所有涉及的材料都需要及时保留存档。

欺诈风险也应高度重视。欺诈风险包括内部欺诈和外部欺诈。内部欺诈主要是指私人银行职员通过签名造假形式将不活跃或者休眠的资金转移到另一家银行的第三方账户，内部欺诈与私人银行职员素质、业务监督机制息息相关。外部欺诈主要是指第三方通过伪造授权签名信将资金从私人银行客户的账户转移到另一个银行的第三方账户，外部欺诈反映了私人银行业务流程的缺失、设计的不完善以及未被严格执行的现象。

针对投资适当性的评估，可以采用香港私人银行通常采取的投资组合为本的适当性评估的方法，即只需要遵守与客户商定的投资组合资产分配比例和整体的风险水平，而不必将客户的整体风险承受水平与单一产品的风险水平机械匹配。

（三）风险管理策略

私人银行业务风险管理是指在私人银行业务经营管理过程中，通过识别、计量、监测、报告和控制等手段，建立有效的风险管理体系和风险控制机制，切实防范、控制私人银行业务风险的行为。私人银行业务同其他业务不一样，具有其自身的特点，但是其风险管控措施已经深入私人银行业务的金融产品、服务和交易过程中，成为业务条线日常工作的重要组成部分。风险应对策略包括健全外部监管政策、搭建良好的内部风险管理基础平台、构建完善的风险管理体系三种。

1. 健全外部监管政策

1997 年美国联邦储备系统（以下简称"美联储"）颁布的《私人银行业务健全风险管理指引》，让美国私人银行风险管理水平有了很大的提高。我国的私人银行业务尚处于起步阶段，私人银行业务的监管政策还不完善，监管机构应该从专业安全、稳健管理的角度出发健全私人银行业务监管政策：一是监管部门应加强对市场准入条件、信息披露、监管流程的监管，出台专门的监管政策，为商业银行私人银行业务的健康发展提供监管保障；二是根据私人银行自身的业务运营特征，出台相关风险管理指导和监测文件，增强私人银行的风险管理能力。

2. 搭建良好的内部风险管理基础平台

风险管理基础平台是全面风险管理的基石，包括风险管理文化、风险管理组织架构、风险管理人才培养和管理制度等。其中，风险管理文化是全面风险管理的核心，风险管理组织架构是全面风险管理得以实施的组织保障和支持。

（1）要培育健康的风险管理文化。要将私人银行业务纳入商业银行风险管理体系中进行管理，贯彻行内统一风险文化，并提倡"经营文化"的风险管理理念，以最大化满足私人银行客户需求。

（2）要构建全面风险管理组织架构。一是要保证风险管理部门对私人银行部门及其关联交易运作时的风险进行有效监督和预警；二是要保证私人银行、关联交易方和风险管理部门能够就有关风险信息进行充分交流，确保风险管理部门基本职能的发挥；三是要将私人银行部门大量使用的第三方产品和服务纳入有效管理和沟通范围。

（3）要培养高素质的、具备专业水平的风险管理人才。培养、选拔具有多方面从业经验、具备高风险分析技术的人才，建立高素质、复合型的风险管理队伍，是奠定风险基础平台不可或缺的一部分。

（4）要健全全面的风险管理制度。要加强对私人银行创新产品和服务的风险识别、计量和控制的研究，及时创设适合业务发展的风险管理制度，遵循"有业务就有管理，有管理就有制度"的原则，才能有效贯彻风险经营理念，实现业务发展与风险管理相平衡。

3. 构建完善的风险管理体系

（1）设定清晰的风险管理目标与政策。商业银行应在科学设定私人银行业务发展战略目标的前提下，有效识别各种风险，明确自身的风险偏好和容忍度，根据监管层各项政策法规的要求，制定统一的风险管理政策，贯彻经营风险理念，明确各类风险的差别化管理目标、管理组织结构、风险管理流程与报告渠道等，以实现风险管理与经营目标的紧密结合，实现收益与风险的最佳平衡。

（2）优化风险管理流程。风险管理流程是指对风险管理目标和政策的细化和执行，商业银行应该通过制定和实施一系列制度、程序和方法，通过细致分工，从客户需求角度整合业务资源，对私人银行业务进行事前防范、事中控制、事后监督和纠正。风险管理主要包括产品风险管理、客户风险管理和技术支持系统风险管理。产品风险管理应贯穿于产品的完整生命周期，包括产品研发阶段、产品销售阶段、投资运作阶段、存续期管理阶段、产品终止以及后评阶段各个阶段的潜在风险。客户风险管理包括客户准入阶段、客户关系存续阶段和客户关系退出阶段管理。私人银行业务涉及业务范围广，需要强大的 IT 系统支持，需要尽快开发整合这些分散的 IT 系统，为私人银行业务发展做好技术支撑。

第五章

私人银行业务案例

一、家族办公室

（一）家族办公室的定义

家族办公室（Family Office）起源于西方，是一个由相关领域专家组成，专注于超高净值人士或家族的财富管理以及私人需求等事务的私人办公室或组织机构。家族办公室是比传统私人银行业务模式更为高端的财富管理模式，它以家族长期发展和财富代际传承为目标，通过组建专业的金融管理团队，依靠具有银行、信托、保险、财务顾问、律师、投资、证券交易等背景的各行业专业人才的紧密合作，凭借丰富的从业经验为超高净值人士或家族提供定制化服务，全面管理和监控超高净值人士及其家族在税务咨询、财富转移、投资管理与公司治理、遗产规划、风险管理、合规管理、教育、沟通、理财教育等方面的事务（任瑞媛等，2016）。

服务于 300 多个家族办公室的家庭办公室交流（Family Office Exchange）认为，最正规的家族办公室需以合理架构为家族提供以下四个维度的支持：（1）企业传统——维护家族企业的基石、家族财富之源；（2）金融资本——保障财富安全，维系财富延续之道；（3）家族文化——家族的历史根源与未来发展方向；（4）慈善传统——家族以合适的方式持续回馈社会之本。

目前功能齐全的家族办公室通常提供六种基本服务：战略财富管理、投资规划、税收与财务规划、家庭传承与领导、慈善赠与以及信托与资产服务。

（二）家族办公室的特点

1. 按照客户财富水平划分

（1）基础支持家族办公室。家族财富规模大约在 1 亿欧元及以上。家族办公室主要负责家族的投资、税务和地产的管理，编制家族基础簿记和财务报告。同时，家族办公室会提供少量的运营支持，主要是作为对接外部供应商的联络人。

（2）简化型家族办公室。家族财富规模大约在 2 亿欧元及以上。家族办公室主要提供全方位的运营支持，涵盖投资管理、税务和法务，以及编制财务报告。同时，部分家族办公室还会提供战略投资管理、慈善、风险控制等方面的服务。作为理财规划师，负责协调家族办公室与外部供应商的事务。

（3）配备首席投资官（Chief Investment Officer，CIO）的家族办公室。家族财富规模在 3 亿~4 亿欧元及以上。家族办公室的职责包括两个方面：一是提供财会、报告和其他行政管理服务，涵盖所有理财板块；二是提供全方位的运营支持，包括内部掌握基础税务和法律专长的单独办公室。此外，部分家族办公室的服务会涉及税务、地产、慈善、风险控制等事务的战略规划。首席投资官协助制定投资管理战略，协调外部供应商。

（4）全服务家族办公室。家族财务规模在 5 亿~10 亿欧元及以上，家族办公室提供全套服务，包括专业理财服务以及税法咨询服务（外部供应商提供支持）。家族办公室的服务范围涵盖投资管理、税务、地产、慈善、风险控制等涉及家族长期发展的各个领域。

2. 按照服务对象划分

家庭办公室是最顶级的私人银行服务模式，其服务对象一般是金融资产在 1 亿美元及以上的个人或者家庭，由一批顶级的财富管理人士为一个或者几个富豪提供全面的家庭资产管理综合服务。一个专属的家庭办公室往往随着家族成员的继承而在代际间延续。家庭办公室繁盛于美国，美国的家庭办公室数量比欧洲多一些。家庭办公室有三种模式，即单一家庭办公室、多家庭办公室和多客户家庭办公室。

（1）单一家庭办公室。由约翰·D. 洛克菲勒在 1882 年发明。

（2）多家庭办公室。这个模式起源于 20 世纪 70 年代，由于单一家庭办公室希望实现规模经济，因此采取新增客户或者兼并其他单一家庭办公室等方式形成多家庭办公室。

（3）多客户家庭办公室。其出现是为了满足客户多家庭办公需求。多客户家庭办公室具有独立的性质，更加重视对产品和服务的开发。

（三）家族办公室产品模式

目前美国约有3000个家族办公室管理着1.5万亿美元的资产，平均管理5亿美元资产。大部分是由多家族共享家族办公室，一小部分是独立的家族办公室，独立的家族办公室的门槛较高，一般至少要求具有5亿美元资产。家族基金发展是一个逐步专业化的过程，随着金融市场的发展，投资管理越来越复杂，回报率波动性越来越大，因此，大约有75%的家族基金通过第三方专业投资机构进行投资管理。作为财富传承的投资基金，家族基金希望把资产放在成熟、法律法规完善的市场，这样才能更好地保护自己的财产。

（1）家族基金的管理模式。家族基金的管理模式主要有三种，即管家模式、公司模式和合作模式（见表5-1）。目前，美国除了比尔·盖茨等超级富豪采用公司模式通过独立的家族基金来管理家族资产以外，大多数家族采用通过第三方家族基金来管理资产的合作模式。在高净值人群迅速崛起的中国，合作模式是高净值人群最为重要的合作模式。

表5-1　　　　　　　　　　　家族基金的管理模式

管理模式	具体内容
管家模式	由家族成员自行管理，主要提供家族延续、管家服务等。一般在家族资产积累的初期采用这种模式，具有成本低、管理方便等特点，但是不能提供关键的资产服务
公司模式	准入门槛较高，一般要求超过10亿美元才能满足成本要求。由独立的家族管理公司进行管理，包括创始人、首席执行官（CEO）、首席财务官（CFO）、首席信息官（CIO）等完整的团队，成本最高，通过对投资团队的奖励和激励机制才能留住投资人才
合作模式	与第三方机构合作，包括资产管理公司、律师事务所、会计师事务所，主要提供金融法律、资产管理和财富传承等服务。合作模式是最符合中国家族初级阶段的模式

资料来源：作者根据相关资料收集整理。

（2）家族基金的投资方式。家族基金的投资方式分为直接投资、间接投资、混合投资和多家族基金四种（见表5-2）。投资方式的选择由所处行业、

行业的熟悉程度、收益要求、项目控制程度和风险偏好要求等多方面的综合因
素共同决定。

表5-2　　　　　　　　　　　　　　　家族基金的投资方式

投资方式	具体内容
直接投资	在自己熟悉的领域或者相关的领域进行直接投资
间接投资	大多数家族都采取间接投资的方式,通过较低的成本获得风险分散的效果,但是不能直接控制项目
混合投资	同时进行直接投资和间接投资
多家族基金	绝大多数家族基金通过几个家族基金的共同联合,形成了多家族基金,这种形式的出现,也使大学基金的资产配置方式更加广泛地应用于家族基金中

资料来源:作者根据相关资料收集整理。

　　(3) 家族基金的具体模式。家族基金的具体模式主要有10种(见表5-3)。
全球知名家族均具有自己的家族基金,其投资模式不仅包括直接投资、间接投
资、混合投资和多家族基金,还利用独立的家族办公室运作模式提升家族资产
收益,降低家族资产的波动性。

表5-3　　　　　　　　　　　　　　　家族基金的具体模式

家族名称	家族基金操作方式
摩根家族	摩根家族在1838年成立了美国第一个家族基金(家族办公室),摩根大通和摩根斯坦利都是摩根家族几百年传承下来的
洛克菲勒家族	洛克菲勒家族在19世纪由石油业起家,到19世纪末已经开始进行家族资产配置,现在的实际控制人斯蒂文·洛克菲勒是家族第五代。洛克菲勒家族在19世纪末把资产分为延续家族的洛克菲勒家族基金、为公益慈善做贡献的洛克菲勒大学和洛克菲勒捐赠基金等几个部分。 (1) 洛克菲勒家族基金。已经变成一个开放式的家族办公室,借助洛克菲勒的品牌与资产管理经验,为多数富豪家族共同管理资产。 (2) 洛克菲勒大学。专注于研究而不是教育,不招收本科生,在美国医疗领域具有与哈佛大学并列的盛名。 (3) 洛克菲勒捐赠基金。用于全球的慈善事业,以人文、医疗、教育为主,基金风格非常低调,每年至少捐赠几亿美金。其中,中国的协和医院最初也是由洛克菲勒捐赠基金资助的
李嘉诚家族	投资重点由中国内地转向欧美,并开始从房地产业退出。李泽楷收购美国国际集团(American International Group, AIG)全球资产管理部门,主要是为家族企业进一步向金融业转移铺路

续表

家族名称	家族基金操作方式
豪尔赫·莱曼 (Jorge Lemann) 家族	巴西首富莱曼家族于 1971 年成立了巴西最知名的投资银行本固格登希尔（Banco Garantia），号称巴西的高盛。该家族具有丰富的投行、并购经验，对全球市场非常熟悉，因此常常在最合适的时机一次性投资高达几百亿美元的项目，这样的成功主要来自经验、信心和强大的资源整合能力
比尔·盖茨 家族	比尔·盖茨个人和基金会的全部资产都由家族基金管理，成立于 20 世纪 90 年代初期。比尔·盖茨家族基金基本上平均投资回报率都为 10% 左右，主要由专业团队进行分散投资，直接持有美国公司的股票、对冲基金和私募股权基金等另类投资工具
陈氏家族	中国香港陈智恩的陈氏家族于 20 世纪 60 年代创立了恒隆集团，80 年代陈氏家族分为两个部分：一是家族企业恒隆地产继续在中国建设商业地产帝国；二是由其次子管理的家族基金晨兴资本在全球进行投资。陈氏家族还在中国香港成立了专业团队，对对冲基金、风险投资基金等全球领先基金进行投资。即通过主业投资，逐步发展直接投资、间接投资，当投资超过一定规模的时候，就开始发展慈善事业
保罗·艾伦 (Paul Allen) 家族	艾伦是微软的联合创始人，艾伦的主要投资都是通过他的家族基金瓦肯资本（Vulcan Capital）管理，主要以私募股权投资为主，主要投资方向包括私募股权、风险投资和房地产
玛卡亚资本 (Makena Capital)	玛卡亚资本于 2006 年由斯坦福大学基金团队组建，由萨利恒投资（Sutterhill Ventures）和金门资本（Golden Gate Capital）提供初创基金，为美国富豪家族和慈善机构通过大学基金模式管理资产。其为 11 个家族和机构管理 200 亿美元资产，客户最低的投资额度为 5 亿美元，该基金只为客户提供资产管理并分享收益，不提供管家服务等其他增值服务
爱肯尼资本 (Iconiq Capital)	原高盛和摩根斯坦利私人银行的高科技公司团队于 2006 年底为脸书（Facebook）创始人马克·扎克伯格提供爱肯尼资本（Iconiq Capital）、理财和税务服务，并与创始人建立良好的合作关系。于 2011 年底成立了采用大学基金模式的家族基金，为科技机构富豪管理超过 1000 亿美元的财富，还利用家族资源通过一个直接投资基金投资于其他未上市的高科技公司。高科技新贵们财富波动性很大，而且私人银行服务模式向大学基金投资模式转变是一个艰难的过程
真实合伙人 (Veritable LP)	真实合伙人于 1986 年在美国费城成立，是美国最大的独立多家族基金之一，目前为 100 多个家族管理 130 亿美元资产。它最大的特点就是完全独立，不依附于任何投资银行或私人银行。这种方式的运营成本很高，维护客户的难度也更大，保持行业领先全部依仗团队的高度专业性。其只限于资产管理，没有其他增值服务，并且门槛高，投资额度为 5000 万美元起。其最特殊的条款是，要求客户将 90% 以上的流动性资产全部委托管理，不能同时委托多家基金做资产管理。注重维护与客户的长期稳定关系，客户流失率非常低。在过去几十年中，真实合伙人管理的都是美国东部地区传统富豪家族的资产，最近几年开始向中西部和西部扩张，并在旧金山建立了第一个费城以外的办公室，也开始为高科技富豪家族服务

资料来源：作者根据相关资料收集整理。

二、家族信托

家族信托并不是一个产品，而是基于高净值客户家族信托财富保护和传承的综合规划服务，是各类财富风险管理的工具。家族信托作为高净值客户名下所有财富的顶层设计，集各类财产的保护、管理和传承于一体，融合法律、税务、保险、投资、公司架构、基金会、慈善、财富管理和资产管理等多领域的综合知识，是私人银行塔尖的服务，其对于从业人员的专业性、工作经验和阅历要求非常高。以下以中国为例，对家族信托加以介绍。

（一）家族信托的目标、功能和用途

根据招商银行与贝恩公司联合发布的《2019 中国私人财富报告》显示，预计到 2029 年底，可投资资产总规模将首次突破 200 万亿元大关；中国高净值人群将达到约 220 万人；高净值人群持有的可投资资产规模将达到约 70 万亿元。

1. 家族信托产生的原因

（1）家业不分，权属不清。中国第一代企业家大多是白手起家，在企业发展的初始阶段，往往将企业资产和家庭资产合在一起，且从心态上也未将家业和企业进行有效隔离。在资本初始积累阶段，由于法律法规不健全，遗留了一些灰色地带的资产和负债权属问题，如资产代持、互保和隐性负债等，导致财富传承过程中遇到一些问题。

（2）家事复杂，重视隐私。中国高净值人群经历了时代和财富的快速变化，容易出现一些家庭问题，如家族成员多人持股、自身婚姻变化、多子女间的分配、对子女成年后婚姻稳定性的担忧等，且中国人传统上特别注重对于隐私的保护。

（3）代际差异明显。中国高净值人群从"创一代"到"富二代"两代人的成长环境、生活阅历和个人阅历都有非常大的不同，对家族企业和财富的管理方式也有非常大的不同，如是否接手家族企业、是否坚守传统行业、采取何种管理方式等。因此，两代人在风险偏好、产品和服务需求、海外资产配置等领域也呈现出日益明显的差异。

（4）海外存量财富的安排。对已经进行海外移民的存量客户来说，财富传承面临着不同国家和地区法律政策的监管，可能需要缴纳更多的税负，或者

面临先前的财富传承安排不被法律认可的不确定性。

2. 家族信托的目标需求

财富传承是一个复杂的系统工程，涉及复杂的法律、税务和家庭关系的安排。总体来说，具有以下四个方面需求。

（1）风险隔离。由于家业不分、家庭关系复杂、个人隐性负债等问题，中国高净值人群在进行财富传承安排的时候，核心是要确保传承资产的合法性和独立性，需要在个人、家庭、企业和其他利益相关者之间构建"防火墙"机制，确保财富传承的顶层设计和工具的有效性。

（2）基业永续。企业接班问题是民营企业家最关心的问题，子女接班意愿、接班能力和复杂的家庭关系会给企业传承安排带来挑战，核心是通过企业所有权、经营权和受益权的合理安排实现企业平稳过渡和家族持续受益。

（3）家财稳固。创富阶段和守富阶段的目标规划不一样。创富阶段主要考虑高收益，而守富阶段更多的是树立中长期投资的理念，调整对回报和波动率的预期。守富阶段伴随着资产配置不断多元化和分散化的过程，更加重视大类资产配置，其目标是使已经积累的财富长期增值。

（4）个性化继承。中国人重视血缘关系，在财富继承过程中不仅要保证子孙后代的生活无忧，更为重要的是通过财富条款的设计激励和规范继承人的行为，使其品行正直、有所成就。

3. 中国家族信托的功能

中国家族信托的主要功能及比重如表 5 - 4 所示。

表 5 - 4　　　　　　　　　　中国家族信托功能及比重

功能	比重（%）
保证家族财富安全	57
帮助家族财富进行投资增值	47
税务筹划	46
帮助子女合理支取和运用资产	36
避免家族成员的冲突和矛盾	23
保证财富传承的长期性	23
保护隐私	8
有利于家族企业的稳定和发展	6

资料来源：作者根据 2017 年兴业银行和波士顿咨询公司关于高净值客户的调研资料整理。

（1）客户群体主要以民营企业和女性为主。企业主本身就是高净值客户，面临家族资产隔离、家族财富分配复杂等情况，且女性具有更强的风险管理和家庭保护意识，对家族信托的接受程度高，很多家族企业设立家族信托的委托者多为女性。

（2）资产种类主要是资金类信托。由于中国信托财产登记制度缺乏具体操作规定，高净值家庭拥有的股票、不动产甚至字画等难以简便合法地纳入家庭信托。因此，不需登记的现金成为高净值客户成立家族信托的核心资产，资金类信托是市场的主流。

（3）实现资产隔离和个性化继承为主。高净值客户建立家庭信托主要是看中其风险隔离功能，如避免公司未来经营对家庭财富的影响、子女婚姻变化对其家族资产的影响（子女婚前财产认定、隔离和保护）。同时，家族信托能够很好地满足中国高净值客户对子女财产继承的多样化诉求。

（4）境内家族信托为主要工具。目前银行和信托公司推出的家族信托主要是境内信托，门槛大多是1000万元左右，结构设计简单，年限较短，时间为10~30年。随着高净值客户的逐渐增多以及对家族信托认可度的提升，家族信托的工具会越来越多、越来越复杂，门槛会越来越高，产品会越来越丰富。

（二）家族信托业务模式

1. 加强"投行+"服务效果

家族财富的保有和传承是一个动态增值的过程。家族企业及成员在创业、经营过程中具有多元化、多层次的需求，家族信托业务通过投行思维和财富管理的结合，打破原有的资产配置理念，提供涵盖客户资产负债表的全方位、体系化的金融解决方案。进入资管新时代，信托公司可以充分发挥自身多工具、多市场、跨领域的独特优势，通过股权、债权、基金、资产证券化、并购等手段，开展家族投行业务，服务于家族企业的全生命周期，优化家族企业的投融资基础，帮助家族企业摆脱投融资困境。例如，在企业起步阶段提供债权融资和股权投资；在企业成长阶段提供员工持股计划、高管持股计划等服务；在企业成熟阶段提供二级市场投资服务，发行类房地产信托投资基金（REITs）等，通过资本帮助家族企业实现不断升级。

2. 加强"账户+"联动作用

信托账户的功能，在不同的阶段呈现不同的特点。在起步阶段，家族信托是一种理财方式，借助账户投资帮助账户实现资产的保值和增值；在发展阶段，家族信托是一种服务，账户可进一步实现信托分配方式的标准化、信托设立的简易化、受益群体受众的普惠化，真正意义上满足更加广泛的客户的收益分配需求；在成熟阶段，家族信托是一种法律工具，根据客户个性化需求，满足其财产保护、财富传承、隐私保护、税收规划等方面的需求；在高级阶段，家族信托则成为满足人类自我实现需求的高级工具。一方面，信托公司可以充分发挥跨市场配置的制度优势，根据家族财富的不同结构、不同增值逻辑以及据此产生的具体增值目标，根据大类资产不同类别和产品风险收益特征，配合以相应的资产配置策略、多年沉淀下来的丰富资产端优势，以及资本市场、另类投资领域积累的产品创设能力，使信托日益成为家族财富管理的资产整合者。另一方面，家族信托可以根据委托人的自由意志和实际需要，灵活设定期限、收益分配条件和财富管理运作方式，帮助其顺利实现财富传世分配。

3. "数字 +" 账户转型

"数字 +" 主要指比我更懂我、真正为我考虑、有能力为我投资。"比我更懂我" 是指 5S 原则，即简单（simple）、速度（speed）、惊喜（surprise）、无缝（swamless）、系统（system），为客户提供全新的场景和链接。"真正为我考虑" 是指增强服务的透明性和客观性。"有能力为我投资" 是指信托公司一方面可以通过大数据及时捕捉市场信息，为客户提供市场预警以及投资组合配置的调整建议；另一方面可以通过对接不同的平台，实现 "客户 + 场景 + 服务" 的链接，打造全开放式的金融服务平台，彰显金融整合服务的价值。

4. 加强 "互链 +" 效应

家族信托要站在客户的角度，以客户为中心。在家族服务体系中，信托公司主要提供家族信托的受托人服务以及家族资产配置、家族投资银行等服务。商业银行主要提供家族基金的保管（托管）服务、相应的资产配置服务、家族结算和信贷服务，以及银行贵宾增值服务等。保险公司主要提供保险配置、高端医疗、高端养老等服务。资产管理机构提供各种类别的理财产品以满足家族理财项下的多元资产配置需求。家族办公室对家族客户提供系统的或者特定的家族财富管理方案的组织、规划和实施等方面的专属服务。

（三）家族信托法律障碍

中国关于私人银行业务发展过程中信托的相关法律制度主要有《信托投

资公司管理办法》《信托公司集合资金信托计划管理办法》《信托公司私人股权投资信托业务操作指引》。其中，《信托投资公司管理办法》主要是针对信托投资公司提供私人银行业务主要投资工具进行管理的办法；《信托公司集合资金信托计划管理办法》针对高端投资者进行了基本的界定，其中对合格投资者的具体条件给予界定，建立了合格投资者制度；《信托公司私人股权投资信托业务操作指引》规定私人股权投资信托可投资于未上市的企业股权、上市公司限售流通股以及中国银监会规定可以投资的其他股权，为信托公司私募股权投资（PE）界定了标准，为高净值客户进行股权投资提供了制度支持。

但是，目前法律规范还存在一些不足，主要有以下三点。

（1）信托财产登记制度缺乏具体的操作规定，家族信托突破转型的关键在于对中国中高净值客户大量持有的股权和不动产的登记和转移制度。

（2）配套法律制度不足。信托制度的落地规范主要是同公司法、上市公司信息披露管理办法、继承法和税法等多个相关法律和监管办法有关。

（3）信托的税收制度不明确，如遗产税、信托设立和分配的相关法律制度也未设定。因此，信托业务在具体发展中还有很多不明确的地方。

（四）家族信托发展方向

1. 业务机构和人员的进一步划分

家族信托是基于高净值客户家族财富保护和传承的综合规划服务，是各类财富风险管理的工具，是私人银行业务的顶层设计，集各类资产的保护、管理和传承于一体，融合法律、税务、保险、投资、公司架构、基金会、慈善、财富管理和资产管理等多领域的综合知识。从业机构是短期增量的类标准化理财产品思维，还是着眼于帮助客户做好长期财富风险管理、助力家业长青等个性化服务的战略定位，都会在市场和客户选择中优胜劣汰。

2. 单一财产信托到多元财产信托

家族信托的受托财产已经从单一的现金类财产演变为现在以现金为主，兼有保单、股权、不动产、艺术品等多元化的受托财产。但是，因信托登记制度缺失，以股权、不动产等非现金类资产设立家族信托仅能采取交易过户，成本较高。目前，各家机构也是在部分客户税费成本较高的情况下尝试推进，不具备大规模复制的条件。很多高净值客户的资产主要集中在股权和不动产上，随着信托登记制度和税收制度的不断完善，股权信托和不动产信托将是一片蓝海。尤其是上市公司的股权，监管部门如果能够考虑海外做法，允许在上市前的股权结构中搭好大股东的家族信托结构，将会有助于上市公司股权稳定，避免因大股东的婚姻问题、继承问题和家族纷争等引起股权分割和股价下跌等情形。而保险金信托利用保费和保额之间的杠杆作用，极大程度降低了家族信托的门槛，可以覆盖到更大面积的高净值客户，在解决估值和保管的前提下，高净值客户收藏的艺术品传承需求也将通过合理的信托结构得到满足。对于部分客户提出的知识产权传承需求，也将结合创新实践的知识产权类的家族信托来加以满足。

3. 从生前信托到遗嘱信托

目前中国的家族信托均是生前信托，即客户生前将财产交付给信托，并约定好传承分配安排。根据《中华人民共和国信托法》的规定，他益信托的信托财产在中国不是遗产，可按信托约定的分配方式进行定向传承。部分高净值客户由于生前对财产的控制欲较强以及考虑过户成本的因素，也希望设立遗嘱信托。在海外，部分高净值客户确有通过遗嘱信托的方式将部分财产在身后放入信托进行传承。虽然《中华人民共和国信托法》第十三条指出"设立遗嘱信托，应当遵守继承法关于遗嘱的规定"，但在实践中，由于通过遗嘱来办理财产过户到信托存在很大的不确定性，并且在委托人去世时，遗嘱内的财产是否按照遗产处理存在一定的争议，因此，目前在中国遗嘱信托还没有真正落地。

4. 从家族信托延伸到家族慈善

随着 2016 年《中华人民共和国慈善法》和 2017 年《慈善信托管理办法》的出台，慈善信托受到越来越多的关注，而我国高净值客户在完成企业交接之后，也更加愿意参与到慈善事业中回馈社会。除了单独设立慈善信托以外，在家族信托中融入慈善需求也会是未来的一个趋势，即将慈善信托设置为家族信托的受益人之一，用部分收益捐赠，保障捐赠资金的持续性。同时，可设置由家族成员受益人组成的决策委员会，即能提高受益人的慈善参与度，增强家族成员凝聚力，传承家族精神财富，又能在家族信托中设置限制条款，对子女在参与慈善过程中的表现予以激励和约束。慈善信托和基金会两个财富规划工具的各种组合，可以满足客户各类慈善规划的需求，也将成为未来家族慈善信托的一个发展趋势。例如，慈善信托受托人主要作为信托财产的管理方，基金会主要作为慈善项目的管理方和执行方，同时通过基金会的法人资格为慈善捐赠开出税前的相关发票等。

5. 从家族信托服务衍生升级为家族办公室服务

我国的超高净值客户绝大多数为民营企业家，除了高净值个人的财富规划和传承需求外，还有家族企业的传承、治理、投融资需求，以及家族事务的管理需求。因此，基于家族信托衍生升级的家族办公室服务将更好地满足这些客户的需求，提供以家族信托为主的家族财富管理和财富传承服务，以及以家族投资银行业务为主的家族企业投融资、上市、股权结构梳理、传承等服务。

参 考 文 献

[1] 巴曙松. 从客户财富管理目标看私人银行的功能的定位 [J]. 农村金融研究, 2013 (7).

[2] 巴威. 私人财富管理业务的发展 [J]. 中国金融, 2013 (18).

[3] 白宇飞. 私人银行学 [M]. 北京: 对外经贸大学出版社, 2015: 69-70.

[4] 白宇飞. 基于态势分析视角的中资私人银行可持续发展研究 [J]. 新金融, 2015 (1): 41-45.

[5] 鲍里斯·F. J. 科勒迪. 私人银行 [M]. 北京: 中信出版社, 2015.

[6] 卞娜, 马连福, 高丽. 基于投资者关系的投资者行为国外理论研究综述 [J]. 管理学报, 2013 (7): 1086-1092.

[7] 伯恩斯坦. 有效资产管理 [M]. 北京: 机械工业出版社, 2013.

[8] 才凤玲. 我国商业银行的私人银行业务经营模式 [J]. 商业研究, 2009 (7): 109-111.

[9] 曹彤、张秋林. 中国私人银行 [M]. 北京: 中信出版社, 2011.

[10] 曹彤. 中国私人银行市场回顾与展望 [J]. 中国金融, 2011 (15): 29-31.

[11] 常戈, 刘一宁. 互联网金融挑战商业银行传统财富管理业务 [J]. 银行家, 2014 (6): 118-120.

[12] 陈琦. 基于客户细分的我国私人银行产品创新研究 [J]. 企业家天下, 2010 (9): 12-13.

[13] 陈琼. 商业银行个人理财业务现状及对策 [J]. 金融经济, 2010 (2): 46-47.

[14] 戴维·莫德. 全球私人银行业务管理 [M]. 北京: 经济科学出版社, 2007.

[15] 迪万纳. 零售银行的未来: 向全球客户传递价值 [M]. 北京: 中国金融出版社, 2005.

[16] 蒂里·龙嘉利. 基于风险的资产配置策略 [M]. 北京: 中国金融

出版社，2016.

[17] 董颖佳. 私人银行业务资产配置研究 [J]. 当代经济，2014（18）：106-107.

[18] 范明菲. 瑞银集团私人银行业务分析及对我国银行业务的启示 [D]. 长春：吉林大学，2007.

[19] 费伦苏. 基于SWOT分析中国商业银行发展私人银行业务的策略研究 [J]. 区域金融研究，2008（12）：27-29.

[20] 弗雷德里克·约厄尔. 网络时代的顾客关系管理 [M]. 北京：华夏出版社，2006.

[21] 甘功仁，王雪曼. 私人银行业务发展中的法律问题 [J]. 中国金融，2008（2）：24-28.

[22] 高连奎，张茉楠，赵亚赟. 大格局：中国高净值人群财富配置策略 [M]. 北京：中国工商联合出版社，2012.

[23] 龚乐凡. 私人财富与传承 [M]. 北京：中国中信出版社，2016.

[24] 关悦. 数据仓库和数据挖掘在商业银行客户关系管理中的应用 [D]. 西安：长安大学，2013.

[25] 郭研婷. 财富管理的发展以及在中国的前景 [J]. 经营管理者，2011（5）：143.

[26] 哈罗德·埃文斯基. 财富管理 [M]. 北京：中信出版社，2013.

[27] 何大安. 投资者行为决策的认知过程 [J]. 社会科学战线，2015（5）：63-73.

[28] 何兴强，史卫，周开国. 背景风险与居民风险金融资产投资 [J]. 经济研究，2009（12）：119-130.

[29] 何振宇，郑贝尔. 我国私人银行业务面临的主要问题以及对策 [J]. 经济研究，2015（1）：37-39.

[30] 黄中实. 顾客终生价值分析 [J]. 东华大学学报，2012（6）：33-35.

[31] 霍尔德·埃文斯基. 财富管理：理财顾问客户投资管理指南 [M]. 北京：中信出版社，2011.

[32] 霍尔曼，诺森布鲁门. 个人财富管理计划（第六版）[M]. 北京：中国财经出版社，2003.

[33] 蒋松荣，钟磊. 中国私人银行客户需求结构理论分析——基于财富管理视角 [J]. 对外经贸，2013（1）：98-99.

[34] 蒋祝伟. 基于风险偏好的私人银行业务市场创新分析 [J]. 商业文化, 2011 (6): 6-7.

[35] 焦量. 基于客户需求特征的我国私人银行客户服务体系研究 [J]. 上海金融, 2011 (12): 109-113.

[36] 科迪勒. 私人银行——如何于竞争市场上实现卓越 [M]. 北京: 中信出版社, 2015.

[37] 李君平. 私人财富管理研究评述与展望 [J]. 外国经济与管理, 2014 (11): 34-36.

[38] 李苗苗, 王亮. 智能投顾: 优势、障碍与破解对策 [J]. 南方金融, 2017 (12).

[39] 李清昊. 解读中国财富管理 [M]. 北京: 中国商务出版社, 2017.

[40] 李善民, 毛丹平. 高净值财富个人理财行为研究 [J]. 经济研究, 2010 (S1): 83-97.

[41] 李翔. 基于价值链模型的流程银行变革研究 [J]. 新金融, 2009 (1): 52-56.

[42] 李心丹. 行为金融理论: 研究体系与展望 [J]. 金融研究, 2005 (1): 175-189.

[43] 李增民. 发展我国私人银行业务的对策 [J]. 北方经贸, 2016 (2): 113-114.

[44] 连建辉, 孙焕民. 私人银行: 现代商业银行的战略核心业务 [J]. 广东金融学院学报, 2006, 21 (3).

[45] 梁文宾, 卢丽, 罗斯丹. 私人银行价值链分析以及发展策略 [J]. 经济纵横, 2011 (2): 88-91.

[46] 刘然. 我国商业银行财富管理业务发展策略研究 [D]. 济南: 山东大学, 2014.

[47] 鲁轶. 财富管理在美国 [J]. 金融管理与研究, 2007 (4).

[48] 吕巍, 阮红. 银行零售客户价值提升与管理 [J]. 北京: 人民邮电出版社, 2007.

[49] 梅非奇. 中国私人银行的管理模式 [J]. 中国金融, 2011 (3): 34-36.

[50] 梅建平. 商业银行财富管理业务发展模式研究 [J]. 上海管理科学, 2013 (5): 61-64.

[51] 闵纬国. 新经济环境常态下财富管理进入新模式 [J]. 大众理财顾

问，2014 (12).

[52] 沐华，屈俊. 财富管理——未来商业银行转型的重点 [J]. 银行家，2017 (1)：40 - 43.

[53] 潘红. 我国商业银行私人银行业务的发展策略浅析 [J]. 商，2015 (23)：187 - 187.

[54] 潘韶亮. 加强农业银行高端客户维护体系建设 [J]. 浙江金融，2010 (3)：34 - 36.

[55] 任丁秋. 私人银行业与资产管理：瑞士的范例 [J]. 北京：经济科学出版社，1999.

[56] 任瑞媛，杨璇，王彦博. 家族办公室中外差异 [J]. 银行家，2016 (2)：85 - 86.

[57] 邵兵家，于同奎. 客户关系管理——理论与实践 [M]. 北京：清华大学出版社，2004.

[58] 石军. 私人银行业务发展中的若干法律问题 [J]. 上海金融，2006 (4)：57 - 60.

[59] 唐恰. 利率市场化下的财富管理业务发展研究 [D]. 长沙：湖南大学，2014.

[60] 唐新宇. 零售银行业务的金字塔尖端——私人银行业 [J]. 国际金融研究，1989 (2).

[61] 陶勇. 关于中国商业银行开展私人银行业务的分析 [J]. 北方经济，2009 (1).

[62] 腾悦. 运用"互联网 +"思维促进商业银行财富管理转型升级 [J]. 金融经济，2015 (18)：14 - 16.

[63] 万仁礼，陆恩达，张力克. 现代商业银行客户关系管理 [M]. 北京：中国金融出版社，2008.

[64] 万翼. 商业银行发展财富管理业务的路径选择 [J]. 北方经济，2012 (6).

[65] 王洪栋等. 财富管理与资产配置 [M]. 北京：经济管理出版社，2013.

[66] 王珏. 中资私人银行业务的"内优"和"外患" [J]. 金融经济，2014 (2)：29 - 58.

[67] 王天鸽. 利率市场化下的财富管理 [J]. 中国金融，2015 (4).

[68] 王小平. 商业银行高端客户群资产配置研究 [D]. 上海：上海东华

大学, 2011.

[69] 王小平. 我国高净值人士特征概述及对商业银行的启示 [J]. 金融探索, 2012 (12): 30 – 32.

[70] 王晓, 陈乾坤. 行为金融的本地偏好理论研究综述 [J]. 中南财经大学学报, 2011 (1): 50 – 55.

[71] 王增武, 黄国平, 陈松威. 财富管理的内涵、理论与实证 [J]. 金融评论, 2014 (6).

[72] 吴思强. 私人银行业务风险防范 [J]. 中国金融, 2008 (2).

[73] 吴文静. 私人银行业务的风险与防范 [J]. 管理观察, 2009 (4).

[74] 吴晓求, 王广谦. 金融理论与政策 [M]. 北京: 中国人民大学出版社, 2013.

[75] 夏萌. 我国私人银行的发展概况和高端客户对私人银行的需求 [J]. 现代商业, 2011 (21): 21 – 28.

[76] 肖维娜. 花旗银行在华营销策略研究——基于高净值客户行为分析 [D]. 厦门: 厦门大学, 2014.

[77] 辛俊杰. 中国私人银行业务发展的 SWOT 分析 [J]. 时代金融, 2008 (7).

[78] 兴业银行与 BCG. 中国私人银行 2015: 千帆竞渡 御风而行 [R]. 2015.

[79] 兴业银行与 BCG. 中国私人银行 2017: 十年蝶变 十年展望 [R]. 2017.

[80] 徐茂卫. 基于投资者行为的资产配置研究 [J]. 统计与决策, 2005 (12): 155 – 157.

[81] 徐为山, 赵胜来. 私人银行与投资银行的协同: 一种财富管理融合模式 [J]. 新金融, 2007 (10): 38 – 43.

[82] 徐卫东. "大零售" 战略下私人银行业务的创新发展 [J]. 中国城市金融, 2014 (9).

[83] 徐文婷. 欧美财富管理业务发展经验借鉴 [J]. 时代金融, 2010 (11).

[84] 徐兴. 国内私人银行资产管理业务研究 [D]. 济南: 山东大学, 2013.

[85] 薛和生, 杨佩丽. 论中国私人银行业务发展 [J]. 上海师范大学学报: 哲学与社会科学版, 2007 (3).

[86] 薛瑞峰. 私人银行与银行转型 [J]. 中国金融, 2016 (16).

[87] 严琦. 私人银行业务的中外比较 [D]. 大连: 东北财经大学, 2013.

[88] 杨菲. 高净值客户的客户关系管理——基于金融机构开展财富管理业务的视角 [D]. 杭州: 浙江大学, 2015.

[89] 杨华辉. 多元化需求下财富管理创新模式研究 [J]. 福建金融, 2015 (8).

[90] 叶菲. 在本土化实践中寻找金融创新——国内私人银行业务评析与展望 [J]. 新金融, 2009 (8).

[91] 于蓉. 金融机构财富管理业务发展面临的矛盾和对策 [J]. 南方金融, 2016 (7): 52-56.

[92] 张从宣. 财富管理业务的种类和特点研究 [D]. 上海: 上海交通大学, 2014.

[93] 张辉. 大数据背景下商业银行客户关系管理策略研究 [J]. 经营管理者, 2015 (6): 31-32.

[94] 张联玺. 非理性行为对商业银行个人理财产品决策的影响研究 [D]. 哈尔滨: 哈尔滨工业大学, 2011.

[95] 张泰睿. 私人银行业务资产配置研究 [D]. 成都: 电子科技大学, 2012.

[96] 张甜. 我国私人银行业务中客户关系管理研究 [J]. 华东经济管理, 2010, 26 (7): 11-12.

[97] 张同建. 国有商业银行信息技术风险控制绩效测评模型研究——基于 Cobit 理论与 Urist 框架视角的实证检验 [J]. 武汉科技大学学报, 2013 (1): 39-45.

[98] 张蔚. 基于客户需求偏好的中国商业银行私人银行业务发展策略研究 [D]. 上海: 上海交通大学, 2011.

[99] 张学勇, 张琳. 大类资产配置理论研究评述 [J]. 经济学动态, 2017 (2).

[100] 张玉喜, 赵丽丽. 中国科技金融投入对科技创新的作用效果——基于静态和动态面板数据模型的实证研究 [J]. 科学学研究, 2015 (2).

[101] 招商银行与贝恩公司. 2017 中国私人财富报告——中国私人银行业: 行稳致远 [R]. 2019.

[102] 招商银行与贝恩公司. 2019 中国私人财富报告——中国私人银行

业：回归本源［R］. 2019.

［103］赵娴，戴磊. 证券投资组合与风险管理研究［M］. 北京：中国财富出版社，2010.

［104］郑英姿. 基于数据挖掘的商业银行客户关系管理研究［D］. 西安：西安科技大学，2011.

［105］中国工商银行宁波市分行课题组. 商业银行高净值客户的管理与维护［J］. 金融论坛，2010（9）：56－61.

［106］中国建设银行与BCG. 中国私人银行2019［R］. 2019.

［107］中国民生银行私人银行部. 经济转型背景下的财富管理与资产配置［M］. 北京：中国人民大学出版社，2018.

［108］周仲飞，李敬伟. 金融科技背景下金融监管范式研究［J］. 法学研究，2018（5）.

［109］朱孟楠，邓文轩. 私人银行业务综合服务体系问题：问题与改进［J］. 江西社会科学，2012（10）：65－68.

［110］朱焱. 中国高净值客户现状及私人银行价值管理研究［J］. 吉林金融研究，2008（11）：10－12.

［111］Amenc, N., L. Martellini, V. Milhau and V. Ziemann. Asset－Liability Management in Private Wealth Management［J］. Journal of Portfolio Management, 2009（36）：100－120.

［112］A. Omarini, P. Molineux. Private Banking in Europe－Getting Clients & Keeping Them！［J］. Finance, 2005.

［113］Barbara, Garcia. Customer Knowledge Management［J］. Journal of the Operational Research Society, 2012（53）：875－884.

［114］Best, M. J. & R. R. Grauer. The Analytics of Sensitivity Analysis for Mean－Variance Portfolio Problems［J］. International Review of Financial Analysis, 1992, 1（1）.

［115］Black, F. & R. Litterman. Global Portfolio Optimization［J］. Financial Analysts Journal, 1992, 48（5）.

［116］Bodie, Z., D. Crane. Personal Investing：Advice, Theory, and Practice［J］. Financial Analysts Journal, 1997（53）：13－23.

［117］Brunel, J.. Integrated Wealth Management：The New Direction for Portfolio Managers［M］. London：Euromoney Books, 2006.

［118］B. Michael, CA Hartwell, G. Ho. Wealth Management and Private

Banking Services in Developing Markets ［M］. *Social Science Electronic Publishing*, 2005.

［119］ Choueifaty, Y. & Y. Coignard. Toward Maximum Diversification ［J］. Journal of Portfolio Management, 2008, 35 (1).

［120］ Clark, R. . The Four Stages of Capitalism: Reflections on Investment Management Treatises ［J］. Harvard Law Review, 1981 (94): 561 −582.

［121］ David Maude. Global Private Banking and Wealth Management ［M］. Washington University Press, 2006.

［122］ Dimitris N. Chorafas. Wealth Management: Private Banking, Investment Decisions, and Structured Financial Products ［J］. Butterworth − Heimemann, 2005.

［123］ Elizabeth Webb Cooper. Monitoring and Governance of Private Bank ［J］. The Quarterly Review of Economics and Finance, 2009 (2): 45 −47.

［124］ G. Dufey. Private Banking in Asia—A survey ［J］. Ssrn Electronic Journal, 2009.

［125］ Imola Driga, Dorina Nita, Ioan Cucu. Private Banking and Wealth Management Services Offered by Banks ［J］. Annals of the University Petrosani, Economics, 2009 (9): 231 −240.

［126］ Jagannathan, R. & T. Ma . Risk Reduction in Large Portfolio: Why Imposing the Wrong Constraints Helps ［J］. Journal Finance, 2003, 58 (4).

［127］ Markowitz, H. . Portfolio Selection ［J］. Journal of Finance, 1952 (7): 77 −91.

［128］ Markowitz, H. . The Optimization of a Quadratic Function Subject to Linear Constraints ［J］. Naval Research Logistics Quarterly, 1956.

［129］ Merton, R. C. . Optimum Consumption and Portfolio Rules in a Continuous − Time Model ［J］. Journal of Economics Theory, 1971, 3 (4).

［130］ Merton, R. C. . Lifetime Portfolio Selection Under Uncertainty: The Continuous − Time Case ［J］. The Review of Economics and Statistics, 1969, 51 (3).

［131］ Michaud, R. O. . Efficient Asset Management: A Practical Guide to Stock Portfolio Optimization and Asset Allocation ［M］. Boston: Harvard Business School Press, 1998.

［132］ Modigliani, Franco. The Life Cycle Hypothesis of Saving, the Demand for Wealth and the Supply of Capital, Social Research ［J］. ProQuest Information and Learning Company, 1966.

[133] Qian, E.. On the Financial Interpretation of Risk Contribution: Risk Budgets do Add up [J]. Journal of Investment Management, 2006, 4 (4).

[134] Qian, E.. Risk Parity Portfolios [J]. Pan Agora Asset Management Research Paper, 2005 (9).

[135] Richard H. Msyer & Donald R.. Financial Planning for High Net Worth Individuals [M]. Beard Books, 2004.

[136] See Money Laundering. Regulatory Oversight of Offshore Private Banking Activities [J]. Letter Report, GAO/GGD – 98 – 154, Report, 1998 (6): 98 – 154.

[137] Sharp William F.. Capital Asset Prices—A Theory of Market Equilibruim under Condition of Risk [J]. Journal of Finance, 1964, XIX (3).

[138] Sharpe, William F.. A Simplified Model for Portfolio Analysis [J]. Management Science, 1963, 9 (2).

[139] S. Caselli, S. Gatti. Banking for Family Business: A New Challenge for Wealth Management [J]. Social Science Electronic Publishing, 2005.

[140] Trevor Greetham, Michael Hartnett. The Investment Clock [OB/OL]. Http: //www. ml. com, 2004 – 11 – 10.

[141] Treynor, Jack L. and Fischer Black. How to Use Security Analysis to Improve Portfolio Selection [J]. Journal of Business, 1973, 46 (1).

[142] U. Yavas. Relationship between Service Quality and Behavioral Outcomes: A Study of Private Bank Customers in Germany [J]. International Journal of Bank Marketing, 2004.

[143] V. M. Lassar, C. Manolis, R. D. Winsor. Service Quality Perspectives and Satisfaction in Private Banking [J]. International Journal of Banking Marketing, 2000 (4): 181 – 199.

[144] Youssef Cassis. The World of Private Banking [M]. USA: Ashgate Publishing, 2009.

图书在版编目（CIP）数据

私人银行本土化：基于商业银行视角/周琰著．
—北京：经济科学出版社，2019.10
ISBN 978 - 7 - 5218 - 0967 - 1

Ⅰ.①私… Ⅱ.①周… Ⅲ.①私人投资 - 银行业务 -
研究 Ⅳ.①F830.35

中国版本图书馆 CIP 数据核字（2019）第 210958 号

责任编辑：初少磊
责任校对：杨 海
责任印制：李 鹏 范 艳

私人银行本土化
——基于商业银行视角
周 琰/著

经济科学出版社出版、发行 新华书店经销
社址：北京市海淀区阜成路甲 28 号 邮编：100142
总编部电话：010 - 88191217 发行部电话：010 - 88191540
网址：www.esp.com.cn
电子邮箱：esp@ esp. com. cn
天猫网店：经济科学出版社旗舰店
网址：http://jjkxcbs. tmall. com
北京季蜂印刷有限公司印装
710×1000 16 开 16.25 印张 270000 字
2020 年 5 月第 1 版 2020 年 5 月第 1 次印刷
ISBN 978 - 7 - 5218 - 0967 - 1 定价：66.00 元
（图书出现印装问题，本社负责调换。电话：010 - 88191510）
（版权所有 侵权必究 打击盗版 举报热线：010 - 88191661
QQ：2242791300 营销中心电话：010 - 88191537
电子邮箱：dbts@esp. com. cn）